Customer Focused Business Modeling

Digital Business
Model Institute

김성희 장기진 한창희

CUSTOMER FOCUSED BUSINESS MODELING

새로운 비즈니스 모델 걱정없다

고객중시의 비즈니스 모델링

도서출판 청람

■ 머리말 ■

어느 기업이 살아남을 것인가, 향후 기업의 성공패턴은 어느 분야에서 존재할까? 새로운 시대, 변화하는 고객에 맞춰 생존하기 위해서 기업은 어떤 스마트전략을 세워야 할까? 오늘날 세계 곳곳에서 비즈니스 모델들이 탄생하고 있다. 과거 기업 형태의 모형들이 비즈니스혁신을 통하여 살아남기 위해서는 어떻게 해야만 할까? 미래 기업이 조직과 비즈니스를 변화하여 살아남기 위해 새로운 경쟁요소를 발굴하기 위하여 어떠한 노력을 해야만 할까?

이와 같은 의문을 던지는 말 한마디가 고객아픔을 헤아려서 비즈니스 모형, 즉 모델을 찾아내어 지속적이고 차별화된 경쟁적인 요인을 발굴하는 것이다. 그러면 과연 우리는 고객의 아픔을 잘 알고 있는 것일까? 고객의 불만이나 불만족에 우리 기업은 어떻게 대처해 왔을까? 우리가 제품이나 서비스를 고객에게 제공할 때, 고객의 아픔을 우리의 아픔이라고 느끼는 것이 중요한데, 과연 고객에게 우리는 무엇을 주려고 노력해왔단 말인가? 바로 고객에게 만족과 행복을 주기 위하여 노력했을 것이다.

고객의 아픔을 우리의 아픔으로 서로 공유하는 것은 이러한 공유를 통해 고객 자신이 형성되고, 다른 고객과 더 자유스럽게 교류할 수 있는 기회를 제공하기 때문에 사회적 가치 면에서 더욱 중요하고, 기억에 의존하여 더 미화되기 때문에 지속적 관심을 유도할 수 있다. 결론적으로, 지금까지 알고 있는 경쟁전략은 다른 경쟁자도 알고 있는 전략이라 의미가 없으며, 또한 논리적 전략이라서 그 한계성이 있다. 따라서 고객아픔 공유전략을 통해 보다 높은 차원의 전략을 우리는 구사해야 한다.

본 책에서는 이러한 고객아픔을 치유하기 위하여 고객의 아픔에 대해 알아보고 어떻게 그 아픔 속에서 비즈니스 모델을 창출할 수 있을지를 살펴보았다. 기존의 문헌적인 연구를 통하여 이전의 연구자들이 제시한 다양한 비즈니스 모델을 고객 관점에서 접근하여 살펴보고, 저자들이 다양한 고객아픔을 치유할 12가지의 블록으로 구성된 고객아픔 공유 비즈니스 모델맵(Customer-Pain Sharing Business Model Map)을 구성하였다. 현재 그리고 미래의 잠재적 고객의 아픔을 모두 나열한 후, 이를 해소하기 위한 창의적 아이디어를 창의적 대안 블록에 기재하였다. 이 두 과정은 상호 피드백으로 이루어진다. 고객아픔 리스트(Customer-Pain List) 블록, 고객아픔의 자체 해소(Customer-Pain released by Us) 블록, 고객아픔의 파트너 해소(Customer-Pain released by Partners) 블록의 세 가지 축을 통하여 비즈니스 모델을 전개하고자 한다.

덧붙여 고객아픔을 치유하기 위하여 비즈니스 모델이 적용된 스토리텔링에 대하여 환경과 구성요소, 즉 고객가치 향상을 위한 스토리텔링 적용과 전개방향을 제시하였으며 또한 고객가치 비즈니스 모델맵과 비즈니스 플랜 영역에서도 부가적으로 내용을 추가하였다.

이번 고객중시의 비즈니스 모델링이 완성되기까지에는 여러 사람들의 헌신적인 도움이 컸다. 특히 본 책이 완성되기까지 꼼꼼히 교정을 이행해 준 도서출판 청람의 편집부와 이수영 사장님에게 진심으로 감사드린다. 아울러 본 책이 고객아픔을 어느 정도 치유할 비즈니스 모델을 통하여 한 차원 앞선 지식습득에 기여할 수 있기를 기대하면서 원고정리를 마감한다.

2014년 8월

저자 씀

■ 차 례 ■

Chapter 01 | 고부가가치시대의 스마트전략

Chapter 02 | 업의 본질에 대한 사고(Conceptual Thinking)

Chapter 03 | 지속적인 차별화전략

Chapter 04 | 스마트를 초월한 인간본성 기반 차별화전략

Chapter 05 | 창의적 비즈니스 모델 창출

Chapter 06 | 고객아픔 공유의 비즈니스 모델 창출

Chapter 07 | 고객중심 비즈니스 모델

Chapter 08 | 비즈니스 모델이 적용된 스토리텔링

Chapter 09 | 비즈니스 플랜 개요 및 작성방법

Chapter 01

고부가가치시대의 스마트전략

1.1 스마트(smart)는 고부가가치(value added)의 준말이다
1.2 고객에 대해, 가끔은 제정신인 때가 우리는 한 번도 없다
1.3 누구나 알고 있는 경쟁전략은 전략이 아니다
1.4 신기술을 포함하여 새로운 트렌드를 읽을 수 있는 시각이 있어야 한다
1.5 전례 없던 새로운 고객경험을 창출할 수 있어야 한다

Chapter 01

고부가가치시대의 스마트전략

1.1 스마트(smart)는 고부가가치(value added)의 준말이다

지금의 시대를 세 가지로 정의할 수 있다.

첫째, 민첩성과 유연성이 요구되는 시대이다. 이를 소위 'Agility'의 세상이라고 부른다. 우리가 맞이하고 있는 현재는 디지털시대 · 인터넷시대 · 네트워크시대 · 벽이 없는(boundaryless) 시대 · 정보공유시대 · 글로벌시대 · 열린 시대 · 새로운 코드시대 등 어지러울 정도로 여러 가지로 표현되고 있다. 그러나 한 가지 분명한 사실은 지금 어디를 향하여 가고 있는지 아무도 점칠 수 없는, 말하자면 기관사도 브레이크도 없이 광속으로 달리고 있는 초고속열차를 우리가 타고 있다는 점일 것이다. 당장이라도 "Stop! Stop!"이라고 외치고 싶다.

우리는 지금 어떤 세상에 살고 있는가? 한 가지 예로, 은행에서 대출을 받고 싶으면 자동차 운전 중이라도 은행에 전화를 걸어 몇 가지만 확인하면 바로 대출을 받을 수 있다. 불과 몇 년 전만 해도 은행을 직접 찾아가서 대출관계 담당자를 만나 상담시간을 며칠 전에 예약한 후 몇 차례의 서류 제출을 통해 간신히 대출을 받을 수 있지 않았던가?

그러나 이 초고속시대에 살아가면서 우리는 진정 만족하고 있는가?

예를 들어, 만일 백화점 지하의 식료품 매장에서 식품들을 골라 카트에 담은 후, 계산을 하기 위하여 대여섯 명이 먼저 대기하고 있는 계산대 줄의 끝에 서게 되었다고 하자. 이때 맨 앞에서 노인이 떨리는 손으로 천천히 지갑에서 돈을 꺼내고 있다면 당신의 혈압은 조금 올라갈 것이다. 노인이 간신히 계산을 끝낸 후, 다음번 사람이 할인쿠폰을 꺼내 품목 하나하나에 대조하고 점원이 또 쿠폰의 유효기간을 일일이 파악하려 할 때, 당신은 혈압이 올라감은 물론 소리라도 치고 싶을 것이다. 이제 간신히 차례가 되어 카트에서 물건을 끄집어내어 계산대에 얹어 놓으려고 하는데, 이 계산대의 점원이 교대시간이 되었으니 옆 계산대로 가라고 할 경우, 옆 계산대의 대기 줄 맨 끝에 서서 다시 고통스러운 기나긴 기다림이 시작된다면 아마도 당신은 속이 뒤집힐 정도로 화가 날 것이다.

또 다른 예로, ARS 전화시스템을 살펴보자. 요즈음 많은 전화안내가 기업의 인건비 절감과 고객에 대한 적극대응이라는 구호 아래 자동으로 응답하는 ARS시스템으로 전환되어, 오히려 우리에게 답답함을 더욱 가중시키고 있다. 응답자와 단 1분에 한 번이면 끝날 통화를 수많은 시도 끝에 간신히 접속한 후, 안내방송에 따라 전화번호를 지속적으로 누르다가 한 번이라도 틀리면 또다시 시도해야 하는 과정을 거치면서 결국은 실제 전화안내원과 직접 통화를 하고서야 끝나게 되는 시스템을, 기업 특히 공공기관이나 공기업이 자랑스럽게 운영하고 있다.

왜 이러한 일들이 일어나고 있는 것인가?

지하 식품매장은 첨단 정보기술로 무장되어 계산대의 바코드 스캐너(POS시스템)가 계산을 종합적으로 하고, 그 물건을 만든 회사의 종합상황판에는 어디서 무슨 물건이 얼마나 팔리고 있는가가 바로 실시간으로 뜨고, 이를 바탕으로 물건의 제조 및 운송관계를 통제하고 있을 정도로 실시간체제를 위한 완벽한 시스템을 (그들이 보기에) 갖추고 있는데도 불구하고, 왜 매장에 있는 고객들은 몸을 비틀면서 서 있어야 하는가? 그 대답은

실로 간단하다. 실제로 많은 기업의 하부 운영체계는 실시간으로 잘 구성되어 있으나, 조직구조의 상위로 올라갈수록 실시간 경영시스템이 안 되어 있기 때문이다. 정작 회사의 많은 부가가치는 아래의 단순 업무를 처리하는 하부조직보다는 상부조직의 전략적 결정에서 판가름 나는데도 말이다.

당신이 기업의 사장이라고 가정하자. 지금 당신이 살고 있는 아파트의 천장을 보면, 언제라도 불이 나거나 연기가 많이 나면 이를 감지하여 불을 끄는 스프링클러가 실시간으로 24시간 작동되고 있다. 아파트의 창문 벽을 보면, 도둑이 침입하는 것을 감지하기 위해 설치해놓은 경보장치가 실시간으로 작동되고 있다. 그리고 출근을 위해 주차장에 나가 자동차에 시동을 걸면, 자동차의 모든 작동상태가 자동차 앞면 대시보드에 실시간으로 뜬다. 또 회사에 출근하여 정문을 들어와 경비실을 들여다보면, 경비원이 복도나 사무실에 이상한 사람이 있는지 모니터를 통해 실시간으로 조회하고 있다. 그러나 막상 사장실에 들어와 보면, 당연히 보여야 할 회사의 경영 실제상황을 보여주는 것은 불행하게도 아무것도 없다.

회사의 모든 정보를 전부 실시간으로 처리해야 한다는 것을 강조하고 싶지는 않다. 문제는 회사의 일상적이거나 사소한 사건이 아닌 심각한 사건에 관련된 정보가 사전에 어떻게 하부에서 상부까지 실시간으로 공유되어 실시간 대응전략을 도출할 수 있도록 할 것인가에 있다. 이는 마치 우리 몸에서 심장이 정상적으로 박동하고 있음을 늘 실시간으로 감지하여 확인하도록 한다는 개념이 아니라, 심장에 심각한 문제가 생기기 시작하는 시점에 이를 즉시 감지하여 조기대응할 수 있도록 하는 시스템을 구현시키려는 것과 같은 개념이다.

영화 〈타이타닉〉에서 빙산에 부딪혀 난파하기 10여 분 전에 하부기관수가 선체 앞에 이상한 거대물체를 보고 선장에게 바로 보고하려 하였으나, 선장이 갑판 무도장에서 춤을 추고 있어 부선장이 이를 보고받고도 묵살하는 장면을 보았을 것이다. 부선장이 보고를 묵살하지 않고 조금만 더 신경을 써서 상황을 빨리 판단하였더라면, 운신의 폭이 넓어 대처할 수 있는 많은 대안을 통해 재난을 피할 수 있었을 것이다.

이러한 사례를 통해 알 수 있듯이 무엇이 우리 조직에서 중요한 사건(event)인가를 가려내어 부정확한 정보라도 지체 없이, 오히려 나쁜 정보일수록 더 빨리 상부까지 보고 · 공유하여 대응전략을 수립 · 실행할 수 있어야 지금과 같은 예측불허의 시대에 살아남을 수 있을 것이다. 실시간 기반의 조기경보체계를 갖추지 못한 채, 어디로 가는지도 모르면서 운전사도 없고 브레이크도 없는 초고속열차를 타고 간다면, 이는 분명 무모한 자살행위임에 틀림없다. 수십만 명의 아까운 인명이 희생된 후에야 지진해일(Tsunami)에 대비하기 위해 조기경보시스템을 설치하는 사후 약방문과 같은 일은 이제는 더 이상 없어야 한다.

둘째, 지금은 인텔리전스(Intelligence)시대이다. 인텔리전스를 통해 이 시대를 특징짓는 고부가가치를 얻을 수 있음은 자명하다. 예로, '70' 이란 글자를 보면 우리는 무엇을 알 수 있는가? 100에서 30을 뺀 것인지, 10×7인지 통 알 수 없다. 이것을 우리는 데이터(data)라고 한다. 따라서 데이터는 아무 의미도 없고, 아무 가치도 우리에게 주지 못한다.

그러면 '70% 비' 라고 표현하면 어떤가? 70%의 비 올 확률이란 의미가 금방 생각나게 된다. 이것이 바로 의미를 갖고 있는 정보(information)란 것이다. 더 자세히 예를 들면, 우리는 매일 기상청 예보를 TV 뉴스 등을 통해 보고 있다. 기상청 요원은 전국 각 지역의 내일 비 올 확률을 우리에게 알려준다. 이때 '서울 70% 비' 는 '서울에 내일 비 올 확률이 70%' 라는 것이다. 그러나 이 의미 있는 정보를 통해 우리는 가치를 얻는 것인가? 비가 덜 오고 더 온다는 정보 외에 60%라는 것과 70%라는 정보가 과연 우리에게 어떤 가치를 낳고 있는 것인가?

중요한 것은 우산을 내일 갖고 가느냐 아니냐의 문제이다. 실제 기상청 제시는 40%보다 많은 비 올 확률의 경우 우산을 갖고 갈 것을 추천하고 있다. 바로 이 40%가 정보를 얻는 가치판단으로서의 '인텔리전스' 이다. 다시 말해, '인텔리전스' 는 과거 데이터와 정보를 바탕으로 이루어진 노하우이자 지식인 것이다.

정보와 데이터 양만 많이 있다고 부가가치가 나오는 것은 아니다. 우리는 고부가가치 지식과 인텔리전스를 낳게 할 수 있는 새로운 비즈니스 모델을 염두에 두어야 한다.

셋째, 요즈음 세상은 시간이 가면 갈수록 점점 업무들이 안 보이게 되는 비가시성(Invisibility)시대이다. 한 예로, 인터넷시대 이전에는 학생실험실에 교수가 언제 들어가더라도 각 학생들이 무엇을 연구하고 있는지를 금방 알 수 있었다. 그러던 것이 PC의 보급으로 약간 파악이 어렵게 되었고, 요즈음은 곧바로 스크린 앞에서 보아야 내용을 볼 수 있게 하는 소프트웨어의 보급으로 더 파악이 어렵게 되었으며, 심한 경우 학생들은 발로 밟는 페달을 통해 이전 화면으로 빠르게 화면을 바꾸어 관리를 할 수 없게 만들고 있다. 기업도 마찬가지이다. 과거에는 총무과에 들어가면 수북히 쌓여 있는 출근부들을 통해 이곳이 총무과이구나 하고 금방 느꼈으나, 요즈음은 이곳이 총무과인지 업무과인지 자세히 내용을 관찰하지 않고는 파악하기 어렵게 됐다. 우리는 관리자로서 최소한 관리할 대상을 가시화시켜야 한다. 이러한 '가시화' 가 필요한 세상에 우리는 살고 있다.

이처럼 민첩성의 시대, 지식의 시대, 가시화의 시대 등을 통해 지금의 세상을 보아야 할 것이다.

이러한 시대에서 고부가가치전략은 무엇일까? 예를 들어보자. 요즈음 대부분의 사람들은 스마트폰을 사용하고 있다. 왜 스마트폰인가? 스마트가 단순히 영리함, 똑똑함의 의미라면, 바로 전의 셀루러폰인 피처폰은 멍텅구리나 덜 똑똑한 전화기란 말인가? 스마트폰의 사용설명서와 피처폰의 사용설명서 페이지를 보자. 전자는 한 페이지인 데 반해, 후자는 50여 페이지나 된다. 페이지수가 적어서 더 똑똑한 폰인 스마트로 불리었을까? 그렇지는 않고, 스마트폰은 구매 후 제3자가 더 많은 기능을 부여해 줄 수 있기 때문에 고부가가치폰으로 명명하게 되었다. 즉 스마트폰은 과거 통신단말기에서 하나의 플랫폼이 되었다. 여기서 우리는 '스마트'라는 의미가 '고부가가치'의 준말이라는 점을 명심해야 한다. 요즈음 새 시대를 정의할 때 가장 많이 쓰이는 말이 '스마트' 시대이다.

과거 15여 년 전 대기업 CEO들이 '스마트 조직(Smart Organization)'을 찾아 나선 적이 있었다. 세계 여러 곳을 다니던 중 유명한 MIT의 미디어랩(Media Lab)을 방문하게 되었는데, 이 미디어랩은 그 당시 벌써 웨어러블(wearable) 컴퓨터 개발을 하고 있을 정도로 선두기술을 보여주었다.

당시 책임교수였던 레그로본테 교수는, "우리 미디어랩은 바로 고부가가치창출의 스마트 조직입니다. 수많은 젊고 유능한 인재들이 '우리 스마트 조직'에 들어오려고 기다리고 있으며, 이 조직을 거쳐 가면 월급이 두세 배 뛰게 됩니다. 사람도 물건도 프로세스도 모든 것들이 우리 미디어랩을 거쳐 가면 고부가가치가 되고 있습니다. 자, 그러면 하찮은 이 물 유리잔을 봅시다. 어떻게 하면 2~3천 원밖에 안 하는 이 유리잔을 고부가가치로 만들 수 있을까요?"라고 질문했다. 이 질문에 CEO들은 아이디어가 없었다.

그러자 레그로본테 교수는 말했다. "지갑에 있는 은행카드에서 검은 마그네틱줄을 빼고, IC칩을 붙인 카드를 무엇이라고 부릅니까? 스마트카드 아닙니까? 플라스틱의 이 카드는 원가가 1천 원 미만이고 여기에 2~3천 원의 IC칩을 넣어도, 합이 3~4천 원이 고작 아닙니까? 그러나 이 스마트카드 가치가 진정 3~4천 원일까요? 어느 누구도 이 스마트카드의 진정한 가치를 모릅니다. 백만 원인지, 몇 천만 원인지요. 이렇게 고부가가치인 카드이기 때문에 스마트카드라고 부르는 것입니다. 따라서 이 유리잔에 IC칩을 붙이고 스마트 유리잔이라고 부르면 되는 것입니다(이 발언에 급기야는 레그로본테 교수가 좀 이상하게 되었구나 생각했다)."

어떻게 하면 고부가가치의 유리잔이 되게 할 수 있는가의 설명이 이어졌다. 가령 당신이 친구를 호텔 카페에서 기다리고 있다고 하자. 친구를 기다리는 시간이 길수록 유리잔 속의 물은 줄어들어 마침내 물이 더 이상 없을 때, 당신 테이블이 7번이라면 카페카운터 보드의 7번에 불이 켜지고 직원이 그를 확인하여 7번 테이블 물을 따라주면 된다는 것이다. 즉 필요 없이 인건비를 써가며 수시로 손님 잔 속을 들여다볼 일이 없어야 한다는 것이다. 아마도 손님 잔 속을 들여다보면 볼수록 손님만 내쫓게 될 것이다.

LG전자에서는 꽤 오래전부터 미국 중부시장을 겨냥해 '스마트' 냉장고를 판매하고 있다. '스마트' 냉장고는 전력선이 곧 통신선임을 아는 인터넷시대를 맞이하여 전력플러그를 냉장고에 꽂는 순간 냉장고에 부착된 모니터 스크린을 통해 각종 정보가 나타날 수 있게 만든 것이다. 다시 말해, 아침에 우유를 마시려 했는데 충분치 않은 경우, 빈 우유팩을 냉장고에 부착된 바 스캐너에 두세 번 문지르면, 바로 점포와 연결돼 배달이 되는 시스템이 가동되고 있다.

이것을 확대해석하면, '스마트' 냉장고는 가정의 허브(Hub)로서 기능이 강화되어, 소위 M2M(기계 대 기계) 상황을 우리 가정에 가져다주게 되며, 궁극적으로 가정에 고부가가치기능을 가져다주게 될 것이다.

지금 우리 주변에는 '스마트'라는 것이 많이 붙어 있다. '스마트 냉장고', '스마트 에어컨', '스마트 교통카드', '스마트 TV' 등 이 모든 것이 그냥 똑똑한 것을 의미한다고 생각하면 지금의 새로운 시대에 살 권리가 없다. '스마트'는 진정 '고부가가치'임을 알아야 한다.

1.2 고객에 대해, 가끔은 제정신인 때가 우리는 한 번도 없다

허태균 심리학과 교수의 『가끔은 제정신』이란 책이 있다. 책을 읽기 전에는 모든 사람이 가끔은 제정신이다라는 것을 설명하는 것으로 알았으나, 책을 다 읽고 나면 이 세상에 가끔은 제정신인 사람이 한 명도 없다는 사실을 알게 된다.

이러한 관점에서 고객과의 관계를 생각해 보자. 과연 우리는 제정신으로 고객의 아픔을 제대로 잘 알고 있는 것일까? 우리는 가끔 고객의 불만이나 불만족에 대해 화를 내곤 한다. 이때 우리는 우리 스스로에게 물어야 한다. "네가 잘못 착각하고 있는 것 아냐?"라고. 이런 생각을 하는 순간 고객들의 요구가 잘 들리게 된다. 이러한 고객과의 접점(Moment of Truth)을 자산화시켜야 한다. 고객의 불만과 불평을 듣는 순간 "우리가 잘하고 있고 당신이 무엇인가를 잘못 이해하고 있다"는 아집에 의해 우리 멋대로 고객 생각을 하고 있지 않은가? 디지털 비즈니스에서는 지금까지 우리가 많은 노력을 하여 고쳐온 비즈니스 프로세스와 새롭게 개발된 비즈니스 모델들과 함께 비즈니스 접점인 모멘트가 강조되고 있다. 고객과의 접점을 어떻게 대응할 것인가에 우리는 초점을 맞추어야 한다.

우리는 고객과의 접점에서 수많은 데이터와 정보를 갖게 되는 빅데이터 세상을 맞이하였다. 이러한 빅데이터시대에서 처음 우리가 해야 할 일은 우리의 고정관념이나 틀을 없애고 진지하게 고객의 소리를 듣고 이를 우리 전략으로 반영하는 것이다. 또한 과거 빅데이터를 분석하여서, 원인이 무엇이었는가에 대한 과거 고객행동의 분석차원을 넘어 미래를 예측하고, 우리가 원하는 미래로 나아갈 수 있도록 고객중심 빅데이터 분석 및 실행이 이루어져야 한다. 이 모든 것의 시작은 고객의 아픔을 진정 우리의 아픔이라고 느낄 때만이 가능하다.

그러나 우리는 진정 고객아픔이 우리의 아픔이라고 생각한 적이 없다. 단지 소리내어 불평하고 불만을 호소하는 고객들에 대해서만 대응하기 급급했고, 우리 생각으로 그동안 고객만족, 고객감동을 외쳐왔다. 우리가 다른 어느 기업보다도 고객을 잘 알고 있다는 착각, 우리 기업은 고객대응을 어느 기업보다도 잘하고 있다는 착각, 우리가 나서야 고객불만을 처리할 수 있다는 착각, 우리는 착각하지 않았다는 착각 등 기업이 크면 클수록, 기업이 오래되면 오래될수록 온통 편견과 아집 투성이인 조직으로 바뀌어져 있다.

다른 예를 들면 사건의 진실을 밝혀야 하는 법정 안에 진실을 아는 사람은 거의 없는 경우가 종종 있다. 더더욱 피고가 사실상 범죄를 저지르지 않았을 경우, 법정 안에 그 사건에 대해 진실로 아는 사람은 없다. 시나리오를 작성하여 각종 유사정보를 바탕으로 사건을 저지르지 않은 피고에 대해 구형하려는 검사, 아무 일도 하지 않은 피고를 대상으로 그를 변호하려는 변호사, 검사 등의 판단을 바탕으로 형량을 확정지으려는 판사, 모두가 허구일지 모른다. 그래서 법정에서는 90% 이상의 확신이 들 때, 판결을 하려고 노력한다. 우리는 과연 고객에 대해 잘 알고 판단하는가? 고객과 우리 둘 다 착각하고 있는 두 개체들 사이에서 제3자가 되어 본 적이 있는가? 우리는 제3자가 아닌 우리만을 주장하며 고객관리를 하고 있는 것은 아닌가?

또한 생각해 볼 문제는 우리가 고객에 대한 '자기충족적 예언'을 하고 있지 않은가 하는 것이다. 우리는 고객들에게 어떤 기대를 예상케 되면, 그 기대를 바탕으로 고객들을 대한다. 과거에는 우리가 고객보다 힘이 있었다. 따라서 힘이 있는 우리는 선택권이 있었다. 어느 고객을 대상으로 제품과 서비스를 만들 것인지, 어느 고객층을 더 만족시키려고 해야 하는지 등에 관한 선택권이다. 그러나 이제 우리는 고객에 비해 힘이 없어졌음을 시인해야 한다. 당연히 힘이 없는 우리는 고객을 아무리 싫어해도 힘이 있는 고객을 멀리할 수 없다. 우리가 아무리 싫어하는, 혹시 싫어할 것 같은 고객들이라도 그들의 아픔에 동석해야 한다.

우리는 고객에 대해 모든 것을 다 안다고 착각하지 말아야 한다. 오히려 우리가 착각하는 존재라는 것을 인정해야 한다. 우리가 고객을 속인 횟수에 내가 아는 고객들의 수를 곱하면, 착각한 내가 속은 최대수임을 알아야 한다. 본 서는 고객아픔이 내 아픔이 되어야 한다고 강조하고 있다. 논리적 착각으로 고객을 바라보지 말고, 감성을 가지고 고객을 접해야 한다. 우리가 진정 고객 입장에 섰을 때, 우리는 논리적 착각에서 벗어나올 수 있다.

[1.3] 누구나 알고 있는 경쟁전략은 전략이 아니다

인간은 체계적으로 틀리는 방식을 갖고 있다. 의사결정이 매번 실패하는 경우가 많은 것은, 손쉽게 얻을 수 있는 정보를 수집한 후 자기 나름대로 상상해 판단하기 때문이다.

대표적인 예를 들면, 첫째로 많은 사람들은 자신이 평균 이상이라고 생각한다. 대학교수 중 자신의 강의가 우월하다고 생각하는 교수는 94%나 되며, 90% 이상의 운전자들이 자신의 운전실력이 우월하다고 생각한다고 한다. 그런데 왜 교수들이 강의할 때 많은 학생들이 다른 생각을 하는지, 시내에 왜 그렇게 교통사고가 많은지 모르겠다. 다시 말해, 비현실적 낙관주의에 세상은 젖어 있다. 둘째로는 위험선호의 예를 들 수 있다. 보통 정상적인 경우는 위험기피성향을, 비정상적인 경우는 위험선호성향을 보인다. 가령 동전의 앞면이 나오면 0원, 뒷면이 나오면 100만 원을 얻게 되는 게임에 상응하는(이 게임을 사거나 파는 경우) 값은 35만 원 정도인데, 반대로 앞면이 나오면 0원, 뒷면이 나오면 100만 원을 잃게 되는 게임을 회피하기 위한 값으로는 60만 원을 기꺼이 배팅하게 되는 것이 인간 심리이자 판단이라고 한다. 셋째로는 소위 '아무려면 어때' 성향이다. 이는 교실에 학생들이 늘 같은 자리에 앉는다든지, 늘 다니던 길로만 다닌다든지 등 사람은 새로운 사고 대신 습관화를 따르는 경향이 있다는 것이다. 기업 내에서 만일 경쟁전략이 마치 습관화되어 있다면 어떻게 될까?

인간은 떼를 지어 몰려다닌다. 자신이 생각한 만큼 다른 사람들이 자신을 크게 주목하지 않음에도 불구하고, 다른 사람의 눈치를 보고 상투적인 행위를 하며 인간은 살아가고 있다. 주식을 예로 들어보자. 사실, 최근 20년 동안에 걸쳐 생각하면, 주식의 실질적 가치가 떨어지거나 채권보다 수익률이 낮았던 적은 없었다고 한다. 그러나 많은 사람들이 주식을 통해 망한 것은 왜일까? 개미투자 무리가 하는 대로 끌려다니며 매매를 하기 때문에 기관투자가의 특유의 투자방식에 대해 힘없이 무릎을 꿇어야 했다. 케니 로저스의 도박자 노래 가사 중 '테이블을 떠나기 전에는 절대 돈을 세지 말아요, 게임이 끝나면 돈을 셀 시간이 충분히 있을 테니' 라는 내용에서 보듯이, 우리는 개미들의 무리에 휩싸여 움직이는 개체가 되어서는 안 된다.

모두가 아는 전략은 결코 경쟁우위의 전략이 될 수 없다. 경쟁의 본질을 생각할 때, 어떤 분야가 사업이 잘 된다고 생각하면 모두 그 같은 방향으로 가려 하고, 모두 같은 곳에 있으려 하기 때문에 경쟁은 시간이 흐를수록 치열해진다. 소위, 레드오션이 된다.

우리나라에 최고경영자과정이 200곳에서 동시에 열린다고 한다. 이 최고경영자과정에서 학습되는 경영전략은 거의가 유사하다. 이러한 경영전략 학습이 자신 기업의 경쟁우위를 갖추는 데 진정 도움이 될까 하는 것을 다시 고려해 볼 필요가 있다. 이는 마치 영국군과 프랑스군이 과거 전쟁을 할 때, 모두 다 하느님에게 이기게 해달라고 기도 드려 하느님을 곤혹스럽게 만드는 것이라고나 할까? 경영학은 원래 앞서 잘 나아가는 선두의 성공기업이 이를 잘 분석하여 뒤따라오는 후발기업들을 지도케 하는 데 그 목적이 있다고도 볼 수 있다. 그래서 아마도 창의성이 없기 때문에 노벨상 분야에서도 제외된 것이 아닌가 생각한다. 원칙적인 경쟁에서 이기기 위한 전략으로는 먼저 출발하고, 더 빨리 뛰어, 결승점에 먼저 도착해야 한다라고 생각할 수 있는데, 이러한 전략은 다른 기업이나 다른 사람 모두가 알고 있는 것이다.

따라서 다른 사람이 알고 있는 전략 이상의 전략을 우리는 구상해야 한다. 몇 해 전 유명했던 전략책으로는 『블루오션』을 들 수 있다. 우리는 경쟁이 없는 거대한 신시장인 블루오션을 찾아나서야 한다. 『블루오션』 책에서는 '새로운 고객의 가치를 발견하고 창출하라, 주변환경 트렌드를 파악하여 자신을 융합하라, 남을 따라가고 유행을 쫓지 않는다, 결과에 치중하기보다 과정에 집중하라' 등의 훌륭한 전략을 보이고 있다.

많은 사람들은 이 전략들을 활용하여 얻게 되는 블루오션은 조만간 다른 경쟁자들로 인해 레드오션이 될 터인데 그때는 어떻게 해야 하나를 걱정하기도 한다. 그때는 또다시 블루오션전략을 활용하여 다음의 블루오션을 찾으면 물론 될 것이다. 그러나 여기서 우리는 갱신을 위한 타임 인터벌을 어떻게 정해야 할 것인가를 고민해야 한다. 지금 세상은 빠른 시간으로 변화하고 있기 때문에 타임 인터벌이 거의 실시간으로 되어야만 한다. 따라서 지속적이며 실시간적인 전략이 우리는 필요하다.

『Demand: Creating What People Love Before They Know They Want It』(Adrian J. Slywotzky, 2011)이라는 책에서 강조하는 사항은 '첫째, 고객에게 직접 이야기를 들어라. 둘째, 고객이 가진 고충에 초점을 맞춰라. 셋째, 제품의 배경스토리를 확보하라. 넷째, 수요를 촉발시킬 방아쇠를 찾아내라. 다섯째, 제품의 출시가 끝이 아니라 시작이다. 마지막으로, 고객에 대한 평균적인 관점의 관성을 깨라' 이다. 이 중 돋보이는 것은 물론 고객과의 감성적 연결이다. 다시 말해 고객의 아픔을 우리의 아픔으로 느끼는 것에 근원적 경쟁전략이 있으며, 이는 공통분모적 성향으로는 대처할 수 없는 각기 다른 경쟁전략이 될 수 있다.

우리가 제품이나 서비스를 고객에게 제공할 때, 우리는 과연 고객에게 무엇을 주려고 하는가? 바로 행복이다. 행복은 세 가지로 나타난다. 첫째, 제품과 서비스 자체의 속성이 고객에게 주는 직접적이고 일차원적인 즐거움으로, 이것 자체만으로는 한시적 효과만 있을 뿐이다. 왜냐하면 고객은 쉽게 이러한 쾌락에 적응하기 때문이다. 둘째, 제품과 서비스의 경험를 통한 친밀한 인간관계 유도이다. 고객은 서로의 마음에 와닿는 경험적 소비를 원하고 있다. 스마트폰이 초기에 그렇게 많이 보급된 이유 중에 하나는 어떤 사람이 그동안 불편했던 것을 풀어주는 앱을 스마트폰에 다운받아 자랑스럽게 친구들에게 이러한 기가 막힌 앱이 있다는 것을 알려줌에서 기인했다는 사실을 기억해야 한다. 즉, 인간관계에 있어서의 새로운 경험을 통해 고객에게 행복을 줄 수 있다. 마지막으로, 고객 자신의 행위에 의미를 줄 때 고객은 더더욱 행복을 느낄 수 있다. 예로 코카콜라(Coke)가 작년부터 설치하기 시작한 인도와 파키스탄의 Small World Machine을 들 수 있다. 서로 대립적인 인도와 파키스탄 국민들의 감정을 콜라 자동판매기를 통해 누그러뜨리며 행복을 주고 있다.

고객의 아픔을 우리의 아픔으로 서로 공유하는 것은 이러한 공유를 통해 고객 자신이 형성되고, 다른 고객과 더 자유스럽게 교류할 수 있는 기회를 제공하기 때문에 사회적 가치 면에서 더욱 중요하고, 기억에 의존하여 더 미화되기 때문에 지속적 관심을 유도할 수 있다.

결론적으로, 지금까지 알고 있는 경쟁전략은 다른 경쟁자도 알고 있는 전략이라 의미가 없으며, 또한 논리적 전략이라서 그 한계성이 있다. 따라서 고객아픔 공유전략을 통해 보다 높은 차원의 전략을 우리는 구사해야 한다.

[1.4] 신기술을 포함하여 새로운 트렌드를 읽을 수 있는 시각이 있어야 한다

요즈음 커다란 관심사 중의 하나는 소위 화성인이라고까지 불렸던 '스티브 잡스'가 이끌었던 것 같이 선도하는 기술들을 비즈니스에 접목하는 것이 국가경제, 나아가 세계경제에 얼마나 영향을 미치는가이다. 즉, 이머징 테크놀로지(Emerging Technologies) 비즈니스 활용이 두말할 필요 없이 국가 제일 현안의 중요한 과제로 생각되고 있다.

새로운 기술들이 기업의 비즈니스를 어떻게 바꾸고, 기업은 어떻게 새로운 기술들을 제공해야 하는가가 중요한 바, 이로부터 비즈니스 가치를 어떻게 끌어낼 것인가가 중요한 때가 됐다. 고객아픔도 신기술 적용 여하에 따라 해결할 수 있는데, 새로운 시대에서는 고객이 미처 그들 스스로의 아픔이나 불만이나 불평을 느끼기 훨씬 이전에 새로운 기술들이 선도적으로 해결해 주도록 우리에게 다가오고 있다. MIT의 미디어랩의 구호 중에 '세상에 장애자는 없다. 단지 장애를 풀어줄 기술이 없을 뿐이다' 라는 말이 의미하듯이, 기술 선도적으로 고객의 아픔을 풀어주는 세상에 우리는 살고 있는 것이다.

여기서 우리 관심은 과연 어떠한 기술들이 향후 나타나 기업의 비즈니스를 어떻게 바꾸고 선도해 나아갈 것인가에 있으며, 또한 신기술 바탕의 새로운 비즈니스 모델은 어떠해야 하느냐에 관심의 초점이 맞추어져 있다.

분명 새로운 시대의 비즈니스 기회는 기술과 비즈니스 그리고 사회와의 접점에서 이루어지며, 이는 고답적인 현실기술에 바탕을 둔 것이 아니라, 이머징기술, 즉 새로운 기술을 새로운 비즈니스 모델로 언제 어떻게 받아들이는가에 있다. 이러한 기술들의 메가 트렌드 및 기업이 갖추어야 할 메가 역량에 대해 기업이 주시해야 함은 당연시되었다.

요즈음 우리나라가 추진하고 있는 새로운 기술 기반의 창조경제를 세 가지로 요약하면 다음과 같다. 첫째, 수많은 기술들을 지원하게 될 보다 많은 상위의 공동기술, 예를 들면 3D 프린팅과 같은 기술, 인 메타기술개발을 추진하고 있다. 둘째, 정보공개 및 공유를 바탕으로 한 공개혁신 플랫폼을 추진하고 있다. 셋째, 새 시장을 위한 새로운 창조적 생태계 조성을 추진하고 있다. 메타기술 중에서 고객들은 무슨 기술을 원하고 있으며 미래에 무엇을 원하고 있는가를 파악해야 하며, 국가 등이 정보공개 및 공유를 통해 국민의 어떤 아픔을 풀어줄 수 있겠는가에 대한 조사가 이뤄져야 한다. 또한 국민과 국가가 요구하는 새로운 시장이 무엇인가에 대한 정의가 선행되어야 창조경제의 본질적 목표를 달성할 수 있다고 본다.

정해진 타깃고객에 대해 초점을 맞춘 만족, 정해진 시간인 스케줄에만 맞춘 만족, 또 주어진 예산 내에 초점을 맞추어 집행하는 것을 과거의 비즈니스 성공이라고 했다면, 우리는 이제 이러한 비즈니스 성공에서 탈피하여 새로운 비즈니스 가치를 낳기 위해 노력해야 한다. 이를 위해, 새로운 기술들을 활용하여 어떠한 위기가 다가와도 이를 유연하고 스피디하게 대응할 수 있는 민첩한(Agile) 체계, 고객에게 보다 많은 다양한 기회를 줄 수 있는 다양성 부여의 선택(Choice) 체계, 나아가 국부적인 국내시장을 넘어 글로벌시장으로 항시 닦아 갈 수 있는, 다시 말해 언제 어디라도 항시 깨어

그림 1-1 | 새로운 비즈니스 가치창출

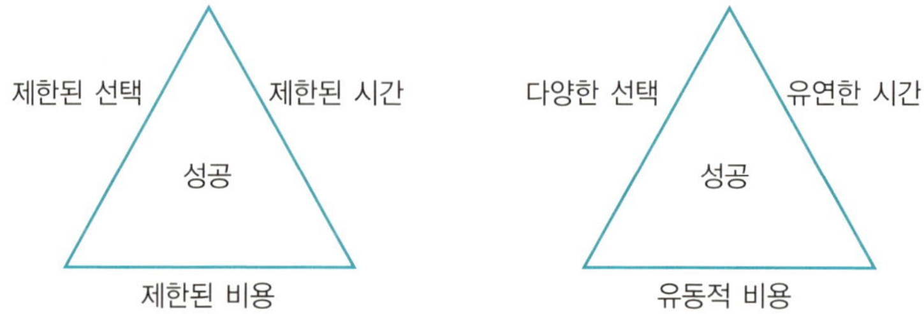

그림 1-2 | 신기술에 대한 추이도

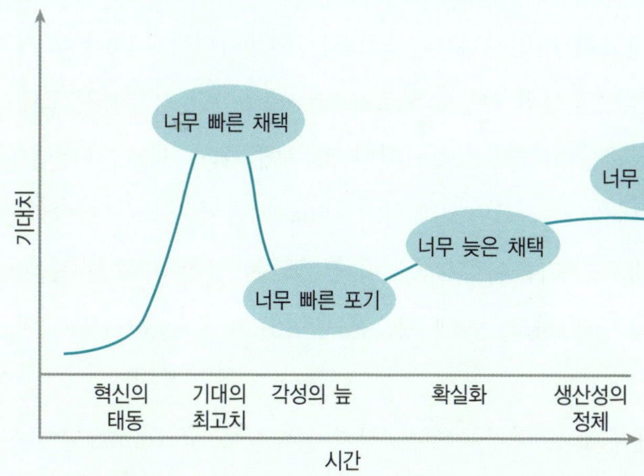

있는 규모(Scale)의 체계를 갖춤으로써 새로운 비즈니스 가치를 이끌어내야 한다.

새로운 기술의 도입에 있어서도, 우리는 신중한 입장으로 어떠한 신기술을 도입할 것인가, 또 언제 도입할 것인가를 고려해야 한다. 이머징기술에 대해서 너무 빨리 도입해도 안 되며, 너무 빨리 포기해도 안 되며, 너무 늦게 도입해도 물론 안 되며, 너무 오래 붙잡고 있어도 안 된다. 따라서 기술이 지금 어디에 와 있는가에 대한 촉각을 항상 세우고 있어야 한다.

향후의 중요한 컨셉 중의 하나는 기술의 재상상세계(re-image technology world)라고 볼 수 있다. 이를 위해서는 고객대응을 위한 새로운, 후에 다가올 비즈니스(post-mordern business)가 무엇일까를 재상상해야 한다. 즉 고객만족, 고객감동, 고객환희, 고객참여 등을 넘어, 새로운 기술을 활용하여 고객에게 다가가 24시간 밀착하여 고객이 처한 상황을 읽어내고, 고객의 요구를 미리 알아내는 소위 고객항시숙지(customer intimacy)의 비즈니스 모델이 필요하다.

더 나아가 기술을 활용해 고객인 인간 위주의 모든 비즈니스의 발상과 이를 위한 창조적 파괴(creative destruction)의 비즈니스 모델을 구상해야 한다. 창조적 파괴란 어떤 부분을 초기에는 희생하더라도 창조적 기회를 잡는 것을 말한다. 앞서의 재상상(re-imagination)이란 지금까지 고객으로부터의 낡은 질문(old question)이나 요구에 대해 새로운 대답(new answers)으로 대응하는, 소위 리메이크(remake)적인 새로운 기술 입장에서 탈피하여 새로운 기술이 고객이 미처 깨닫지 못한 새로운 질문(new questions)을 유도케 하고, 이에 새로운 대답(new answers)으로 대응하는 것을 말한다.

새 기술 중에서도 특히 주목해야 하는 것은 정보(information)이다. 즉 경쟁전략도구로 정보를 보내야 한다. 특히, 첫째 위치정보관련 기술을 주목하여 새로운 기회를 발견해야 한다. GPS 등 상당수준 완숙된 기술이기는 하나, 사람과 개체들 간의 위치정보(location)는 비즈니스 모델 구축의 근간이 됨은 말할 필요가 없다. 둘째로는 지속성장관련 정보(sustainability)로서, 새로운 시장에서의 소비에서 비롯되는 거대한 수요를 제한된 자원으로 어떻게 충당할 것인가가 새로운 비즈니스 모델연구로 우리에게 다가올 것이다. 셋째, 소셜그래프(social graph)로, 이는 지식노동자들의 생산성에 영향을 미치는 조직구조, 팀 디자인, 문화 등의 이해를 돕기 위해 필요하다. 이를 통해 부가가치가 높은 통찰력이나 전략수립이 가능케 되는 것이다. 이것 외에도 상황인지정보, 행위정보, 만물인터넷정보, 감성정보, 이미지를 통한 사물확인정보 등 각종 정보들이 경쟁전략의 주요 도구로 나타나고 있다.

새로운 비즈니스 리더라면, 과거처럼 비즈니스 프로세스 리엔지니어링(BPR)을 어떻게 처리하고, 그를 돕기 위해 어떠한 도구들을 삽입하여 내가 필요로 하는 데이터를 어떻게 꺼내고 이를 관리할 것인가에 초점을 맞출 것이 아니라, 우선 수많은 정보를 과연 어떻게 수집 · 저장 · 분석하여 그로부터 프로세스를 어떻게 수정보완하며, 이에 관련한 도구들을 어떻게 활용할 것인가로 생각의 흐름을 바꾸어야 한다.

주지하다시피, 우리는 많은 다양한 출처로부터 새로운 정보를 얻고 있다. 과거 인공지능(AI : Artificial Intelligence)이 컴퓨터를 스마트하게 하는 시도였다면, 현재는 지능확장(IA : Indigence Amplification)이 사람을 스마트하게(컴퓨터의 지원을 받아) 하는 세상이 된 것이다.

정보를 전략으로 보아, 전략적으로 정보관리를 효과적으로 리사이클링해야 한다. 또한 정보관리를 통한 새로운 비즈니스 모델을 발견하기 위해서 조직 내 다음과 같은 네 가지 역할의 사람들이 필요하다. 첫째, 다른 경쟁자들이 미처 발견하기 전에 가장 효과적·효율적으로 새로운 타입의 정보를 발견하는 정보탐색가(Exporer), 둘째, 이미 존재하고 있는 정보를 더 잘 분석하여 다른 경쟁자들 볼 수 없는 새로운 패턴을 발견하는 정보분석가(Analyst), 셋째, 조직 내의 정보흐름을 내·외부 고객들이 의사결정할 때 잘 활용할 수 있도록 하는, 예를 들면 정보지체, 정보일치성, 신뢰도 등을 개선시키기 위한 기술적 구도를 개선하는 일 등을 맡은 엔지니어(Engineer), 넷째, 경쟁자들이 접근할 수 있는 어떤 것보다도, 서로 다른 출처로부터 정보를 형성하고 융합하는 융합자(Aggregator)가 있을 수 있다.

우리는 진정 정보의 홍수, 나아가 거대한 바다에 살고 있다. 각종 소셜네트워크, 모바일, 그리고 클라우드를 활용한 빅데이터 정보체계 속에서 살고 있다. 이러한 가운데, 새롭게 등장하는 자원들과 분석도구들에서 지금까지 있지 않았던 새로운 정보가 나옴으로 인해, 우리가 현재 살고 있는 불확실성의 세계가 점점 확실화되어 가는 세상에 살고 있다. 빅데이터의 수집, 저장, 분석, 활용이 팽배하는 세상은 무엇인가? 한마디로 '근거에 입각한 확실화된 세상'을 향해 가고 있다.

기술의 도입으로 전례가 없었던 가치창출을 '디지털혁신'이라고 부른다. '디지털화'에 대해 기업성장과 고객 입장 여러 면에서 보면 크게 디지털화의 수준 차이문제가 있다. 내부 운영과 디지털화의 관리 면에서서는 디지털화 수준이 비교적 높은 반면에, 고객판매나 서비스 및 실무자 면에서 보면 낮은 수준을 보이고 있다. 이는 보다 높은 가치를 만들기 위해, 고객의 아픔을 덜어줄 보다 많은 비즈니스 프로세스 모델의 필요와 나아가 실무자들을 도울 새로운 프로세스가 디지털화함을 나타낸다.

'혁신' 에 대해서, 과거 우리는 제품 자체나 서비스 자체를 혁신하기 위해 새로운 기술을 도입하는 등 많은 노력을 해왔다. 이제는 보다 포괄적인 시각으로 혁신을 볼 필요가 있다. 새로운 시장에 대한 기회, 새로운 프로세스 기회, 새로운 문화의 기회 등 지금까지 소홀했던 기회의 혁신의 장을 새롭게 나타나는 트렌드와 이머징기술들을 갖고 재조명해야 한다.

1.5 전례 없던 새로운 고객경험을 창출할 수 있어야 한다

지금까지의 공급자 입장에서 고객과 어떻게 상호교호를 할까 하여 만들어진 UI(User Interface)나 UX(User Experience)가 아닌, 진정한 고객경험, 즉 CX(Customer Experience)를 기반으로 보다 더 부가가치 있는 새로운 비즈니스 모델을 어떻게 만들 수 있을까 하는 새로운 관점을 가져야 한다. UI나 UX가 고객이 유저라고는 하나, 어디까지나 공급자 입장의 용어임을 인식할 때, 진정 고객이 주체가 되는 고객의 아픔을 대변할 수 없다. 따라서 UI나 UX 입장이 아닌 CX 입장에서 고객의 아픔을 읽거나, 미루어 생각하고 그 아픔을 우리의 아픔으로 받아들여 고부가가치의 창의적 비즈니스 모델을 만들어 내야 한다.

고객경험을 말하기 전에 우선 고객의 변화 트렌드를 알아보아야 한다. 사회적 · 기술적 · 경제적 · 정치적 그리고 환경적 많은 변화 속에서, 문화적으로는 단일성과 다양성이 더 많이 혼재되고, 사회적으로는 투명성이 더 강하게 요구되고 개인정보보호 및 안전이 강한 우위를 점하고 있으며, 고객과의 채널이 비즈니스 지출에서 당연한 비용으로 변했고, 세대에 관계없이 새로운 기술과 도구가 도입되었으며, 오프라인보다는 온라인을 혁명적으로 고객들이 인식하기 시작했고, 고객의 정보서비스, 요구, 기대 및 선택 등이 공급자로부터 고객에게 완전히 넘어간 트렌드가 바로 우리의 현실로 인식되고 있다. 더욱이 여성파워가 돋보여, 미국의 경우 80%가 여성고객이며, 지출도 신흥시장이 선진시장에 비해 월등하게 높은 면을 모이고 있다. 이러한 변화하고 있는 고객 트렌드를 읽지 않는 것은 곧 위험하다는 것을 알아야 한다.

요즈음 변화된 고객유형을 크게 다섯 부류로 나누어보자.

① 정보화된 고객(Informed Customer)

만물인터넷(Internet of Everything)을 통해, 수많은 개체들이 정보를 쏟아냄으로써 가용한 무한한 정보로 고객은 무장되었다. 매일 15테라바이트나 하는 새로운 정보가 나온다고 한다. 우리는 이러한 고객들에게 새로운 유효한 정보원이 되어야 하며, 고객관계를 잘 유지하기 위해서 고객상황(Content)에 알맞은 정보를 수집, 보관, 관리해 주어야 한다. 고객들은 쉬지 않고 구글 등을 통해 검색(search)을 하고 있다. 이제는 사람이 얼마나 기억하는가가 중요하지 않고, 어디를 어떻게 검색하는가가 능력이 되었다. 이러한 고객에 접근하기 위해서 고객검색에 어떻게 대응하느냐가 중요하게 되었다. 고객들에게 어느 것이 진짜 거짓 없는 정보이고 어떤 것이 단지 꾸며진 루머인가를 식별케 해주어야 한다. 특히 기업의 온라인 평판이 어떻게 변화하고 있는지를 숙지하고 있어야 한다.

② 소셜고객(Social Customer)

전 세계 인터넷사용자 중 74%가 소셜사이트를 방문하는 등 모바일을 포함하여 빠르게 소셜사이트에 접근하고 있다. 따라서 소셜미디어전략은 디지털전략에서 중요한 위치를 차지하고 있다. 더더욱 고객구매에 있어 페이스북(Facebook)을 통한 추천에 70%가 의존하고 있어 각종 사이트가 추천엔진에 대해 많은 관심을 갖고 개발하고 있다. 기업 웹사이트보다 기업 소셜사이트가 더 많은 가입자 이용률을 보이고 있어, 기업에 있어서 소셜미디어전략과 통합된 디지털전략이 필요하며, 어떻게 고객에 대한 피드백과 추천 등을 해주어야 하고, 정서적으로 공명을 해주어야 하는가가 주요 이슈가 됐다.

③ 개인화된 고객(Individual Consumer)

과거 커뮤니티 기반의 소셜캐피털이 약화되면서, 다양한 소셜 연결고리와 개인화된 생활방식으로부터 버추얼 소셜캐피털로 대체되었다. 고객들은 가상적 연결, 이벤트, 커뮤니티를 통해 정서적 공감을 찾기 시작했다. 집단적 고객파워는 그들 자신을 위해 최적화하려는 고객개별적 파워로 대체되었고, 과거 계층적 채널과 구조는 잠식되어 비대칭적 비즈니스를 만들고 있다. 이 고객들을 위해 새로운 커뮤니티에 대한 소속감을 제공하여야 하며, 비대칭적 비즈니스 세상을 어떻게 대체할 것인가를 준비하여야 한다. 또한 시장보다는 개인을 더 생각하여야 하며, 고객과의 공명을 어떻게 일으키며 대응할 것인가가 중요한 때가 되었다.

④ 상황적 고객(Contextual Consumer)

개별고객들은 그들의 실시간 상황에 맞는 것을 제공받기를 원하며, 서로의 관계를 증진시킬 추가적 기능을 원하고 있다. 한마디로 개별고객들은 개별 각각의 상황에 맞는 단순하고 적절한 서비스를 받기를 원하고 있다.

또한 고객들은 자신들을 위한 맞춤기능과 토털서비스를 원하는데, 더 나아가 모바일 도구를 통해 실시간 밀착하여 상황서비스를 받기를 원한다. 즉, 인간과 컴퓨터의 인터페이스기술에 힘입어 기술에 대한 사용의 거리감을 없앤 자연적 유저 인터페이스(Natural User Interface)를 기반으로 재미있게 상황정보를 이용할 수 있게 되기를 원한다. 결론적으로, 단순하고, 직관적이며, 고객들을 깨우쳐 줄 수 있는 서비스를 제공받기를 고객들은 원하고 있다.

⑤ 참여적 고객(Engaged Consumer)

고객들은 '포스퀘어(Foursquere)'와 같이, 게임이 아닌 환경에서도 게임 메커니즘을 적용하기를 원하고 있다. 게임 메커니즘은 단순히 인간의 동기나 행동유발만이 아니라 그러한 동기를 지속적으로 유발시키기 위한 목표를 설정한다든지, 보상을 제공한다든지 하는 것을 의미한다. 보다 복잡한 문제에 고객을 적극 참여시키기 위해서는 시뮬레이션을 포함한 심각한 게임을 만들어 고객에게 제공할 필요가 있다.

키프(Kiip)와 같이 가상적 환경에서의 성과를 실제 세상에서의 보상으로 연결시켜 줄 수 있어야 한다. 특히, 모바일 플랫폼을 통해 즉각적 보상을 함으로써 돈을 벌 기회를 주어야 한다. 이러한 참여적 고객성향을 더 이끌어내기 위해서는 인간행위 본질을 잘 이해하여야 하며, 게임 메커니즘을 보다 진지하게 연구하여야 하며, 개발에 앞서 충분한 실험이 선행되어야 한다.

이상, 새로운 세상의 다섯 가지 고객유형에 대해 알아보았다. 결론적으로 고객들은 과거 우리가 했던 것보다 더 많은 정보에 접근하여 기회를 찾고 있으며, 더 많이 연결되어 많은 시간을 쓰고 있고, 집단적 사회보다는 개인적 맞춤을 더 강하게 요구하고 있으며, 단순하고 매우 적절한 서비스를 받기를 원하고 있으며, 주변에 더 영향력 있는 사람이 되기를 원하고 있다. 이러한 성향을 바탕으로 고객들의 요구를 정리하면, 상호교호적으로 투명한 거래가 일어나고 동참하기를 원하며, 자신만을 위한 업그레이드되고 통합되며 맞춤화된 제품과 서비스를 원하며, 그들이 어디에 있든 간에 더 좋은 서비스를 받기를 원하며, 온라인상으로 집을 사든지 물건을 사든지 간에 더 좋은 경험을 하기를 원하며, 구입하기 전에 한번 써보기를 원하며, 되도록 시간절약을 원한다.

이러한 새로운 고객성향은 소위 '디지털 네이티브' 라고 할 수 있는 넷세대에서 더욱더 나타난다(Don Tapscott, 『디지털 네이티브』 참조). 넷세대의 여덟 가지 특징은 다음과 같다.

첫째, 넷세대는 선택의 자유부터 표현의 자유에 걸쳐 그들이 하는 모든 일에 자유를 원하고 있다. 과거 세대는 판매채널, 제품 종류, 트렌드 등이 너무 많아서 정신이 없다고 느끼지만, 넷세대는 그것이 당연하다고 생각하며, 기술을 이용하여 맞춤화된 것을 찾기를 원한다.

둘째, 자기 입맛대로 맞추어 이용하고 창조하는 것을 좋아한다. 그들은 인터넷에 그냥 접속하는 게 아니라 온라인 콘텐츠를 창조하고 있다. 표준화된 프로세스와 균일화된 제품과 서비스는 잊어버려라. 넷세대는 정부 포털까지 자기에 맞게 고치고 있다.

셋째, 넷세대는 기업과 고객 모두를 위한 감시자로서, 그들이 시장에서 가진 힘이 기업에게 더 많은 것을 요구할 수 있게 해준다. 넷세대를 공략목표로 삼고 있는 기업들은 자사제품과 홍보활동 및 기업관행에 대한 그들의 집중적 감시활동을 예상하고 환영해야 한다.

넷째, 무엇을 사고 거래를 결정할 때 기업의 성실성과 정직함을 중요하게 생각한다. 즉, 넷세대들은 기업의 가치가 소비자인 고객들의 가치와 일치하는지를 확인한다. 이 점은 매우 중요한 것으로 소비자인 고객의 아픔이 바로 기업의 아픔인가를 확인하는 것이라 볼 수 있다.

다섯째, 넷세대는 일에 게임인 놀이라는 개념을 적용한다. 즉 모든 일과 생활에 엔터테인먼트와 놀이를 원하고 있다. 일류기업들은 이미 넷세대를 고객으로 하려면 브랜드 인지로만으로 충분하지 않다는 것을 알고 있다.

여섯째, 넷세대는 온라인 네트워크를 통해 무엇보다도 브랜드, 기업, 제품, 서비스에 대해 수시로 이야기하는 등 협업과 관계를 중요시한다.

일곱째, 넷세대는 모든 즉각적인 메시지는 즉각적인 반응을 보여야 만족하는 등 속도를 요구한다.

마지막으로, 넷세대는 혁신을 본질적으로 좋아하며 주도한다. 그들은 혁신적으로 협력하고 즐기고 배우고 학습할 수 있는 방법들을 찾는다.

고객과 경험을 공유하기 위해서는 앞서 이야기한 바와 같이 기업의 가치와 고객의 가치를 일치화시키는 것이 중요한데, 이렇게 판이한 넷세대(그러나 벌써 이 세상은 넷세대들이 나타나기 시작했다)와 함께 고객의 아픔이 바로 기업의 아픔이 되게 하는 노력을 필요로 한다. 여기에 기업과 고객 간에 커뮤니케이션이 잘 되어야 함은 물론이다. 그러나 우리는 커뮤니케이션의 중요성을 알고 있으면서도 정작 커뮤니케이션이 기성세대 중심으로 움직일 것이라는 망각 속에 빠져 있다. 우리는 기존의 커뮤니케이션 방식을 모두 철회하고 새로운 시대를 맞이할 준비를 해야 한다.

중요한 것은 이러한 새로운 고객성향에 대한 여러 가지를 고객과의 인터페이스에서 생각할 것이 아니라, 고객경험(Customer Experience)에서 생각해야 한다는 것이다. 과거 유저 인터페이스는 단순 새로운 기술과 인간의 접점을 어떻게 하면 보다 친밀하게, 쓰기 쉽게 활용적으로 할 것인가에 초점이 맞추어졌었다. 그러나 고객경험은 한마디로 브랜드경험이라고 할 수 있다. 브랜드란 회사에 대해 또 그 제품과 구성원들이 갖고 있는 직접 또는 간접의 모든 인식의 합인 것이다.

고객경험은 고객과 회사의 제품이나 서비스 간의 상호교호적인 관계에서 비롯된 것으로 소유를 해서 좋다 나쁘다는 개념이 아니라 경쟁우위의 잠재적 자원으로 보아야 할 것이다. 더 나아가 성숙한 포화상태의 제품이나 서비스에 있어서 차별화의 도구로 받아들여야 한다. 다시 말해 어떤 제품과 서비스가 시장에 있어서 포화상태나 성숙시점을 넘어갈 때 차별화의 도구로 고객경험에 주시해야 한다.

다시금 스티브 잡스가 매일 거울 앞에서 고객을 향해 한 말을 상기하자. "네가 원하는 것을 말해봐."

고객이 답을 가지고 있다.
가서 만나고 들어라.

- "스티브, 네가 원하는 것을 말해 봐"
  – 스티브 잡스, 매일 거울 앞에서
- 작아 보이는 것이 나중에 보면 큰 것이다.

그러면 우선 고객경험(Customer Experience)에서 경험(Experience)이란 무엇일까?

한마디로 제품과 서비스에 대한 상호교호작용, 진실, 체험사례, 감정 및 지적 느낌이라고 볼 수 있다. 차별화전략을 모색하고 있는 많은 경영관리자들도 고객경험이 중요한 것으로 생각은 하나, 고객경험관련 측정이 어렵고 누가 주도적으로 해야 하며 어떻게 증진시켜야 하는지 잘 개념이 안 잡히며, 더더욱 불황기일 때 누가 나서야 하느냐가 어렵고, 실무자들이 이를 냉소적으로 보는 등 여러 난제가 있다고 한다. 그러나 이제 우리는 보다 주도적으로 고객경험을 창출해 나가야 한다.

우리는 고객경험을 위해 좋은 면만을 보이는 사이트 대신에 나쁜 면, 오

그림 1-3 | 고객경험에 대한 영역

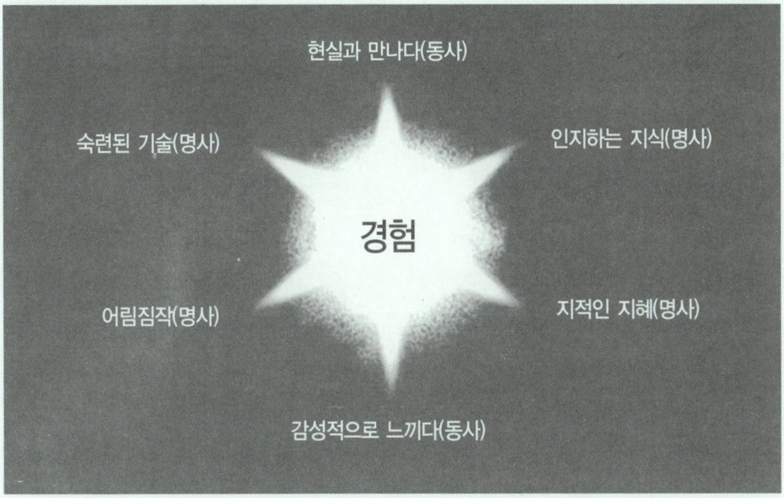

히려 싫어하는 면을 보이는 소위 '헤이트 사이트(Hate Site)'를 가진 적이 있는가를 물어야 한다. 대표적 예로 델(Dell)은 고객의 참여를 유도하며 헤이트 사이트를 운영해 왔다.

또한 조직에 대한 고객경험에 대한 책을 길거리에서 발견하였는가를 물어보아야 한다. 만일 없다면 고객들이 바라보는 우리에 대한 경험은 크지 않았음을 반성해야만 한다.

고객경험을 통해 시장을 바꿀 수도 있다. 대표적으로 라스베이거스의 거의 모든 고급호텔에서 성황리에 공연하고 있는 태양의 서커스(Cirque Du Soleil)는 그들이 제공하는 서커스 공연과 고객들의 고객경험을 새로운 엔터테인먼트산업으로 전환시켰다. 또한 오프라인 비디오 렌탈시대에(당시 미국의 대형 비디오 체인은 블록버스터(Blockbuster)였다) '넷프릭스(NetFlix)'는 온라인 비디오 사이트를 열어 비디오테이프의 기한 내 물리적 반납의 수고를 없애 폭발적인 인기를 얻었고, 그 여파로 기존의 공룡

그림 1-4 | 고객의 참여를 유도하는 헤이트 사이트

당신은 당신의 나쁜 면을 드러내는 Hate Site를 갖고 있는가?

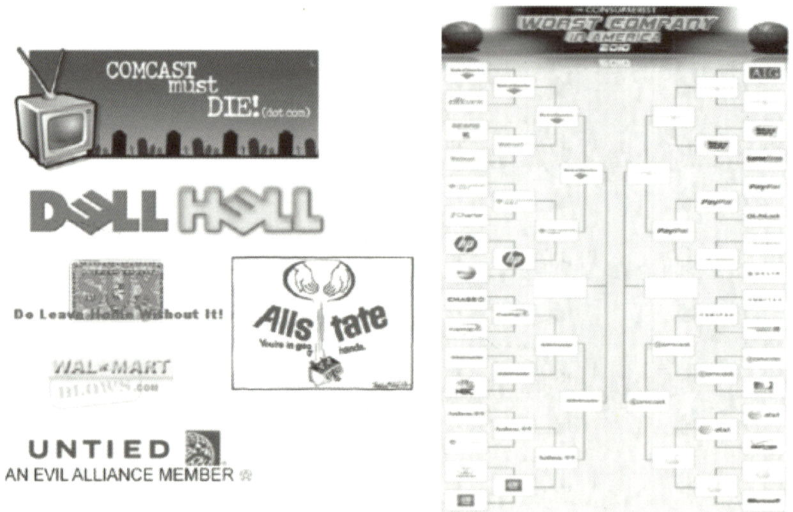

'블록버스터' 를 파산하게 만들었다. 나아가 아마존은 '아마존 프라임(Amazon Prime)' 을 자신의 아마존 사이트에 열어 명실공히 온라인 비디오시대를 엶으로써 고객이 미처 생각지 못한 비디오 렌탈사업의 주도적 회사가 되었다. 현재 아마존은 이 사이트를 통해 고객이 멤버가 되면, 모든 비디오에 무제한 신속 영화 다운로드를 실현함은 물론 그들의 이북(Ebook)인 킨들(Kindle)에서 무료로 책을 빌릴 수 있다.

획기적으로 자신의 제품을 고객이 경험하도록 유도하고 있는 회사로는 '애플(Apple)' 을 들 수 있는데, 얼마나 적극적으로 고객경험을 유발시키고 있는지를 애플매장에 가보면 잘 알 수 있다. 또한 싱가포르항공의 경우 어디를 가나 같은 느낌, 경험을 고객이 느끼게 하기 위해서 라운지에도 싱가포르항공기 내와 같은 배색과 환경, 냄새까지도 같이하여 일체감을 유발시키고 있다. 한편 자포스(Zappos)사의 경우, 뉴욕신문(2009년 9월)에 어떤 고객이 무려 5시간 25분 31초 동안 그 회사의 신발 사용경험 및 문의를 하였던 사실이 공지되면서 그 후 많은 매출을 올렸다고 보고되고 있다.

고객경험관련 자료에 의하면 소셜미디어를 통해 회사에 참여하는 고객들은 다른 고객들에 비해 20~40% 더 많은 비용을 지출하는 것으로 나타났고, 모바일 기기를 통해 온라인 거래를 하는 고객들 중에 상당수가 고객경험에 더 많은 시간을 할애하여 회사에 자신의 경험을 말하려 하고 있으며, 그들은 구매한 타 고객들의 고객경험을 숙지한 후 거래에 나서는 것으로 알려졌다.

그러면 과연 고객경험(Customer Experience)이란 무엇인가? 그 중에서도 특히 Digital CX를 진지하게 고려해야 한다. Razorfish FEED 2009에 의하면, 온라인 경험(Experience)이 당신의 브랜드나 상품/서비스에 대한 의견을 바꾸었는가에 대해 65.3%가 지지를 보였다. 또한 그 의견으로부터 그 브랜드의 구매에 영향을 미쳤는가에 대해 97.1%가 그렇다고 대답했다. 임원들은 CX를 통한 차별화의 중요성을 인지하고는 있으나, 조직과 구성원은 CX에 대해 담담하다. 아마존(Amazon)이 CX관련 수많은 특허가 있는 점을 상기해야 한다.

그러면 과연 고객경험(CX)이란 무엇을 의미하는 것인가를 알아보기 위하여 고객경험을 증진시키기 위해서는 어떤 관점에 착안해야 하는 것인가를 고찰해보자. 고객경험 증진은 크게 고객만족을 어떻게 유도하여야 하는가, 고객의 충성도와 지지도를 어떻게 증진시켜야 하는가, 브랜드 및 관련 평판을 어떻게 개선해야 하는가, 제품과 서비스를 어떻게 혁신시켜야 하는가의 네 가지로 구분지어 볼 수 있다.

| 표 1-1 | 고객경험 증진을 위한 4가지 관점

고객만족	충성도 및 지지도	브랜드 가치 및 평판	품질향상
1. 고객서비스 및 불평해소 2. 제품 및 서비스에 대한 디자인 3. 시장조사 및 설문	1. 이탈과 유지 2. 고객평가 3. 충성도관리경영	1. 마케팅 커뮤니케이션 2. 광고 3. 고객경험개발	1. 프로세스 혁신 2. 제품/서비스/분석

(1) 고객만족

고객만족은 고객경험에서 제일 중요한 부분이다.

1) 고객서비스 및 불평해소

고객서비스에 대해 고객이 느끼는 경험으로, 잘한 것보다는 안 되어 있고 기대 이하인 불평들에 고객의 아픔이 있음을 알아야 한다. 더욱이 고객이 불평할 때, 이를 회피하려고 변명하지 말고 얼마나 빨리 대처하는가, 또 대처한 결과를 얼마나 빨리 고객에게 홍보하는가가 중요하다.

우리는 고객의 불평을 우리 자산으로 만들어야 한다. 고객불만에 대처한 일 자체로 끝날 것이 아니라, 이 경험을 통해 무엇을 학습했느냐를 데이터베이스(DB) 등에 기록해, 다시는 그러한 불행한 일이 안 일어날 뿐만 아니라, 어떻게 하면 불평한 사실이 일어날 수 있는가를 학습해야 한다.

2) 제품 및 서비스에 대한 디자인

제품과 서비스 자체의 디자인에 대한 고객만족으로 제품과 서비스 디자인 자체에 고객경험을 적극 반영하도록 해야 한다. 제조업의 경우, QFD(품질기능 디자인) 도구를 활용하여 구매 후 고객이 느끼는 여러 경험을 제품의 기능과 어떻게 연결시켜 제품 자체의 기능을 개선하느냐에 노력해 오고 있다.

사실상 제품이나 서비스에 대해 극히 민감한 반응을 보이는 것은 바로 고객이다. 옛날과 달리 조금이라도 디자인이 마음에 안 들면 다른 곳으로 시선을 돌리는 것이다. 요즈음 많은 기업들은 소극적 고객대응 태도로부터 적극적으로 고객이 참여하는 설계 디자인 프로세스를 갖추기 시작했다. 즉, 고객참여를 통해 고객아픔을 해소하는 길을 모색한 것이다. 여기에서 더 나가 어떤 기업들은 고객이 직접 디자인해서 각자가 가질 수 있는 맞춤 프로세스를 제공하게 되었다. 이제 제품과 서비스를 기업이 처음부터 끝까지 하던 시대는 끝났다.

3) 시장조사 및 설문

고객만족을 위한 시장조사를 하여 고객경험을 들을 수 있어야 한다. 우리는 종종 고객소리나 방향을 얻기 위해 정해진 틀로 설문조사를 한다. 우리가 만들게 되는 설문의 문항들도 우리의 어떤 목적을 위해 만들어지기 때문에 기업 주도적인 의도적 조사가 되고, 진정한 고객경험을 알아보기에는 어려운 경우가 많다. 오히려 고객이 문항을 만들어야 한다. 요즈음 인터넷만이 아니라 모바일을 통해 고객 스스로가 문항도 만들고 평가도 하는 사이트들이 성행 중이다.

여하튼 설문조사는 과거 패치스타일이 아닌 실시간으로 일어나야 되며, 고객 위주의 설문문항으로 사전의도 없이 자유롭게 문항이 설정되고 평가가 이루어져야 한다.

(2) 충성도 및 지지도

고객경험을 개선시키기 위한 노력으로 고객을 단골화시키는 일이 중요하다. 어떻게 하면 충성도를 높일까에 대한 많은 연구가 있었는데, 무엇보다 중요한 것은 고객을 우리가 사랑해야 한다는 것이다. 고객의 아픔을 우리의 아픔으로 체내화하며, 고객에게 위대하고 훌륭한 가치를 제공하고 그들의 감성과 혼을 터치함으로써 충성도를 얻어내야 한다. 도날드 칸이 "감성과 이성은 본질적으로 다른데, 이성은 결론을 만들지만 감성은 행동을 만든다"라고 했듯이, 특정 브랜드를 구매하고, 더욱이 충성도 높은 고객이 되기에는 감성, 즉 고객의 아픔 공유가 지대한 역할을 한다. 우리는 또한 고객의 아픔을 통해 고객의 기본적인 정신을 간파해야 하는 것이다. 다시 말해, 고객에 대한 이성과 감성 그리고 정신을 우리 비즈니스 모델에서 담을 수 있을 때, 진정 새로운 비즈니스를 높은 차원에서 만들 수 있다.

1) 이탈과 유지도

단골고객 한 명을 유지하여 얻는 효과가 신규고객 열 명으로부터의 효과와 비슷하다고 한다. 그만큼 신규고객 대비 단골고객 유지가 중요하다. 모든 계층의 고객을 만족시키려고 애쓸 필요는 없다. 우리 제품을 오랫동안 자주 쓰는 고객, 제품과 서비스를 구매하고 우리와 관계를 맺음으로써 가장 커다란 이익을 얻거나 기대하는 고객들에게 단골화의 우선순위를 두어야 한다.

우리에게 가장 도움을 줄 수 있는 고객에게 다가서기보다, 우리로부터 가장 도움을 받을 수 있는 고객을 단골고객화시키는 개념이 필요하다. 단골화된 고객에 대해 지속적으로 우호적 관계를 유지하며, 평소 한 번 거래가 일시적 · 단타적으로 한 번만의 거래가 아닌, 너와 우리의 영원한 채널의 열림임을 명심해야 한다. 일대일로 고객을 파악하여, 그들의 아픔을 바탕으로 니즈, 욕구, 선호 및 행동을 완벽하게 파악해야 한다. 이성적으로나 고객아픔 공유의 감성적으로나 진정한 만족을 느끼게 하여, 그들 스스로 입소문을 퍼트려 우리의 감격한 지지자를 만들어야 한다.

2) 고객평가

고객은 진정 연결된 사회에서 살고 있어, 언제라도 우리의 제품이나 서비스만이 아니라 모든 것을 평가할 수 있다. 기업의 행동과 가치에 주목하고, 그것을 감시하는 고객의 눈은 날로 더 날카로워지고 있다. 소셜네트워크의 성장으로 인해, 고객들은 기업의 제품이나 서비스에 대해, 또 사회적 가치나 역할에 대해 이전보다 더욱 쉽게 파악하고 서로 이야기하게 되었다.

제품이나 서비스 자체도 중요하지만, 더더욱 중요한 것은 적정한 가격이다. 진정으로 시장을 만들어내고 그 시장을 오랫동안 유지하고 싶으면 적정한 가격 기반의 공정한 시장을 만들어야 한다. 가격과 제품의 질의 조화를 이루어야 함은 말할 필요가 없다. 동일한 제품에 대한 가격경쟁이 경쟁자와 일어났다고 하면, 가격경쟁의 싸움을 계속하기보다는 어떤 부차적 부가가치 있는 서비스를 그 제품에 얹을 것인지를 우선 고려하라.

독특한 차별화 부가서비스를 그 제품과 같이 판매함으로써, 고객으로부터 가격경쟁의 싸움에 더 이상 끌려다님 없이 더 좋은 평가를 받을 수 있다.

3) 충성관리개선

한 번 거래가 이루어진 고객이라도 오랫동안 재차 우리 제품이나 서비스 거래를 안 한 경우에, 과거에는 그 고객이 우리에게 접근하기가 쉽지 않았다. 그러나 요즈음 같은 글로벌연결경제시대에서는 정보기술과 인터넷의 도움으로 접근성이 높아졌다. 다시 말해, 우리를 원하는 고객들이 우리를 찾기가 힘들어서는 안 된다. 한편으로 디지털격차라는 문제를 전 세계적으로 해결하지 못하고 있음을, 우리는 새로운 비즈니스의 기회로 보아야 한다.

'휴렛팩커드' 는 디지털격차가 큰 나라를 미래 잠재력시장으로 간주하고 있다. 성숙한 시장에서 미래성장을 바란다면 간헐적으로 제품을 구매하는 저소득층을 대상으로 한 새로운 비즈니스 모델을 내놓아야 한다. 즉, 미래의 고객들이 우리를 쉽게 찾을 수 있게 하여야 한다.

또, 모든 비즈니스는 그것이 제조업이든 1차 산업이든 간에 서비스업이라고 생각해야 한다. 과거 지식화시대라는 말이 우리나라에 많이 쓰였을 때, 당시 산업자원부는 1차 산업을 1.5차 산업으로, 2차 제조산업을 2.5차 산업으로, 3차 서비스산업을 3.5차 산업화하기를 원했다. 이때의 부가적인 '0.5차'는 그 해당산업을 지식으로 고부가가치화하자는 의미를 갖고 붙여진 이름이었다. 이제 모든 산업은 지식을 포함한 서비스화와 부가가치화에 나서야 고객을 확보하고, 단골화할 수 있는 것이다.

식당이나 호텔만이 서비스업이 아니고, 어떤 비즈니스건 고객에게 봉사하고 서비스하여 고부가가치화시키겠다는 진실하고 정성이 담긴 마음으로 고객에게 봉사해야 한다. 그러면 당연히 고객은 기업에 대한 좋은 기억을 갖고 집으로 돌아가며, 좋은 추억을 떠올려 주변에 전하게 될 것이다.

(3) 브랜드 가치 및 평판

기업은 브랜드로 정확히 자기의 주체성을 고객에게 알리고, 고객경험 후 고객들이 보여주는 평판에 귀 기울여 그로부터 다시 발전해야 한다. 고객경험을 바탕으로 브랜드와 평판은 공동창조되는 것이다.

고객경험이란 분명 결코 제품과 서비스를 통한 체험 그 자체만은 아니고, 고객 각자의 모든 경험이 축적된 것이며, 이를 통해 제품과 서비스의 가치를 창출함을 의미한다.

고객아픔이 우리 아픔으로 체화되어, 더 나은 제품과 서비스가 새롭게 업그레이드된 디지털 비즈니스 프로세스 모델을 낳는 공동창조과정은 다음과 같다. 먼저, 기업은 소위 '플랫폼(platform)'과 같은 기본적인 제품을 공급자 입장에서 우선 고려하게 되며, 그 다음에 커뮤니티에 속한 고객들은 각자 자신의 독특한 선호에 맞는 요구를 통해 그 플랫폼을 맞춤화하게 된다. 그리고 고객 커뮤니티에 맞춤화 노력을 종합하여, 기본 플랫폼을 업그레이드하고 발전시켜 나가게 되는 것이다.

브랜드 평판은 그 무엇보다 중요하다. 두 가지 제품이나 서비스의 품질이 똑같다면 고객들은 당연히 평판이 높은 쪽을 선택한다. 높아진 평판을 지켜내야 하며 우리가 누구인지를 분명히 할 필요가 있다. 다시 말해, 고객가치를 명확하게 천명하고 어떤 일에도 그것을 포기해선 안 된다.

1) 마케팅 커뮤니케이션

새로운 기술은 기업과 고객을 연결하고 새로운 시장을 향해 나아가게 해주며 고객들을 연결하고 공동체화를 촉진시킨다. 고객들은 기업만이 아니라, 다른 고객들과도 접촉을 원하고 있다. 따라서 기업들은 고객의 커뮤니티 연결욕구를 해결시켜 고객들만의 커뮤니티를 형성해 그 안에서 서로 연결이 되게 해주어야 할 것이다. 향후 비즈니스를 성공시키려면 이러한 커뮤니티의 소통을 지원해줄 필요가 있다.

고객이 소통하는 커뮤니티의 분류는 고객들이 서로 연결되어 있는 웹 형태일 수도 있고, 리더를 중심으로 연결되어 있는 허브 형태일 수도 있으며, 아이디어와 연결되어 있는 풀 형태일 수도 있다. 이러한 모든 고객의 공동체는 우리 비즈니스를 위해서가 아니라, 그 공동체의 일원들을 위해 존재한다는 것을 알아야 한다. 우리는 반드시 이를 잘 알아 공동체의 개개 고객을 만족시키는 커뮤니케이션을 진행하여야 할 것이다.

2) 광고

브랜드나 평판의 구축에 앞서 중요한 것은 광고이다. 요즘은 브랜드 구축보다도 광고를 통한 캐릭터 구축이 강조되는 시대이다. 고객들을 포함한 인간 개개인과 브랜드를 연결하기 위해서는 브랜드 차별성의 핵심이 되는 캐릭터를 개발해야 한다. 캐릭터는 고객의 소셜네트워크가 직접 느끼게 되는 브랜드의 주체성을 반영한다. 제품이나 서비스의 차별화를 성취하기 위한 적극적인 광고를 위해서는 캐릭터 구축을 통해 기업 비즈니스에 인격을 부여하여야 한다. 또한 기업들의 광고 캠페인이나 제품명세 혹은 기업소개의 주장과 일치하는 경험을 반드시 전달해야 한다. 진실과 다른 광고를 하여 자신들을 포장하는 것은 더 이상 고객에게 먹혀 들어가지 않는, 증거에 입각한 세상에 우리는 살고 있는 것이다.

오늘날 외형적 캠페인과 진짜의 내면이 다른 기업은 즉시 고객의 신뢰를 잃어버릴 수밖에 없다. 고객들의 커뮤니티가 형성되어 있는 연결의 세상에서 신뢰를 상실하는 것은 곧 잠재 구매자들이 포함된 고객 커뮤니티에서 기업이 이탈하게 되는 것을 나타낸다.

3) 고객경험개발

브랜드는 고객과 기업의 일체감을 주도록 하여, 고객경험의 가치를 배가시키는 역할을 한다. 브랜드는 기업에게 시장에서의 정확한 포지셔닝과 차별화를 주는 주요 도구이자, 고객들로부터 경험을 총칭하는 대명사이기도 하다. 브랜드가 가져야 할 속성으로 주체성, 이미지, 그리고 성실성을 들 수 있다.

브랜드의 주체성이란 고객들의 지성에 호소하여 기업 브랜드를 정확히 자리매김하게 도와주는 속성이다. 브랜드를 시장에서 바로 알아차릴 수 있도록 독특해야 함이 강조된다. 또한 고객들의 합리적 필요나 요구와 연결되어 있어야 한다.

브랜드의 이미지란 고객들이 브랜드에 대해 강력한 애착을 갖거나 감성적 호소에 공감대를 형성케 하는 속성이다. 브랜드가 상표의 기본적 기능과 외관을 넘어 소비자들의 감성적 요구와 호소에 대응할 수 있을 때 브랜드 이미지가 형성된다.

브랜드의 성실성이란 실제로 고객을 충족시켜 나아가는 과정을 통해 이루어진다. 즉, 브랜드를 신뢰할 수 있으며, 기업이 표방한 시장에서의 위치나 차별화를 성실히 이행함으로써 결정된다. 어찌 보면, 기업의 철학을 보여주는 것으로, 더 나아가 존경하고 싶은 마음이 생기도록 하는 원천이 바로 브랜드의 성실성인 것이다.

이 세 속성은 제각기 실행되어서는 안 되며, 고객의 아픔이라는 커다란 범주에서 총체적 접근을 해야 하는 것이다.

이것이 곧 브랜드 가치를 높이는 것인데, 이를 위해서 어떻게 고객경험과 브랜드에 총체적으로 접근하느냐가 관건이다. 두말할 필요 없이 고객아픔이 곧 기업의 아픔이 되어야 한다는 믿음의 성실성이 필요하며, 이를 고객들도 공명하게 만들어야 한다. 비즈니스 세계의 지도는 쉬지 않고 변하고 있다. 경쟁자들은 더욱 많아지고 시간이 갈수록 똑똑해진다. 고객도 마찬가지이다. 따라서 수많은 경쟁자들과 기업 비즈니스를 접하고 있는 고객들로부터의 경험을 어떻게 관리하느냐는 기업에게 가장 중요한 일이 되었다. 이러한 고객경험을 한시적인 정보나 대응전략으로만 처리하던 시대는 끝났다. 이 고객경험을 새로운 비즈니스 모델로 구체화시켜 새로운 디지털 비즈니스를 만들어내야 한다.

(4) 품질향상

기업의 임무는 비즈니스 프로세스나 제품 및 서비스를 분석하여 품질, 비용, 납기를 혁신하는 것이다. 그리고 고객, 공급업체, 유통을 포함한 각종 파트너들에게 항상 약속을 지키는 것이다. 언뜻 보면, 품질 · 비용 · 납기가 서로 상쇄적(trade-off) 의미로 해석될 수 있는데, 그것은 과거적 사고이다. 요즈음 우리는 품질 · 비용 · 납기 모두가 함께 좋게 될 수 있는 시너지적 세상에서 살고 있음을 믿어야 한다.

과거에는 디지털 등 새로운 기술이 없었기 때문에 이런 시너지적 효과를 누리지 못했었다. 이제 우리가 아이디어만 내면 비용을 절감하면서도 동시에 더 높은 품질을 내고 또한 스피디한 운영으로 납기를 향상시키는 고객가치창출의 새로운 장을 여는 시대에 살고 있다. 그동안 왜 고객의 아픔이 그렇게 많았는가를 생각하면, 그것은 바로 상쇄의 시대에 살아왔기 때문이라고 볼 수 있다. 품질 · 비용 · 납기 중에 하나가 좋아지려면 하나나 둘이 나빠져야만 하는 세상에서, 나쁘게 되는 우려 때문에 고객들은 아픔을 감수해야만 했다. 이제 시너지시대임을 확실히 믿을 때, 고객들은 새로운 고객경험을 할 수 있다.

1) 프로세스 혁신

고객의 관점에서 제조업인 경우에 프로세스 혁신은 조직 내부의 혁신으로 볼 수 있고, 서비스업인 경우에 프로세스 혁신은 조직 외부, 즉 고객과의 접점에서의 혁신이라고 일반적으로 생각할 수 있다. 그러나 조직에는 두 가지의 프로세스 혁신이 이루어져야 고객이 조직에 대해 경험하게 되는 고객경험을 본질적으로 향상시킬 수 있다. 첫째, 조직 프로세스 혁신은 기업 본연의 업무 프로세스로서 기업의 업무흐름도에 나타난 프로세스를 어떻게 개선하여 시간, 품질, 비용을 최적으로 만들 수 있을까에 대한 시각이다. 둘째, 고객 프로세스 혁신은 고객이 조직에 대해 불평, 불만, 질의, 칭찬, 평가 등을 하는 접점을 시작으로, 조직과 상호교호적으로 고객의 서비스를 받는 프로세스를 어떻게 개선할까에 대한 시각이다.

두 프로세스들은 각기 하나는 조직의 기존 업무흐름 개선, 다른 하나는 고객과의 상호교환적 처리흐름에 대한 것이지만, 이 두 프로세스를 오버래핑되게 만들면 제조업의 경우 두 프로세스의 오버래핑 정도가 서비스업의 경우보다 적긴 하지만, 오버래핑되어 연결되고, 서비스업인 경우 두 프로세스가 거의 많은 부분 오버래핑되면서 연결된다. 우리는 이렇게 오버래핑된 프로세스를 놓고 조직도 향상되고 고객도 향상되게 하기 위해 프로세스 개선을 하게 되는데, 이때 프로세스 곳곳에서 고객의 아픔을 알게 되는 진실의 순간(MOT : Moment Of Truth)들을 인식하여 표기하게 된다. 이 MOT가 바로 고객경험을 고쳐줄 순간, 고객과의 접점 순간인 것이다.

지금까지의 프로세스 고찰이 기업조직 내부와 기업과 고객과의 프로세스 혁신이었다면, 보다 높은 부가가치를 얻기 위해 소위 작은 은하계, 즉 새로운 생태계에서의 기업조직과 고객을 바라다보는 시각이 필요하다. 중소기업이 오랜 기간 동안 대기업 은하계에 연결되어 빨려들어가지 않고 살아남는 방법은 스스로 소은하계를 형성하는 것이다. 고객의 아픔을 해소하는 데 초점을 두고, 새로운 생태계를 다른 조직보다 앞서 벽을 없애 통합(interoperability)창출해야 한다.

2) 제품/서비스 분석

품질향상에 있어 가장 중요한 것은 제품이나 서비스의 품질향상을 위해 분석하는 일이다. 품질 · 납기 · 비용 중에서도 품질에 대해 더 비중을 두는 이유는 자명하게 다른 두 개, 즉 납기와 비용보다 품질이 나빠지면 고객들은 쉽게 외면하기 때문이다. 그동안 품질관리관련 데이터나 정보를 분석하기 위한 많은 도구가 나와 있다. 이제는 품질관련 소셜데이터나 정보를 관리하는 빅데이터시대에 우리는 살고 있다. 고객아픔에 효과적으로 대처하기 위해서는 지금까지 해오고 있는 과거 데이터분석이나 원인분석을 뛰어넘어 미래 품질을 예견하고 우리가 원하는 대로 품질이 나올 수 있게 하여야, 소위 빅데이터시대의 고객아픔처리를 한 품질관리라고 할 수 있을 것이다.

이렇게 정의된 고객경험을 실제로 잘 관리하기 위해서는 관리지표가 필요한데, 고객경험관리지표들은 [그림 1-5]와 같다.

위에 정의된 고객경험과 [그림 1-5]의 고객경험관리지표를 통해 고객경험관리를 할 수 있다. 이는 결론적으로 고객만족을 충성도 높임과 연결시켜 이윤극대화를 꾀할 수 있는 것이다.

상품이나 서비스 차별화는 이제 모두 비슷한 수준이나 강한 브랜드의 힘은, 주지하다시피 감각 터치에서 나오는 것이다. 이는 향후 오감을 넘어

그림 1-5 | 고객경험관리지표

고객경험관리의 측정가능한 효용

고객만족	↑ 고객만족점수 ↑ 간헐적 구매자 점수 ↑ 제품평가등급 ↑ 단 1회로 처리 횟수	↓ 평균주기 ↑ 적시성 ↑ 벤치마킹 ↓ 고객요구 횟수
충성도/옹호도	↑ 고객과 실무자 평가 ↓ 고객대응비용 ↓ 고객이탈률 ↑ 충성도프로그램 참가 ↑ 브랜드 지지 및 판촉 ↑ 제품과 서비스의 업그레이드 횟수 ↓ 불량에 대한 기대예측	↑ 평균주문규모 ↑ 평균고객유지 ↑ 구매발생률 ↑ 신제품의 채택 ↑ 다채널의 사용 ↑ 반복구매횟수
브랜드/평판	↑ 브랜드가치 ↑ 소셜네트워크 참여 ↑ 브랜드인지	↓ 가격민감도 ↑ 신뢰평가 ↑ 웹사이트에서의 피벤치마킹 ↑ 감성점수
품질	↓ 불량률 ↑ 새로운 프로세스의 유연성 ↑ 재고 및 가격의 정확도	↑ 배달의 적시성 및 정확성 ↓ 제품 반품률 ↓ 거래시간

육감의 터치를 요구하고 있다고 볼 수 있다.

모든 기업은 직접적으로 또는 간접적으로 어떤 형태이건 간에 고객의 경험을 긍정적으로 소화시키도록 노력했고, 나아가 발전시키고 창출하려고 노력했다. 가트너(Gartner)는 일반적인 7가지 고객경험관리 유형을 성공사례에 결부하여 제시한 바 있다. 각각의 유형별로 종합적으로 성공적인 회사들은 어디였고, 어떤 방식에 의해 추진되었나를 살펴볼 수 있는데, 특히 개방적 유형, 개인화 유형, 설계고도화 유형에 갈수록 미래지향적으로 고객이 미처 생각하고 느끼지 못한 아픔, 즉 전례 없었던 고객경험을 창출할 수 있는 방식이 될 수 있다.

그림 1-6 | 고객만족과 충성도 연결을 통한 이윤체인

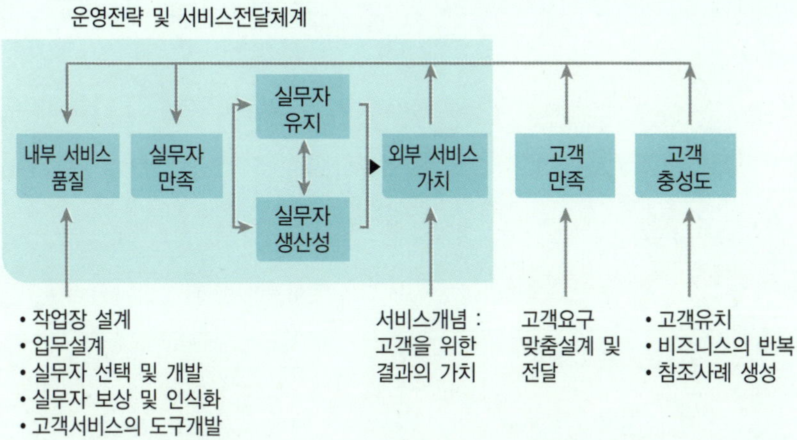

- 충성도 없이도 고객만족은 얻을 수 있지만, 고객만족 없이는 충성도를 얻을 수 없다.
- 적절한 감성적 충성도 개발을 통해 만족고객을 높은 충성도를 가진 고객으로 이끌 수 있다.

Chapter 02

업의 본질에 대한 사고 (Conceptual Thinking)

Chapter 02 업의 본질에 대한 사고 (Conceptual Thinking)

2.1 비즈니스 리더는 논리적 사고를 넘어 업의 본질에 대한 사고가 필요하다

디지털 비즈니스 모델링을 하는 근본적 목적은 새로운 시장창출에 있다. 새로운 시장창출을 위해서는 보통 사람들이 일반적으로 생각하는 관점에서 현상을 보아서는 안 된다. 지금까지 있지 않았던 새로운 시각에서 트렌드를 볼 때 새 시장을 발견할 수 있다.

『성공하는 사람의 7가지 습관』을 쓴 스티브 코비는 매번 강연 때마다 청중에게 자기가 제시한 성공하는 7가지 습관을 묻곤 하였는데, 7가지 습관에 대해 모두 기억하고 있는 사람이 극소수였다고 한다. 그래서 한 가지만이라도 확실히 아는 것이 중요하다고 생각하여 『원칙중심 리더십(Principle Centered Leadership)』이란 책을 써서, 진정 리더가 되려면 '원칙' 이 있어야 함을 강조했다.

우리는 종종 상사로부터 신규사업 아이디어를 도출하라고 주문을 받는다. 혹자는 아이디어를 내기 위해 서 있기도 하고, 산책을 하기도 하고, 또는 샤워를 하기도 한다. 그러나 '유레카(Eureka)' 라고 외칠 정도의 아이디어는 머리에서 나오지 않는다. 어디서부터 생각을 해야 기발한 아이디어는 나오는 것인가? 여기서 우리는 비빌 언덕이 필요하다. 비빌 언덕, 즉 원칙을 갖게 되면, 그로부터 새로운 아이디어를 쉽게 떠올릴 수 있을 것이다. 지금부터 새로운 아이디어를 떠오르게 할 원칙들, 소위 블루오션인 디지털 비즈니스 모델을 찾는 여행을 떠나자.

원칙을 찾아 떠나기 전에, 우선 우리의 일상적인 사고인 논리적 사고(logical thinking)에 대해 알아보자. 논리적 사고는 일상적인 관리를 하는 비즈니스맨이나 관리자의 사고로서, 합리적인 사고방식이라고 볼 수 있다.

그림 2-1 | 합리적인 사고방식

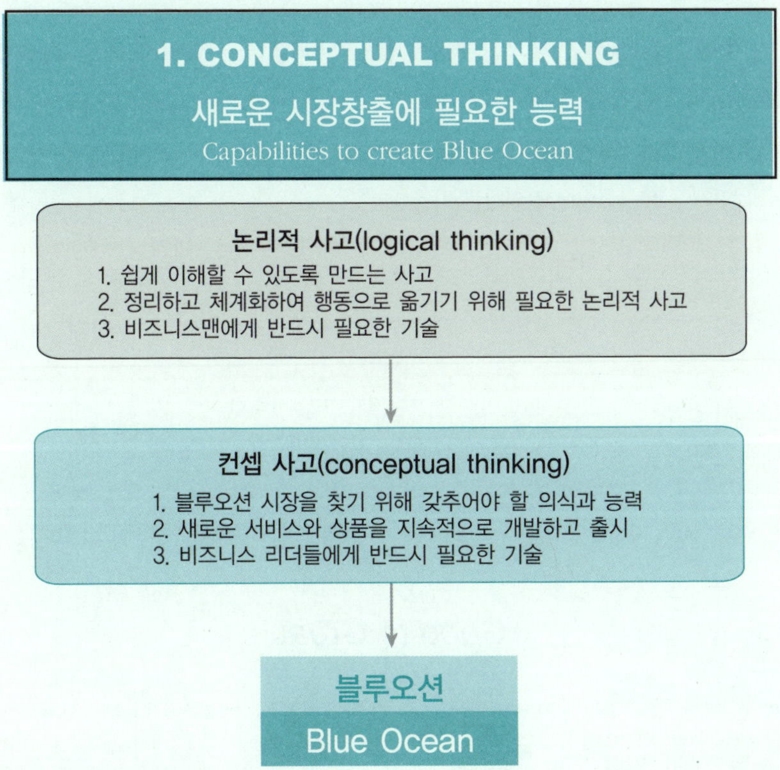

그러나 이 논리적 사고는 고객아픔에 대해서 새롭고 기발한 비즈니스

모델을 제시하기에는 적합지 않다. 경쟁자나 다른 사람 모두도 이러한 논리적 사고를 하고 있기 때문이다. 상투적인 논리적 사고를 계속하는 한 우리는 레드오션에서 빠져나올 수 없다. 이에 반해, 업의 본질을 알아내는 '컨셉 사고(conceptual thinking)'가 비즈니스 리더에게 필요하다. 더욱이 우리는 우리가 하려는 사업에 대한 고객아픔의 본질을 알아야 한다.

고객아픔의 본질을 안다고 함은 보다 높은 차원으로부터 고객의 아픔을 접근하여 현 상황과 트렌드하에서 무엇이 가장 근원적 해결이 될 것인가를 알아내는 것이다. 고객아픔의 본질을 파악하는 데 아무리 많은 시간을 소비하여도 업의 본질만 알아낼 수 있다면 좋은 것이다.

업의 본질을 제시한 책으로는, 짐 콜린스의 『보통기업에서 위대한 기업으로(Good to Great)』를 들 수 있다.

그림 2-2 | 보통기업에서 위대한 기업으로

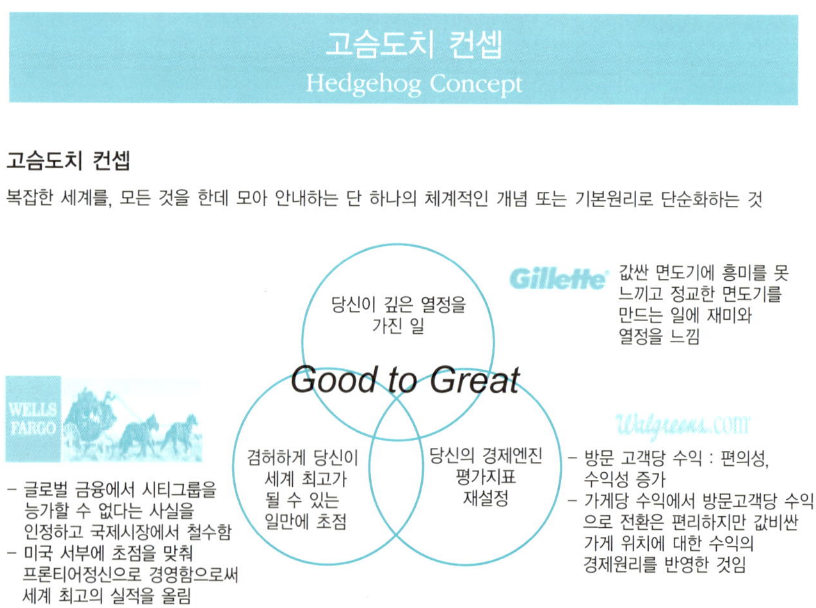

복잡한(complex) 업무를 논리적으로 분석하면 보다 엉켜진 복잡한(complicated) 문제로 변하는 경우가 많이 존재한다. 유능한 비즈니스 리더는 복잡한 문제를 복잡하게 생각하는 것이 아니라, 단순하게 생각한다. 책에서 그는 '고슴도치 컨셉'을 들고 있다. 어느날 고슴도치 굴 앞에 여우가 나타났다. 여우는 고슴도치가 굴에서 나오면 어떻게 잡을 것인가를 여러 방향으로 매우 복잡하게 생각한다. 그러나 고슴도치는 두 가지 원칙만을 갖고 있다. 여우를 만나면 자신의 부피를 최소화하기 위해 공 같은 모양을 유지하고, 또 여우가 지나갈 때까지 죽더라도 그 모양을 유지한다. 이 간단한 원칙으로 여우에게 이겼다는 우화이다.

이 책에서는 여러 기업들의 분석을 통해 보통기업이 위대한 기업이 되는 것에는 두 가지 원칙이 있음을 보여준다. 그것은 열정(passion)과 겸손(humble)이다. '좋은 것은 위대한 것의 적'이라고 표현하면서, 조직원들이 위에서 아래에 이르기까지 자기 맡은 바 열정을 갖고 있으면서, 모든 조직원들이 겸손을 갖고 있을 때, 그 조직은 좋은 조직에서 위대한 조직으로 바뀐다는 것을 실사례를 들어 설명하고 있다. 얼핏 생각하면 열정과 겸손은 양립하기 쉬운 개념이라고 생각할 수 있으나, 사실상 조직이 점점 성공의 위치에 서게 되면, 겸손함을 유지하기는 쉽지 않다.

삼성전자 부회장이 한 말이 생각난다. "어떻게 삼성전자가 세계적인 기업이 되었습니까?"라는 기자의 질문에 "우리 회사는 회사 전원이 항상 위기라고 생각하고 있습니다"라고 대답한 적이 있다. 위기라는 개념을 통해 강한 겸손함을 보이는 것이 아닌가 생각한다. 사람도, 가정도, 회사도, 국가도 모두 열정과 겸손을 가지면 좋은 것에서 위대한 것으로 바뀌어 간다고 본다. 예수가 위대하게 될 수 있었던 것도 종교적 해석을 떠나 가장 낮은 곳에 항상 위치하고, 인류를 죄악에서 살리기 위해 강한 열정(예수의 열정을 그린 영화 〈The Passion of Christ〉에서 보였던 것 같이)을 보였기 때문이라고 생각한다.

고객의 아픔에 대해 위대한 아이디어를 내기를 원하면, 마찬가지로 '고객의 아픔이 곧 나의 아픔이다' 라는 열정적 접근과 언제라도 고객의 아픔을 들으려는 겸허한 자세를 갖추었을 때 가능하다고 본다.

많은 성공한 기업들은 열정과 겸손의 개념을 통하여 기업 자체 이미지를 단순화시켰다. 예를 들면, 미국 서부의 제일가는 은행인 '웰스 화고(Wells Fargo)' 은행은 미국 서부가 지향하는 프론티어 개념으로 고객과 공감대를 형성했고, 면도기회사인 '질렛(Gillette)' 은 값싼 간이 면도기가 아니라 정교한 면도기라는 개념을 고객과 공유케 했고, 잡화체인인 '월그린(Walgreens)' 은 방문객당 수익에서가 아닌 점포당 수익이라는 개념을 발전시켜 성공을 했다.

『보통 기업에서 위대한 기업으로』 출간 이후, 많은 사람들은 위대한 기업이 어떻게 지속적으로 성장할 수 있을까에 대한 연구를 했다. 대표적인 책이 제리 포라스(Jerry Porras) 등이 쓴 『Success built to last』인데, 위대함을 오래 지속시키기 위해서는 열정을 갖고 모든 것을 잃을 정도로 자신만의 의미를 만들고, 창조적으로 사고방식을 개조해야 하며, 대담한 목표로 행운을 준비하라고 지적하고 있다. 여기에서도 열정이라는 컨셉은 역시 중요하며, 마지막 대담한 목표로 행운을 준비하라는 마음에서 겸허함, 겸손을 생각할 수 있다. 따라서 열정과 겸손은 위대하게 되기 위해서만 중요한 것이 아니라, 지속적으로 위대하기 위해서도 재차 강조되어야 할 개념이라고 본다.

열정과 겸손을 갖게 되면 통찰력이 생긴다. 열정은 자기가 하는 일에 보다 많은 의미를 부여하고, 몰입하는 데서 형성된다. 뉴턴이 사과가 떨어지는 것을 보고 만유인력의 법칙을 발견했다고는 하나, 뉴턴은 사실 물리적 법칙을 열정을 갖고 탐색하는 과정에서 작은 자극으로부터 위대한 법칙을 발견한 것이지, 어느 날 갑자기 생각이 떠오르는 통찰력을 얻은 것은 아니다. 자기가 하는 일에 시간 가는 줄 모르고 즐겁게 하는 열정이 통찰력을 얻는 전제조건이다.

디지털 비즈니스 모델링에 있어서도 당연히 통찰력이 있어야 전례 없는 창의적인 비즈니스 모델을 만들어 낼 수 있다. 통찰력은 지혜의 프로세스이지, 한순간의 지혜가 아니다. 우선 눈에 보이는 대안만이 아니라, 얼마든지 새로운 대안들을 만들어 낼 수 있다는 열정을 갖고 고안해야 한다. 이때 나만 고민하고 있는 것이 아니기 때문에, 벤치마킹 등을 통해 이 업종에서라도 대상을 찾는 것이 중요하다. 다시 말하면, 통찰력을 얻기 위한 처음 단계는 겸허한 마음으로 기존 대안들에 지배당하지 않는 새로운 대안을 찾아나서는 일에 열정을 가져야 한다는 것이다. 둘째로는, 얻게 된 대안에 대해 아주 가까이서도, 아주 멀리서도 보고 외부로부터의 의문을 던져야 한다. 오히려 대안에 대한 반대편 사람들의 이야기를 더 귀담아 들어야 한다. 이때 겸허한 자세로 마음을 비워 많은 의구심을 담을 수 있어야 한다. 비유적으로, 술잔에 술이 가득 있을 때는 아무리 비싸고 고급술을 따라도 잔에 담기지 않고 잔 옆으로 흘러만 간다. 셋째로는, 핵심 중에 핵심을 찾아야 한다. 이를 위해 여러 아이디어를 판별할 수 있는 우선순위가 있어야 한다. 오늘의 우선순위가 미래의 창의적 비즈니스 모델을 탄생시킨다. 마지막으로는, 통찰력을 통해 얻는 결정이 끝이 아니고 새로운 시작이라고 생각해야 한다. 더더욱 최악의 시나리오와 함께, 예방대책과 긴급대책을 고려하여 완성된 새로운 아이디어나 모델을 재검토해야 한다. 이러한 통찰력을 위한 프로세스는 우리에게 통찰력에 대한 자신감을 준다.

컨셉 사고(conceptual thinking)를 정의하면, '컨셉' 이 개념을 의미하는 것은 아니고, '컨셉' 이란 차별성과 우위성을 갖는 업의 본질이다. 다시 말해, 독창적이며 차별적인 가치관과 행동 등으로 단순한 차별화가 아닌 본질적인 차별을 말한다.

그림 2-3 | 차별화된 컨셉 사고

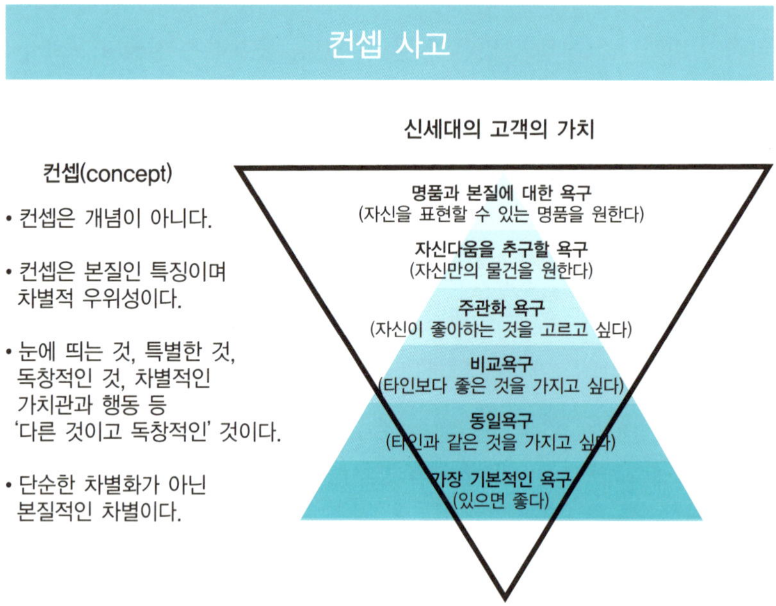

모스로(Moslow)의 인간욕구에 대한 피라미드를 상기해보자. 신세대, 즉 디지털 네이티브가 아닌 소위 구세대, 즉 디지털 이민자들의 고객가치관은 [그림 2-3]에서 보듯이 기본적 욕구인 하부가 큰 안정된 피라미드 형태로, 자기표현을 하려는 피라미드 상부가 매우 작게 표현된다. 이에 반해 요즈음 신세대인 디지털 네이티브 세대는 역피라미드 크기의 가치관을 가지고 있다. 우리가 아직까지도 역피라미드가 아닌 안정된 피라미드 형태로 고객을 대하려 한다면 정말 모순인 일들이 많이 일어날 것이다. 우리가 고객의 아픔을 잘 알아듣지 못하고, 미래에 더더욱 고객의 아픔을 미루어 짐작할 수 없는 것은 아직도 우리는 모스로(Moslow)가 가르쳐 준 안정된 피라미드의 고객가치관을 갖고 있기 때문이다.

컨셉 사고를 활용하여 본질을 창출한 대표적인 사례를 살펴보자.

그림 2-4 | 컨셉 사고를 이용한 본질창출 사례

NORDSTROM

노드스트롬백화점
고객이 없으면 사업도 없다는 것을 항상 마음에 간직하면서 고객들 앞에서 무릎 꿇고 서비스하는 기업문화

SOUTHWEST.COM

사우스웨스트항공
고능률의 인간관계를 통한 재미있는 업무

HONDA
The Power of Dreams

혼다
꿈, 기쁨, 친밀감, 독창성

세븐일레븐
신속한 가설검증사이클

노드스트롬(Nordstrom)백화점은 초기에는 작은 신발가게에서 시작하여, 현재 최고급 백화점으로 자리매김하였다. 신발가게에서 고객이 앉아서 신발을 신어보고 선택하는 방식은 백화점 판매원들도 무릎을 꿇고 서비스하는 문화를 낳게 하여, 고객과 눈높이를 같이하는 백화점으로 유명하다.

종전에 미국사람들이 한국의 눈높이 문화가 다름을 지적한 적이 있다. 한국 부모들은 대공원 등에 작은 아이를 데리고 가서 아이들이 키 큰 사람들이 앞에 많이 있어 안 보인다고 하면 얼른 목마를 태우는데, 이것이 미국 부모들 눈으로는 이상하게 보인다고 했다. 그들은 목마를 태우는 대신, 부모 자신이 아이들 눈높이에 맞추어 자세를 낮춘 후, 어떻게 하면 볼 수 있는지를 가르쳐 준다고 한다.

이처럼 고객과의 눈높이를 맞추어, 고객과 같이한다는 본질을 노드스트롬백화점이 처음 시작했다. 이후 많은 항공사 등이 이 방식을 고객을 대하는 본질로 활용하게 되었다. 또한 이 백화점의 차별화된 본질은 가격을 깎아준다는 것이다. 우리는 전통시장 같은 곳이면 모르지만, 백화점에서 고

객이 할인해 달라고 하면 점원이 의아한 눈으로 볼 것이다. 그러나 이 백화점은 매장의 점원이 가격할인의 권한을 갖고 있어, 마치 자기 점포같이 할인해 주고 있다. 다시 말해, 고객은 노드스트롬 백화점의 본질을 할인매장으로 인식하고 있는 것이다.

사우스웨스트(Southwest)항공사는 본질을 '재미(fun)'에 두고 있다. 기존의 다른 항공사들이 갖고 있는 규범적인 프로세스나 틀로부터 이탈하여, 어떻게 하면 값싸게 또한 고객을 재미있게 만들겠는가를 본질로 하고 있다. 발권에서 딱딱한 절차를 없앴고, 승무원들이 오버헤드 캐빈에 들어가 누워 있는 등 기존의 항공서비스를 어떻게 하면 고객들이 즐길 수 있겠는가에 많은 노력을 하고 있다. 나아가, 이 항공사는 '비고객이 우리의 고객이다'라는 비즈니스 본질을 잘 소화하여, 미국 전체 다른 큰 항공사들의 자산의 합보다 자산이 많은 항공사로 성장하고 있다. 다시 말하면, 항공을 이용하는 고객은 물론 우리의 고객이지만, 현재 고속도로와 지방도로를 운전하고 있는 고객도 우리 고객이라는 말이다. 왜 그들이 고속도로나 지방도로를 달리고 있는가를 볼 때, 항공노선이 주로 큰 도시 위주의 공항들만으로 연결되어 있기 때문이라고 판단한 이 항공사는 활용이 잘 안 되고 있는 지방공항들을 서로 연결시켜 줌으로써 지방사람들이 구태여 대도시 공항에 나올 필요 없이 자기네 지방 로칼공항을 이용케 하는 새로운 비즈니스를 탄생시키게 되었다.

혼다(Honda)의 경우 모터사이클을 통해 꿈, 기쁨, 친밀감 등의 독창적 브랜드로 자리 잡아 세계 사람들은 혼다 로고 자체를 젊음의 상징으로 보고 있다고 한다.

세븐일레븐은 초기에는 미국에서 시작됐지만 일본에서 꽃을 피운 세계적 체인스토어로, 일본사람들에게는 '고객에 대한 가설을 검증'하는 점포로 인식되고 있다. 일본 CVS인 세븐일레븐을 방문하여 물건을 사서 계산할 때, 점원은 오른손으로는 바 스캐너를 통해 상품을 체크계산하지만, 왼

손으로는 POS 계산대 밑에 있는 네 종류의 버튼을 조합하여 눌러 본사에 현재 고객의 정보를 보낸다. 예를 들면, 이 고객을 처음 보는지 그동안 보아왔는지, 이 동네 사람 같은지 지나가는 사람인지, 여성인지 남성인지, 연령대는 젊은 층인지 노년인지 등을 조합하여 네 버튼을 누르게 된다. 본사에서는 보내온 정보들을 토대로 고객행위에 대한 가설을 세워, 어떤 특정 지역에서 어느 시간대에 어떤 계층을 상대로 어떤 물건을 더 배치하여 판매할 것인가에 대한 전략을 세우게 되고, 이를 하부 점포에서 실행하도록 지시한다. 다시 말해 고객행위에 대한 가설을 세우고 검증하게 하여, 만일 이 가설이 검증되면 그 지역에 대한 하나의 판매전략으로 굳혀지게 되는 것이다. 고객 입장에서 보면, 내가 어떤 특정한 행위를 하면 이를 바로 검증하여 실천에 옮기는 것을 본질로 하는 회사로 보인다. 즉 세븐일레븐은 '고객가설검증' 이라는 본질을 회사는 물론 고객들도 알고 공감대를 형성하고 있는 것이다.

지금까지 업의 본질을 생각케 하는 외국의 컨셉 사고의 사례를 살펴보았다. 우리나라의 경우, 업의 본질을 중요하게 생각하는 그룹 중 하나가 삼성그룹이다. 삼성그룹은 특히 경영진들이 항상 자기 회사가 무엇을 하고 있는가를 보이는, 업의 본질을 하나의 문장으로 표현하는 데 익숙해 있다. 선대 이병철 회장 때부터 업의 본질을 파악하는 일은 매우 중요함을 강조해 왔다. 재미난 일화가 있다. 상당히 오래전 이병철 회장이 인사담당 중역을 복도에서 만나 '공채' 에 대해 알아보라고 했는데, 인사담당 중역은 어떤 공채에 대해 알아보아야 하는지 재차 질문할 수 없어서 돌아와 열심히 공개채용 1기, 2기 등 여러 공채자료를 분석하고 정리했다고 한다. 며칠 후 회장실에 들어가 그동안 정리했던 공채에 대해 장황하게 보고하니까, 가만히 듣고 있던 이 회장이 "골프채에 대해서 말이야" 라고 했다고 한다. 물론 그 후 인사담당 중역이 어떻게 됐는지는 상상에 맡기자.

그림 2-5 | 가치혁신을 위한 삼성전자의 VIP센터

삼성전자의 VIP(Value Innovation Project)센터

- '경쟁자를 잊어라, 非고객을 잡아라' : 코오롱그룹, 두산그룹, 신한은행 등 벤치마킹 한창
- '가치혁신은 원가절감/효율향상의 가치경영과 부가가치창출의 가치창조'로, 최근 가치경영보다 가치창조에 역점. Blue Ocean과 간다 교수의 '7 tools' : 러시아의 'TRIZ'를 적용
- 삼성전자 사내 컨설팅 조직/기숙연구소 형태로 운영/바이어와 협력업체도 참여/Cross Functions team 작년 82과제 1,800명 참여
- "미국의 사우스웨스트항공사가 소비자들이 비행기가 아니라 승용차를 이용하는 것에 주목해 새시장을 창출한 것처럼, 삼성전자도 전자회사이지만, 의료 · 항공 · 화학 등 다른 영역의 비고객수요를 창출하려고 한다."
- 현재 VIP센터는 VI의 원가절감과 고객가치향상을 7:3으로 두고 있으나, 궁극적으로 3:7로 바꾸어 비고객까지 아우르는 진정한 가치혁신기업이 될 계획

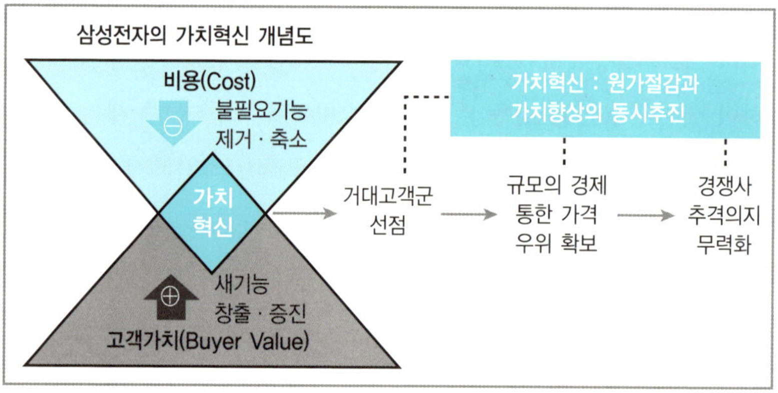

- "삼성전자 VIP센터라……
우리 임직원 중에도 여기에 '감금'된 분이 있는 것으로 들었다.
입구에 중역 방이 있어서, 개발자들은 반드시 이 방을 거쳐서 드나들 수 있는 구조라나 어쨌다나…
그런데 그 중역이란 분은 '퇴근'을 안 한다는…
게다가 '협력업체'의 직원들을 아예 상주시키면서…
하지만 글쎄,
VIP센터와 같은 조직의 성격을 명확히 몰라서 하는 말이지만…
중소기업에서도 이와 같은 태스크포스팀을 반드시 운영해야 한다고 믿는다.
그래야만 회사가 비약적으로 성장할 수 있는 최소한의 발판, 기반을 정당하게 가질 수 있을 것이다."
–삼성전자 협력업체 종사자

업의 본질에 대해 가장 좋은 이슈는 아마도 '가치혁신'일 것이다. 삼성전자는 이를 위해 수년 전부터 VIP(Value Innovation Project)센터를 만들어 운영해오고 있다.

가치혁신 중에 가장 본질이 되는 것은 '비용을 절감하면서도 고객가치는 어떻게 하면 높일 수 있겠는가' 이다. 한마디로 시너지효과에 대한 기대라고 볼 수 있다. 바로 이런 시너지효과를 볼 수 있는 프로젝트 개발이 본 VIP센터의 주 역할이라고 볼 수 있다. 과거에는 정보기술을 포함한 새로운 기술이 없었기 때문에 비용도 절감하며 가치도 증대하는 것이 불가능했었으나, 이제 새로운 시대에는 새로운 기술과 도구를 사용하면 얼마든지 비용절감도 하며 고객가치 상승이 동시에 이루어지게 할 수 있다. 이러한 '시너지' 를 본질로 하면 고부가가치의 가치혁신을 일궈낼 수 있는 것이다.

이제 눈에 보이는 경쟁자는 경쟁자가 아닌 무한경쟁시대에 우리는 와 있다. 무한경쟁시대에서는 제일이 되어야 하는 본질, No.1 본질이 중요한 것이 아니라, Unique 1 본질, 즉 차별화된 고유한 본질을 개발하고 고객과 공감을 이루는 일이 중요하다.

[2.2] 창의성 발휘를 위해 귀추적 사고를 해야 한다

우리가 친숙하게 알고 있는 논리적 사고에는 두 가지가 있다. 바로 귀납적 사고와 연역적 사고이다. 하얀 백조를 반복적으로 보고 난 후 '백조는 하얗다' 라고 결론을 내리는 식의 사고를 귀납적 사고라고 하고, 삼단논법과 같이 일반적인 것으로부터 특수한 것을 추론해 내는 사고를 연역적 사고라고 한다. 그리스시대에서부터 두 논리적 사고는 우리를 지배하고 있다. 비즈니스에도 역시 귀납적 사고와 연역적 사고가 많이 활용된다. 수없이 많은 거래데이터를 분석하여 아기 귀저기와 맥주가 함께 잘 팔린다는 사실을 발견하고 두 상품의 진열을 나란히 하여 매출을 증가시키는 방법도 귀납적인 추론에 근거한 것이라고 할 수 있다. 귀납적 추론뿐만 아니라 그동안 기업들이 축적해 온 연역적 규칙을 기반으로 하는 새로운 비즈니스들은 계속해서 창출되고 있다.

그렇다면 창조적인 사고를 위한 가장 적합한 사고방법은 무엇일까? 아쉽게도 우리에게 친숙한 귀납적 사고도 연역적 사고도 아니다. 다소 생소할 수 있겠으나 귀추적인 사고(Abductive Thinking)가 바로 그것이다. 귀추적인 사고는 귀납적 사고와 연역적의 사고의 균형점이라 볼 수 있다. [그림 2-6]에 나타난 것처럼 귀납적인 사고는 타당성을 추구하고, 연역적 사고는 신뢰성을 추구한다고 볼 수 있다. 요즘의 기업들은 너무 신뢰성을 추구하는 경향이 있다. 이런 태도는 과도한 분석적 사고로 이어진다. 즉, 과거의 사건들을 분석하고 이를 바탕으로 미래를 예측하고자 하는 것이다. IT기술의 발달로 많은 기업에서 ERP시스템, CRM시스템, 지식경영시스템 등을 활용하여 신뢰성 높은 경영을 추구하지만, 이런 시스템을 도입했다고 해서 기업의 비즈니스가 혁신적으로 바뀌지는 않는다. 창조적인 비즈니스를 위해서는 현재를 분석하려는 노력과 변화에 대한 통찰을 가다듬는 작업을 함께 추구하여 신뢰성과 타당성의 균형을 맞추는 귀추적인 사고가 필요

그림 2-6 | 귀납적인 사고와 연역적 사고

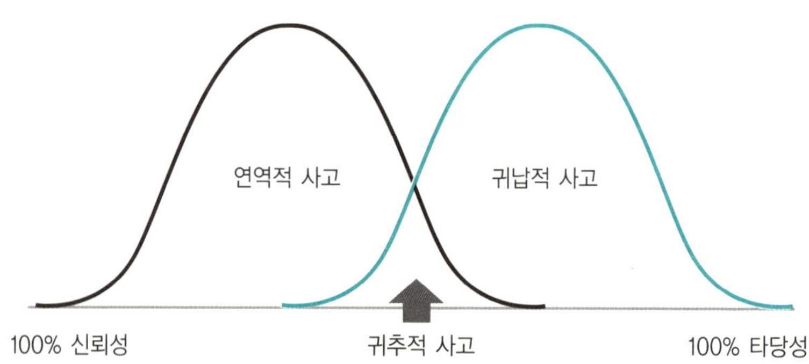

하다.

귀추적 사고란 무엇일까? 오늘 아침 집을 나오는데 땅이 젖어 있다면 가장 먼저 어떤 생각을 하겠는가? 대부분의 사람들은 어젯밤에 비가 왔을 것이라고 생각할 것이다. 이것은 밤에 비가 온 후 땅이 젖어 있는 것을 여러 번 본 우리의 경험에 의해서 추론된 것이다. 물론 아침에 누군가가 땅에 물을 뿌렸을 수도 있고, 다른 가능성은 얼마든지 있다. 하지만 많은 사람들은 그동안의 경험을 통해 가장 가능성이 높은 '어젯밤에 비가 왔을 것이다' 라는 추론을 할 것이다. 귀추적 사고방법이란 이렇게 가정을 선택하는 방법이다. 즉, '어젯밤에 비가 왔다' 는 조건을 '땅이 젖어 있다' 는 결과의 설명으로 추론하는 방법이다. 귀추적 추론은 '만약 사실이라면 관련 있는 증거를 가장 잘 설명할 것 같은 가정을 선택하는 방법' 이기 때문에 가장 그럴듯하거나, 최선의 설명으로의 추론이라고 할 수 있다. 조건이 결과를 수반한다는 방향으로 추론하는 연역법과는 추론의 방향이 반대라고 할 수 있다. 결과를 보장하는 연역법과는 달리 그리고 항상 오류의 가능성을 갖고 있는 귀납법같이, 귀추법은 정확하지 않은 결과를 도출할 수 있다. 하지만 귀추적 추론방법은 발견적 방법(heuristic)에서는 여전이 유용하고 매우 창조적인 힘을 발휘한다.

철학자이자 논리학자인 찰스 샌더스 파이얼스(Chales Sanders Peirce)는 새로운 아이디어는 연역적 사고나 귀납적 사고로부터는 얻을 수 없다고 판단하고 제3의 논리적 사고방법이 있을 것이라고 추측했다. 그는 새로운 아이디어는 논리적인 비약으로부터 나올 것이라고 생각했고, 새로 관찰된 사실을 설명하기 위해서 관찰자는 최선의 설명에 접근하기 위한 추론을 하게 되는데, 이를 귀추적 추론과정이라고 정의하였다. 귀추적 추론을 잘 보여주는 과학사의 한 사례로, 요하네스 케플러(Johannes Kepler)의 행성의 타원궤도론이 있다. 케플러는 연역법을 사용하여 타원궤도론을 낸 것이 아니라, 티코 브라헤(Tycho Brahe)의 관찰자료로부터 출발하여 4단계를 거치는 과정을 통해 화성의 궤도가 타원이라는 궁극적 가설에 도달했다. 파이얼스는 케플러가 이 과정에서 귀추적 사고방법을 한 것이라고 했고, 모든 과학적 착상은 바로 귀추법에 의해 얻어진다고 주장했다. 최고의 과학자로 칭송받는 알베르트 아인슈타인(Albert Einstein) 역시 생전에 귀추적인 사고를 많이 했던 것으로 알려져 있다.

귀추적 사고란 사실을 연구하고 그 사실을 설명하기 위한 이론을 고안해 나가는 과정이다. 귀추적 추론은 논리규칙에 의한 방해를 받지 않지만, 그 자체는 논리적 추론이라 할 수 있다. 그 추론과정은 다음과 같다. ① 어떤 놀랄 만한 현상 B가 관찰된다. ② 만약 가설 A가 참이라면, 현상 B는 완전히 설명될 것이다. 여기에서 현상 B에 내재하고 있는 패턴(pattern)을 인식하는 것이 매우 중요하다. ③ 따라서 가설 A를 참이라고 생각하게 하는 충분한 근거가 존재하게 된다. 귀납적 추론의 경우에는 A는 B의 무수한 통계적 반복으로부터 도출되고, 연역적 추론의 경우에는 먼저 A를 창조하고, A로부터 비로소 B와 관련되는 내용을 도출해낸다. 귀납적 추론과 연역적 추론에서는 귀추적 추론과는 달리 ②에서 설명했던 패턴 인식을 위한 투쟁과정이 존재하지 않는다. 귀추적 추론방법에서는 관찰가능한 세부적 사실보다는 명료한 인식을 얻는 패턴이 매우 강조된다.

앞서 설명한 귀추적 사고방법을 잘 이용한다면 창조적인 비즈니스 모델을 만들어 낼 수 있다. 가장 먼저 새로운 관찰로부터 귀추적 사고가 시작된다고 했는데, 무엇을 관찰해야 창조적인 비즈니스 모델을 만들 수 있을까? 바로 고객의 아픔을 관찰해야만 진정으로 가치 있는 모델을 만들 수 있다. 고객의 소리에 경청하고, 고객과 끊임없이 대화하고, 고객의 입장에서 생각해보고, 고객을 이해하려고 노력해보는 과정에서 발견된 무수히 많은 고객들의 아픔이야말로 창조적 비즈니스 모델의 출발점이 될 수 있는 것이다. 고객의 아픔을 발견했다면 더 중요한 과정이 남아 있다. 왜 이런 아픔을 갖고 있을지에 대한 추론을 시작해야 한다. 과학자가 새롭게 발견한 현상을 설명하기 위해 가설을 추론하듯 창조적인 비즈니스 혁신가들은 고객의 아픔이 내포하고 있는 근본적인 진실을 치열하게 추론해내야만 한다. 그리고 계속해서 '무엇일지도 모른다'는 생각을 반복한다면 고객의 아픔을 해결해 줄 수 있는 새로운 비즈니스 모델을 만들 수 있다.

귀추적인 사고방법은 흔히 가장 창의적인 사람들로 평가받는 디자이너들이 많이 사용한다. 그리고 디자이너들은 세상을 깜짝 놀라게 할 만한 위대한 혁신을 가져온다. 1994년에 세상에 처음으로 선보이게 된 전설이 될 만한 의자인 에어론(Aeron)이 그 중 하나이다. 사무용 가구업계의 선두주자인 허먼밀러(Herman Miller)에서 차세대 사무의자를 만드는 프로젝트에 참여했던 두 디자이너인 빌 스텀프(Bill Stumpf)와 돈 채드윅(Don Chadwick)은 오랜 시간 동안 의자에 앉아 있는 사람들이 진정으로 원하는 것이 무엇인지에 대해 고민했다. 의자에 앉아 일하는 사람들과 대화도 해보고 직접 관찰도 해보면서 그들은 사람들이 의자에 앉아 일하는 동안 겪는 아픔에 대해 이해하려고 노력하였다. 마침내 스텀프와 채드윅은 오랫동안 사람들이 의자에 앉아 있으면 자세가 경직되고 의자에 닿는 신체부위의 온도가 올라가 뜨거워지기 때문에 자세를 자주 바꾼다는 사실을 알게 되었다.

이러한 고객의 아픔을 해결하기 위해서 두 디자이너들은 이상적인 의자는 어떠해야 하는가에 대해 추론을 하기 시작했다. 그 결과 [그림 2-7]과 같이 당시 사람들이 의자로 받아들이기 힘들 정도로 굉장히 파격적인 결과물을 내놓았다. 당연히 있을 법한 빵빵한 쿠션도 없고 고급스러운 커버도 없었다. 스텀프와 채드윅은 펠리클이라는 신소재 섬유를 에어론의 받침과 등받이에 사용하였다. 사람들이 의자에 앉아 있는 동안 자세를 바꾸는 문제의 원인을 시원한 자세를 위함이라고 밝히고 열을 방출시켜 시원한 상태를 유지할 수 있는 해결책으로 펠리클을 채택한 것이었다. 처음엔 사람들에게 혼란스러운 반응을 받았지만 에어론은 1994년 등장 이래 십억 달러 이상의 판매액을 자랑하고 있고, 지금도 미국에서 가장 상징적인 사무용 의자로 자리 잡고 있으며, 뉴욕 현대미술박물관에 영구적인 소장품이 되었다. 결국 고객의 아픔을 이해하고 이를 해결하고자 했던 두 창의적인 디자이너의 승리라고 볼 수 있다. 고객의 아픔을 이해하고 논리적 비약을 두려워하지 않는 디자이너의 사고를 할 줄 아는 자가 이 시대의 진정한 비즈니스의 혁신을 끌어낼 수 있다.

그림 2-7 | 에어론

자료 : 브리태니커 세계백과대사전(서울, 1995), 2권, 563.
Roger Martin(2009), The Design of Business

2.3 새로운 시대의 본질을 조직의 DNA로 하라

우리는 분명히 과거와는 다른 새로운 시대에 살고 있다. 네트워크시대, 정보공유의 시대, 융합의 시대, 개방의 시대, 열린 시대, 디지털시대, 감성의 시대, 상생의 시대 등 최근 들어 더 빠른 속도로 새로운 시대의 다른 유형들이 전개되고 있다. 이러한 새로운 시대의 속성을 제대로 우리 제품이나 서비스에 반영 못하는 경우, 우리는 낙오될 수밖에 없다.

새로운 시대들 중에서 제일 중요한 세상의 변화는 인터넷 등을 통한 정보기술과 네트워크를 통한 연결의 세상이 된 것이다. 초연결사회(highly connected society)가 형성됐고, 그 사회 속에서 우리 조직은 초연결된 조직(hyper connected enterprise)으로 변해 있다. 우리 조직의 혁신을 위해 우리가 제일 먼저 할 일은, 초연결사회에 맞는 DNA를 우리 조직에 넣는 것이다.

그림 2-8 | 새로운 시대의 특징을 DNA로 하라

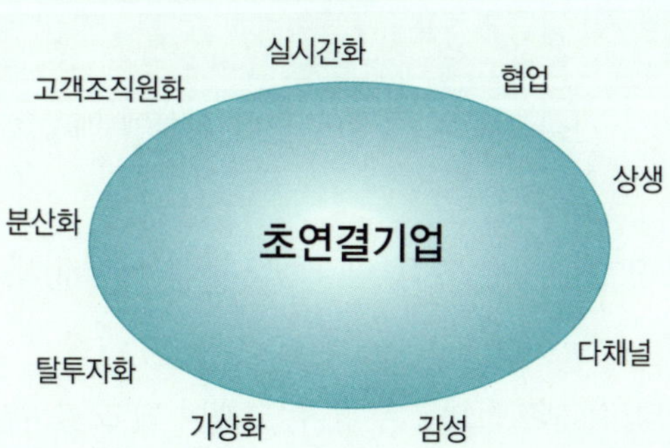

초연결된 조직이 비즈니스에 어떠한 영향을 미치게 되는가를 검토하자.

긍정적 측면에서는 많은 비즈니스와 많은 고객 그리고 많은 기기들이 서로 연결되는 수직관점이 아닌 평평한 세상(flat world)이 될 것이다. 소셜네트워크의 급속한 성장과 시장에서의 커뮤니티 활성화에 힘입어 빠른 스피드한 실행 추진이 일어나게 되며, 이긴 자가 모든 것을 가져가는 현상(winner takes all effect)이 나타날 것이다.

부정적 측면에서는 여러 위험이 나타나게 되며, 현실과 다른 악성루머가 빠르게 전염될 수 있고 콘트롤하지 못하는 정도까지 이를 수 있다. 이러한 단점에도 불구하고, 향후 거의 반 정도는 기업 내가 아닌 외부로부터의 네트워크로 연결된 비즈니스로부터 많은 결과를 얻게 될 것이다.

'초연결된 조직' 을 정의하면 '글로벌 사람들, 외부채널들 및 무한한 웹들에 걸쳐 사람과 이해관계그룹들이 방향, 서비스, 제품, 평판에 영향을 주는 힘을 갖게 된 조직' 이라고 할 수 있다.

다음과 같은 질문에 대해 대부분 동의하면, 당신 조직은 초연결된 조직으로 가고 있거나, 가야 한다고 보아야 한다.

① 우리 시장이 매우 불확실한가?
② 우리 조직 외부 사람이나 그룹에 우리 비즈니스 결과가 크게 의존하는가?
③ 정보 자산이나 지적 자본의 성장이 우리 회사에 매우 중요한 분야인가?
④ 재무성과에 영향을 주는 주요 인자들을 우리 회사가 덜 관리하고 있는가?
⑤ 개인고객 각각이 본질적으로 우리 주 고객이 되고 있는가?
⑥ 외부 가치 네트워크에 우리가 연결되어 있는가?
⑦ 기업 외부 제공자로부터 설계, 배송, 혁신 등이 일어나고 있는가?
⑧ 우리 비즈니스 모델에 영향을 주는 주요 아이디어가 기업 외부로부터

오는가?

초연결된 조직은 이를 연계하는 새로운 생태계를 만나게 된다.

그림 2-9 | 초연결된 생태계의 유형

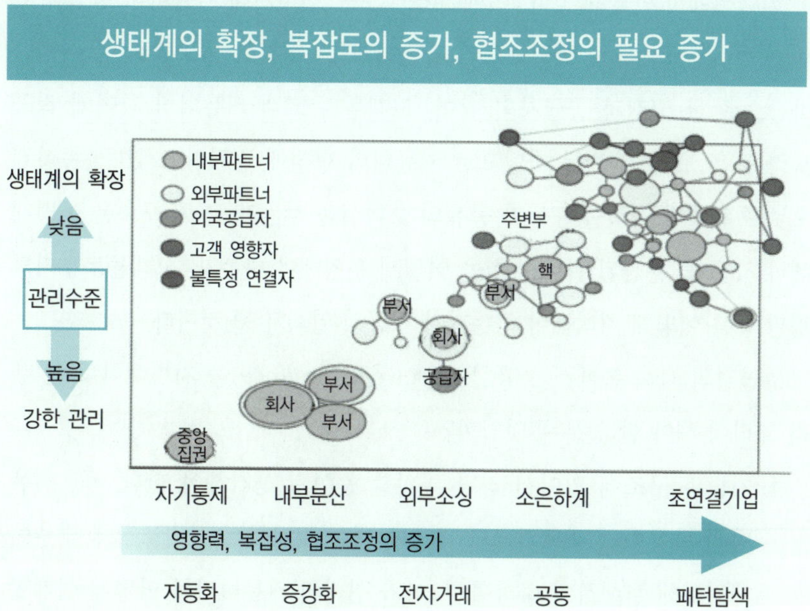

생태계는 시간이 감에 따라, 목적이 변화함에 따라 점점 커지고, 복잡도는 더해가며, 조정과 협의는 점점 증가하게 된다. 초연결조직으로의 진행에 의해 비즈니스 결과에 대한 관리능력을 점점 상실하게 되며, 위에서 아래의 영향력보다는 수평적 관계가 더 강해진다. 글로벌 생태계를 통한 복잡도 증가는 더 많은 협동을 필요로 하게 되고, 조직들, 비즈니스 단위들 그리고 가치체인들을 걸쳐 최적의사결정을 하는 요구가 늘어나게 되며, 새로운 자원을 따라 상호교호에 대한 활동은 증가하게 된다.

초연결된 조직은 새로운 개념으로 그들의 비즈니스를 운영하고 있다. 예를 들면, 프록터 갬블(Proctor & Gamble)은 아이디어 네트워크로 '연결과 개발(connect & develop)' 을 표방하고 있는데, 좋은 아이디어는 외부에서 얻고자 하며, 내부역량을 자산화하고 제품을 더 싸고 좋고 빠르게 만드는 데 초연결네트워크를 활용하고 있다. P&G는 신제품의 50%만을 자체 실험실에서 만들고 있다. 이베이(eBay)는 '전자거래 커뮤니티 형성과 신뢰 형성' 을 표방하고 개별고객의 평판에 대한 철저한 피드백관리, 신뢰를 바탕으로 한 고객과 공급자의 참여, 고객들의 고객 커뮤니티 참여에 적극 노력 등을 보여, 신뢰를 바탕으로 커뮤니티 형성에 진력하고 있다. 종합적으로 초연결된 조직들은 누가 공유의 오너십을 갖는가, 신뢰 구축은 어떻게 해야 하는가, 분산된 관리의 힘을 어떻게 운영해야 하는가, 고객들로부터의 평판 등을 어떻게 처리해야 하는가가 성공의 열쇠가 될 것이다.

초연결의 사회 속에서 초융합(hyper convergence)을 지향해야 하는 우리 조직이 해야 할 일은 무엇일까?

① 기술과 구조에 있어서 첨단 투자를 눈여겨 생각해야 한다. 즉, 컴퓨팅의 가상화와 네트워크의 구조에 대한 투자를 초연결조직에 맞추어 재검토해 실행하여야 하며, 나아가 신뢰의 커뮤니티를 어떻게 설계할 것인가를 검토하기 시작해야 할 것이다. 더더욱 고객으로부터의 평판을 어떻게 설계 · 수집 · 분석하여 어떠한 피드백을 통해 보다 높은 가치를 고객에게 부여하겠는가를 고심해야 한다.

② 극히 높은 상호의존성을 갖는 초연결사회를 지원하기 위한 리더십을 강화해야 한다. 이를 위해 수요 측면에서 어떤 협치(governance)를 대상으로 할 것인가, 어떤 책임을 대상으로 할 것인가, 그리고 어떤 영향을 대상으로 할 것인가를 정해야 하며, 사람과 조직 측면에서는 어떤 조직원들을 협력하게 할 것인가, 고객과의 신뢰를 어떻게 쌓을 것인가를 규명해야 하고, 공급 측면에서 어떻게 관리하고 어떻게 조

그림 2-10 | 조직 내부의 초점을 조직 간의 변방으로 옮기는 인터페이스 이동

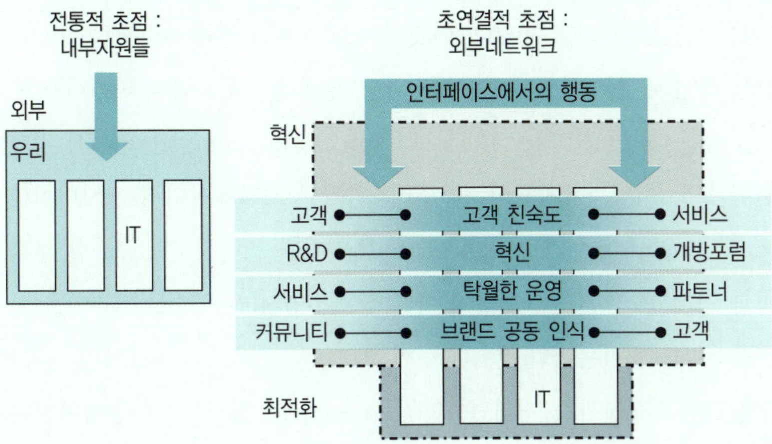

정 · 협의하며, 어떻게 지원할 것인가를 명확히 해야 한다.

③ 조직 내부의 초점을 조직 간의 변방으로 옮기는 인터페이스에 대한 부가가치행위들을 실행해야 한다.

초연결된 조직에서는 과거 업무 속의 내부자원을 얼마나 효율적으로 관리해야 하는가보다는 비즈니스 단위 간, 조직 외부와의 연결경계에 대한 효과적 관리에 힘써야 한다. 비유적인 사례를 들어보자. 1900년대경, GE 전기회사의 거대한 발전기가 고장 난 적이 있었다. 아무도 왜 이 거대한 발전기가 돌아가지 않는지 알 수 없었을 때, 유능한 외부 기술자가 일주일간 조사를 하고 발전기 외부에 'X' 만을 분필로 표기하고 떠났다. GE가 X 표기한 내부을 고쳐보니 발전기가 잘 돌아갔다고 한다. GE가 외부 기술자에게 얼마 받기를 원하냐고 했더니 1,000달러라고 했다. 상세한 송장(invoice)을 요구하여 받아 보니, ① 발전기 표면에 'X' 라고 분필 표기한 값 : 1달러, ② 'X' 표기할 곳을 알아낸 값 : 999달러라고 쓰여 있었다.

어디에 X라고 할 것인가를 아는 X-엔지니어(X-engineer)는 아마도 여러 부문에서 경계를 넘어, 종합적으로 어디를 재설계하는 것이 부가가치가 높은지를 보여준다고 할 수 있다. 이것이 바로 제미스 챔피(James Champy)가 말한 기업 내부의 프로세스를 어떻게 재설계해야 하느냐의 비즈니스 프로세스 리엔지니어링(BPR : Business Process Reengineering)에서 기업과 관련 모든 이해관계자들이 연결된 초연결된 조직에서의 X-엔지니어링(cross-engineering)이라고 볼 수 있다. 초연결된 조직에서의 중요한 본질은 벽과 경계를 넘나들며, 어떻게 하면 상호운영성(interoperability)을 살려 부가가치를 높이는가인 것이다.

초연결된 조직에서는 거버넌스(governance)를 잘 설계해 실행하여야 한다. 거버넌스는 한자로 '협치' 라고 하는데, 이때 '협' 은 서로 잘 도우며 협동한다는 의미가 있고, '치' 는 다스리고 관리한다는 의미가 있어 '협치' 는 협동하여 잘 관리한다는 의미를 보이고 있다. 이해관계가 서로 다른 이해관계자들이 연결된 것이 초연결사회이기 때문에, 계획을 잘 세워 거버넌스를 운영해야 한다. 거버넌스는 통상적으로 네 가지, 즉 왜(Why), 무엇을(What), 어떻게(How), 누가(Who)로 구성한다. 초연결된 조직에 대한 거버넌스는 다음과 같다.

① 왜 : 목표들(Goals) – 거버넌스를 통해 무엇을 달성해야 하는가?
공정한 수행, 정보의 공유, 교차점에서의 분명한 책임과 권리(R&R), 가치네트워크의 가치입증 등

② 무엇을 : 분야들(Domains) – 무엇이 거버넌스되어야 하는가?
정보 교환, 재정적 공헌, 프로세스 오너십, 정보기술 투자 등

③ 어떻게 : 원칙과 정책들(Principles & Policies) – 무엇이 우리 결정을 가이드하는가?
가치원칙, 신뢰와 공정의 실행, 시너지효과, 민첩성, 자주성 등

④ 누가 : 의사결정권(Decision Rights) – 누가 어떤 결정을 하는가?

전담 여부, 조건, 역할분담, 책임의 크기 등

이러한 초연결된 조직에 관한 트렌드를 살펴보자.

요즈음 무한한 웹에서 제품과 서비스에 영향을 미치는 많은 평판들이 쏟아지고 있다. 혁신 그리고 글로벌까지 연결된 가치체인은 가치네트워크로서 안에서 밖으로 비즈니스를 전환시키고 있다.

조직 간, 개체 간, 공급자 간에 있어서의 인간의 접점을 얼마나 잘 인터페이스하느냐가 미래 비즈니스의 초점이 될 것이다. 그러한 의미에서 복잡한 글로벌 생태계를 넘나들며 일어나는 일에 대한 조정이 필요하고, 경계 간에 있어 높은 부가가치 발생의 역할을 할 인재개발이 필요하며, 고객 커뮤니티 블록들과 공식적으로 연결된 주변 연결체들에 대한 지속적인 트랙킹이 필요하다.

지금까지 살펴본 '초연결된 조직'을 근간으로 해서, 요즈음 새로운 시대를 지칭하는 많은 이름들, 즉 네트워크시대, 디지털시대, 상생의 시대, 다중채널시대, 감성의 시대, 열린 시대, 융합의 시대, 실시간의 시대 등의 앞에 붙어 있는 '형용사구'에 대한 관점으로부터 지금의 비즈니스를 재조명한다면, 새로운 비즈니스 모델을 발견하는 것은 그리 어렵지는 않을 것이다. 신규사업 모델은 새로운 시각에서 시작된다. 새로운 시각은 지금까지 접하지 못했던 새로운 시대에서 비롯된다. 따라서 새로운 시대를 나타내는 많은 '형용사구' 관점을 우리 조직의 DNA로 할 때, 우리는 새로운 신규의 부가가치 높은 비즈니스 모델들을 만들 수 있다.

(1) '네트워크' 관점

우리는 지금 모바일 등 여러 종류의 수많은 네트워크로 연결된 네트워크시대에 살고 있다. 따라서 네트워크 관점으로 보면, 지금까지 보이지 않았던 신규 프로젝트가 쉽게 생각나게 된다. 더욱이 인터넷과의 연결이 많아진 요즘 세상의 사물인터넷(internet of thing) 또는 모든 사물과의 연결로 불리는 만물인터넷(internet of everything)에 있어서, 기존 아날로그시대의 비즈니스 모델은 모두 새롭게 변신되어야 한다.

고등학생들에 의해 개발된 '서울버스' 앱이 대표적인 네트워크 기반의 신규모델이라고 할 수 있다. 버스를 타러 정류장에 가는 버스고객들은 과거 항상 불안했다. 내가 가고 있는 정류장에 몇 분 후면 버스가 도착하게 되는지, 버스 정류장에서 기다리고 있을 때 얼마 후에 버스가 도착하는지, 혹시 지금은 너무 늦은 밤이 돼서 운행이 끝나지는 않았는지 등의 고객아픔이 있었다. 그러나 모바일 네트워크가 없던 시대에는 이러한 아픔을 당연한 것으로 받아들였다. 고객의 아픔이 곧 기회라고 생각한 고등학생들은 서울시청이 공개한 버스들의 모바일통신정보를 활용하여, 불과 2~3개월 만에 '서울버스' 앱을 만들었다. 그 결과는 가히 성공적이었고, 지금 많은 고객들이 제일 사랑하는 앱의 하나로 스마트폰에 올라 있다.

또 다른 예로 Fedex는 고객의 아픔을 잘 알고 있었다. 택배회사는 배달 주소지에 고객이 없으면, 배달원이 왔다갔다는 사실을 알리는 쪽지만을 배달 주소지에 남긴다. 고객이 시간을 줄이기 위해서 비싼 돈을 내고 배달을 시켰는데도 말이다. 따라서 Fedex에서는 배달 주소지가 아닌, 소포를 받으려는 사람을 쫓아가는 배달시스템을 네트워크를 활용하여 일부 성공시켰다. 이렇게 고객의 아픔 중에 하나인 공간적인 제약을 네트워크를 활용하면 없앨 수 있을 것이다.

(2) '다채널' 관점

우리는 지금 여러 채널들로부터 정보를 주고받는 세상에 살고 있다. 과거 공간의 제약으로 하나의 정보소스에만 의존하던 시대는 끝났다. 환자가 특정 병원에 가서 특정 의사로부터 심각한 병이라는 진단을 받으면, 과거에는 그 특정 의사가 지시한 대로 수술을 받거나 치료를 하는 것이 일반적이었다. 그러나 이제 환자는 인터넷을 통하여 자기와 같은 병을 앓고 있는 환자 동아리에 가입하는 등 여러 출처의 정보를 얻고 있다. 아마도 의사가 특정 병에 대해 알고 있는 것보다도, 환자가 자신의 특정 병에 대해 더 많이 알고 있을지도 모른다.

전자제품회사의 경우, 고객에 대한 보다 나은 서비스 증진을 위해 과거 자신의 대리점만이 고객에 대해 애프터서비스하던 것을 인터넷을 통해 자체 회사 사이트에서 애프터서비스하기도 하고, ARS 전화나 DVD 영상을 통해 고객이 직접 고칠 수 있게 하고, 스마트폰으로 고객이 사진을 찍어 회사에 송부하면 원격으로 수리를 하게 알려주는 등 다양한 채널을 통해 고객의 아픔을 해소시켜 주고 있다.

단, 우리는 다채널이 항상 좋은 것은 아님을 알아야 한다. 가령 TV를 구입하였는데 TV가 바로 고장 났다면, 어느 채널에 접근하여 하소연을 하여야 하는가에 대한 고객의 아픔이 생길 수 있다. 공급자가 많은 채널을 고객에게 제공하는 것만이 능사가 아니다. 더 중요한 것은 다채널관리를 어떤 우선순위를 두고 고객에게 맞춤하느냐이다. 즉, 다채널관리가 필요하다.

(3) '감성' 관점

이성적 관점과 아울러 감성 관점이 요즈음 중요한 시대가 되었다.

스티브 잡스는 "우리는 지금 기술과 인문학의 교차점에 서 있다"고 말했다. 기술을 이성적 · 논리적 개체라고 본다면, 인문학은 인간의 본질로서 감성적 관점이라고 볼 수 있다. 사실 제품이나 서비스를 고부가가치로 만들 수 있는 열쇠는 감성적 면에 있다. 이성적 면은 남자들에게 더 나타나고, 감성적 면은 여자들에게 더 나타난다. 이성적 사고는 마치 모든 것을 룰(rule)로 보고 사회현상을 많은 룰들의 집합으로 생각하며, 감성적 사고는 모든 것을 이미지(image)로 받아들여 이미지들의 결합으로 사회현상을 생각한다.

컴퓨팅역량으로 보면, 이미지를 처리하는 감성컴퓨팅이 룰 기반의 이성컴퓨팅보다 훨씬 비쌀 것이라고 추측할 수 있다. 따라서 감성적 터치가 우리의 제품이나 서비스에 부가가치를 더하게 한다고 생각된다. 다정다감함 의사가 말 못하는 의사보다 환자가 더 많은 이유는 치료 자체는 비슷하지만 감성적 처치를 해주기 때문이다.

요즈음 급속히 인기가 떨어지는 기업 중에 하나가 소니이다. 세계 최고의 기업이었던 소니는 이제 우리 기억 속에서 잊혀지고 있다. 소니의 실패는 조화라는 관점에서의 감성부족일 수 있다. 당시 애플은 거의 모든 부분을 외부 공급에 의존했으나, 한마음이 되어 통합하는 놀라운 경험으로 아이팟이라는 히트 제품을 만들었다. 감성이 중요한 다른 이유는 감성을 통해 고객과 우리가 소통하며 공감대를 형성하기 때문이다. 감성 관점이야말로 고객의 아픔이 곧 나의 아픔이라고 하는 관점이다.

오감에 의존하여 제품과 서비스를 개발해야 함을 이진섭 씨는 'Design for All five Senses' TED 주제발표에서 밝힌 바 있다. 그는 이 발표에서 아직도 우리 제품이나 서비스가 고객들의 오감을 충분히 반영 못하고 있음을 지적하며, 향후 누가 더 오감을 충분히 고려하여 제품과 서비스를 만드느냐가 성공 여부를 결정짓는다고 역설하고 있다. 감성은 사실상 이러한 오감을 뛰어넘어 텔레파시, 필링(Feeling) 등을 나타내는 좀 더 높은 차원의 논리적으로 설명하기 어려운 형태를 보인다. 어찌 보면 감성은 오감의 총체적 집합 위에 나타나는 것이라고 볼 수 있다. 인간은 논리적으로만 살 수 없다. 그 이상의 개념으로 사는 것은 확실하다. 이 개념이 감성이라고 보아야 할 것이다. 요즈음 우리가 사는 시대는 과거 지능을 측정하는 IQ세상이 아니라, 감성을 측정하는 EQ세상인 셈이다. 감성을 내세워 우리 영역을 다시 관리하면, 새로운 비즈니스 영역이 발견되는 것이 극히 당연하다.

미국의 경우 결혼을 앞둔 신랑과 신부는 결혼품목리스트(wedding registing)를 작성하여 직장 복도에 부착해 친구들로부터 후원을 얻어낸다. 이렇게 하면, 동일 품목의 선물을 중복되게 받지 않아 골고루 신혼생활 살림장만을 하게 되는 장점이 있다. 그러나 실제로는 어느 장소에 이 리스트를 붙여 공지하여야 하나, 냉장고 등 가격이 제법 나가는 경우 어떻게 서로 분담하게 하여 부담 없는 금액을 친구나 친지가 내게 하는가 등 여러 어려움, 즉 아픔이 있었다. 이에 착안하여 인터넷시대에 나온 것이 '웨딩채널닷컴(WeddingChannel.com)이다. 인터넷사이트로 결혼품목리스트를 관리하게 되면, 앞서 이야기한 어려움이 해소됨은 물론 동일 품목에 대한 다량구입이 가능해져 구매바겐파워를 통해 싼값으로 구입할 수 있어 웨딩채널닷컴은 물론 신혼부부 그리고 친구, 친지 모두가 윈(win)이 되는 결과를 만들었다.

웨딩채널닷컴은 이러한 사업을 통해 나스닥에 상장되는 개가를 올렸다. 그러나 상장 후 바로 폐지되었는데, 그 이유는 지속적인 고객의 아픔을 읽지 못한 데서 비롯됐다. 많은 신랑 신부는 실제로 풀셋으로 신혼살림을 이 회사 사이트를 통해 마련했지만, 그들의 가장 당면한 아픔은 집에 대한 렌트비나 집구매 후 지불해야 할 모기지(Motage)였다. 따라서 신혼부부들은 이 신혼살림의 일부를 팔아서, 렌트비나 모기지비용을 마련하기 시작했다. 그 후 무수히 많은 사이트들이 이러한 목적으로 탄생하기 시작했으며, 웨딩채널닷컴의 비즈니스 영역으로까지 사업을 확장해 나가게 된 것이다.

여기서 교훈은, 우리가 한 아픔을 해결하고 안주할 것이 아니라 지속적으로 상대방의 아픔을 풀어나가야 진정 성공할 수 있다는 것이다. 스티브 잡스의 '다르게 생각하라'는 일면 '고객아픔은 내 아픔이다'로 생각할 수 있다. 나아가 '지속적으로 고객아픔이 내 아픔이다'라는 구호를 잊지 말아야 한다.

(4) '가상화' 관점

우리는 지금 가상화세계에 살고 있다. 기술적으로는 가상현실(virtual

reality) 또는 증강현실인 세계를 맞이하고 있다. 현실이 아닌 가상의 세계를 의미하는 가상현실은 현실을 본떠서 만든 가상세계를 의미하며, 증강현실은 새로운 기술을 적용하여 현실을 보다 더 증강시키는 세상을 의미한다. 이 모두를 가상화라고 생각할 때, 향후 비즈니스 모델 관점에서 우리가 더 초점을 맞추어야 할 부분은 증강현실이라 하겠다.

스마트폰을 길거리에 비추면 각 식당들의 메뉴가 보이게 한다든지, 특정 음식이름을 입력한 후 스마트폰을 길거리에 비추면 특정 식당을 보여주는 서비스가 한 예가 된다. 운전하면서 각 집의 집값을 알아본다든지, 비록 매매에 나와 있지 않은 집들이지만 그 근방의 시세를 알아 보기 위해 스마트폰의 특정 앱(예 : 호주의 Common Wealth Bank나 st.George Bank 앱)을 깔고 길거리를 비추며 지나가면, 차례차례로 집값 및 매매이력을 보여주는 서비스는 과거 집을 구하기 위하여 하나하나 발로 뛰었던 세상과는 확연하게 고객의 아픔을 해소시켜 준 것이라고 볼 수 있다.

더욱이 스마트폰을 통한 모바일 증강현실은 과거 컴퓨터정보가 데스크톱 컴퓨터로 우리와의 눈높이를 못 맞추던 것이 이제는 우리 눈과 스마트폰이 같은 높이가 되어, 바로 현실과 증강된 정보가 같이 위치함으로써 획기적인 비즈니스들을 탄생시키고 있다. 또한 우리나라의 경우 파리바게뜨나 롯데백화점 등이 소비자와의 인터렉션을 통해 방문을 유도하는 증강현실 가상화 앱을 운영 중에 있다. 한마디로 향후 증강현실을 이용한 마케팅 비즈니스가 강화될 것이다.

또한 시간이 가면 갈수록 도시의 이야기, 이미지, 취미, 음악 등 예술, 시민의식, 역사, 집값 등 상상할 수 있는 모든 것을 증강현실기능을 가진 미디어(키오스크 : Kiosk)나 스마트폰 등을 매개로 해 실제 공간에 투영하는 비즈니스가 성행할 것인데, 이는 우리의 공간현실을 더 부가가치 있게 하여 실제 공간의 제약에서 느끼던 각종 고객아픔을 해소시켜 나갈 것이다.

(5) 탈투자(dinvestment)와 탈융합(divergence) 관점

지금까지 우리는 투자나 융합의 효용성과 효과성에 집중해서 살아왔다. 그러나 이제는 역발상이 필요한 새로운 시대를 직면하고 있다. 투자를 한 자산들을 어떻게 하면 나누어 팔아 더 많은 자산을 만들 것인가, 모든 개체들이 융합된 모양은 어떻게 하면 분해하여 더 높은 가치를 이루겠느냐가 주요 관건인 시대이다. 전자는 재무적 엔지니어링으로 볼 수 있다. 이제는 어떻게 인수와 합병(M&A)을 하여 높은 가치를 얻게 할 것인가에 앞서, 인수·합병된 통합매체를 어떻게 나누고 분해하여 부를 더 창출하겠는가가 중요한 때가 된 것이다. 모든 제품과 서비스가 생명주기가 짧아짐에 따라 이러한 역발상적인 비즈니스는 보다 빠르게 우리 곁에서 일어날 것이다.

한 예로 예전에는 생산제품의 각 구성품들을 어떻게 모듈화·표준화하여 효율 높은 생산과 애프터서비스를 손쉽게 할 수 있을까가 연구대상이었다고 하면, 요즈음은 어떻게 이 모듈화된 부품들을 최적으로 작게 모듈화하여 고객이 값싸게 고장난 부품만을 바꿀 수 있을까에 대한 연구에 박차를 가하고 있다. 고객의 아픔을 일반상식이 전개되는 방향이 아닌 역방향으로서 해결할 비즈니스가 향후 많이 일어날 수 있다고 보여진다.

(6) 고객조직원화 관점

기업이 고객들에게 제품이나 서비스를 처음부터 끝까지 모든 것을 만들고 제공했던 시기는 끝났다. 오히려 기업이 더 많은 것을 하려고 하면 고객은 등을 돌리는 시기가 됐다. 역설적으로, 기업은 과거 자기가 해야 했던 일들을 고객에게 주면 줄수록 고객은 더 만족스럽고 행복해하는 때가 도래되었음을 알아야 한다. 요즈음 많은 대형병원 로비에 가면 시장터 같은 북적거림은 없어졌다. 왜냐하면 고객인 환자들이 자기 사정에 맞게 집에서 사전 진료예약을 하였기 때문이다. 원래 예약업무는 병원의 고유업무로 원무과에서 했던 일이었다. 그러나 이 예약업무를 고객인 환자들에게 넘김으로써, 오히려 고객감동을 하고 있음을 주목해야 한다. 고객을 조직원화하는 것은 고객만족도를 높여줄 뿐만 아니라, 기업 자체의 인력감소화를 의미한다. 고객과 기업 모두를 위해서 이보다 좋은 일이 있겠는가?

각종 센서에 각종 네트워크가 우리 주변에 설치됨으로써, 고객조직원화는 더욱 가속화되고 있다. 가령, 대학교의 경우 종전에는 200~300명 수용의 대형 강의실에서 학생들의 출결사항을 체크하기 위해 교수나 조교들이 동원되어 많은 시간이 소요되었다. 그러나 요즈음은 학생이 출석하여 책상위에 학생증을 놓으면, 자동으로 네트워크를 통해 그 학생 얼굴이 사진으로 뜨는 것은 물론, 공부시간에 그 학생이 질문한 횟수가 자동집계되어 학기말평가의 자료로 활용되고 있다.

이제는 가치체인에서 기업이 가지고 있는 핵심역량을 제외한 기타업무는 고객에게 이양하면 할수록 고객만족이 됨을 깨달아야 한다. 연결되어진 고객을 향해, 고객을 포함한 보다 많은 융합을 함으로써 고객조직원화를 통해 새로운 가치와 비용절감을 할 수 있다.

이러한 고객조직원화를 고려하기 위하여 유의해야 할 것은 다음과 같다.

① 산업 간 벽을 넘어 어떠한 새로운 고객경험을 만들 수 있을까를 고민하라.

② 내부역량, 시장변화추세, 시행능력에 걸친 리더의 비전을 명확히 하라.

③ 융합되어 나타나게 될 고객가치의 발견에 노력하라.

④ 새로운 기술이 기존의 비즈니스와 제품과 서비스의 기초를 어떻게 바꾸어 놓게 되는가를 규명하라.

⑤ '무엇이든 덜 쓰는 게 더 좋은 것이다' 라는 관점을 버려라.

이러한 고려사항을 통해 얻게 되는 고객의 조직원화 관점의 결과 고객과의 접점들에 걸친 고객가치가 증대되고, 새로운 기술과 해법의 혁신을 발견하게 되며, 주변 보완적인 유사한 새로운 비즈니스 기회를 증대시켜

그림 2-11 | 고객조직원화를 위한 고려사항

주며, 비즈니스 파트너들과의 보다 강한 협업이 이루어질 수 있으며, 경쟁 시장의 판도를 바꾸게 되어 시장을 주도할 수 있게 된다.

(7) 실시간화 관점

몇 년 전부터 나타나기 시작한 용어 중에 '유비쿼터스' 시대가 있다. 유비쿼터스란 '편재', 즉 어디든지 있다라는 말로서, 각종 센서들을 연결하고, 나아가 센서들과 중앙컴퓨팅을 연결하는 네트워크를 통하여 실시간으로 돌아가는 세상을 만듦을 의미한다. 모든 프로세스를 실시간으로 구현하는 것은 사실상 많은 투자가 필요하고, 그렇게 한다고 해도 거기서 나오는 각종 정보를 사용하지 못한다면 의미 없는 일이다.

따라서 실시간은 주요 프로세스가 무엇인가를 정의하고 선별적으로 그리고 집중적으로 실시간화시켜 나가는 것이 매우 중요하다고 하겠다. 실시간화 비즈니스 모델이 중요한 것은 조기경보를 할 수 있게 된다는 점이다.

시스템이나 비즈니스의 실패는 시간의 함수이다. 시스템이나 비즈니스의 실패동인를 방치하거나 간과하는 경우에 시간이 흘러감에 따라 그 수준은 자꾸 커져가게 되고, 어느 위험수준에 도달하면 그 시스템이나 비즈니스는 망가지게 된다. 따라서 얼마나 빨리 실패동인을 잡아내느냐가 관건이다. 보다 일찍 실패동인을 잡아내면 낼수록 우리에게는 그를 치유할 보다 많은 기회와 대안이 있다. 실시간 관점에서 많은 비즈니스 모델을 고려할 수 있는데, 외부 자극에 대해 얼마나 빨리 대응전략을 만들 수 있을까에 관한, 외부 수요에 대한 실시간 서비스 대응에 대한 고객주문에 대응하고 현금화하기까지의 실시간적 관점의 비즈니스 모델들을 고려할 수 있다. 각종 네트워크나 통신수단이 고도화되어 있는 지금의 시대에도 아직까지 실시간화가 안 되어 고객에게 아픔을 주는 경우는 비일비재하다.

특히 공공서비스에서는 더 많은 실시간화된 경우를 발견하게 된다. 예를 들면, 주민등록초본 등의 제출이다. 모든 관공서가 이제는 서로 정보공유를 통해 벽을 허물어 더 이상 주민등록초본 등의 제출을 요구하지 않는다. 그러나 민간조직의 경우 아직까지도 벽이 있어 주민등록초본 등을 요구하고 있다. 실시간화가 되기 위해서는 경계가 없는 환경을 먼저 만들어야 한다. '자라(Zara)' 가 급성장하게 된 이유는 실시간이면서 벽이 없는 공급체계를 확립한 데 기인한다. 여러 나라에 걸친 각종 채널을 실시간 점검하고 가동시키며, 특히 각 지역의 요구를 실시간 반영하고 배송에 실시간 대응을 할 수 있는 비즈니스 모델을 확립한 것이다.

(8) 협업과 상생(win-win-win) 관점

연결된 사회에서 제일 중요한 관점은 상생이라고 볼 수 있다. 특히 윈윈윈(win-win-win) 관점은 새로운 비즈니스 모델을 낳게 하는 원천적 본질이다. 지금까지의 거의 모든 비즈니스 모델은 '윈루즈(win-lose)' 의 개념을 바탕에 깔고 시작된 것이라고 해도 과언이 아니다. 나는 따고 상대방은

잃는 제로섬(Zero Sum)게임인 것이다. 그러나 제로섬게임을 계속하는 한 사회나 국가는 더 이상의 부가가치는 없다고 보아야 맞다. 제로섬게임이 아닌 난제로섬(Non-Zero Sum)게임을 할 때, 이 과정에서 추가적으로 더 많은 부가가치를 우리는 기대할 수 있다. 제로섬게임상태에서 윈윈의 본질을 도입하는 것은 무의미하다. 마치 한정된 사이즈의 파이를 놓고 윈윈을 할 수 없는 것이라고나 할까?

윈윈철학은 원천적으로, 원래보다 커지는 파이에 적용할 수 있는 본질이다. 다시 말하면, 윈윈철학을 본질으로 할 때 우리는 더 키워진 파이를 형성시킬 수 있으며, 이것이 바로 신규사업을 구상케 하는 새로운 비즈니스 모델의 탄생을 의미하게 되는 것이다. 따라서 신규사업이나 새로운 비즈니스 모델을 원하면, 윈윈철학의 본질에서 출발하면 된다. 그러나 우리는 너무나 나는 따고 너는 잃는 '윈루즈' 모델에 익숙해 있기 때문에, 나도 너도 따는 '윈윈' 정신에서 시작한다고 해도 시간이 조금만 경과하면 쉽게 '윈루즈' 모델로 돌아가게 되고, '윈루즈' 모델로 환원된지도 모르고 이 '윈루즈' 모델을 '윈윈' 모델로 착각하고 있다.

따라서 둘만의 이해관계자만을 내세우지 말고, 셋 이상의 이해관계자들을 대상으로 어떻게 하면 모두 '윈' 이 되겠는가에 새로운 비즈니스 모델의 본질을 둔다. 셋 이상의 '윈윈윈' 모델은 쉽게 '윈루즈' 모델로 환원되기가 어렵기 때문이다. 유통업계에서는 요즈음 오프라인 매장을 확보하고 있는 유통업체들이 주력 상품 외의 인기브랜드를 매장 내에 유치해 고객유치에 따른 매출을 확보하고, 소매업자는 매장을 소유한 업체를 활용해 유통채널을 확보하면서, 나아가 고객에게는 손쉬운 복합구매를 실현하는 서로 윈윈윈하는 전략을 취하는 고객을 포함한 이종교합이 새로운 트렌드로 나타나고 있다.

한편으로는 원래 윈윈전략이란 미 행정부가 제일 먼저 주장했던 전쟁개념으로, 당초 윈윈전략은 전쟁위협이 상존하고 있는 중동과 아시아를 축으로 해 최소한도 이상의 병력과 장비들을 고정시켜 두 곳에 만약에 전쟁이 도발 시에는 두 전쟁 모두를 승리로 이끌어낸다는 전략이론에서 나온 이름이다. 미국은 중동과 아시아에 동시다발적으로 전쟁이 일어났을 때 자국이득 때문에 참전이 불가피한 경우 제2의 권한인 아시아 또는 제3지역에서 동시 승리한다는 원칙으로 이러한 전략을 택했다고 한다. 전쟁억지 차원에서 나온 윈윈전략은 지금은 오히려 급변하는 시장 속의 기업들 간의 중요한 전략으로 부상되어 있다. 경쟁기업들이라도 서로 돕지 않으면 상대기업뿐만 아니라 자신의 기업까지도 위험한 상황이 될 수 있다는 점에 착안하여, 자신기업과 경쟁기업과의 동조를 통해 모두가 이익이 되도록 하는 경영전략이 된 것이다. 즉, 기업 간의 경쟁관계를 유지하면서도 서로를 도와 새로운 시장에서의 수요를 창출하는 일종의 전략적 제휴전략이 된 셈이다.

이제 연결된 사회에서 새로운 비즈니스 모델을 만드는 데 필수적 요소는 윈윈전략이며 이는 곧 새로운 생태계의 탄생인 것이다. 새로운 생태계는 독립적으로 상호배타적으로 이루어지는 것이 아니며, 서로 오버래핑하고, 다이내믹하게 연결되었다가 떨어지기도 하고, 새롭게 다른 개체와 연결되기도 한다. 이러한 모든 생태계에 있어서 먼저 윈윈윈의 철학이 있어야 함은 전제조건이자 필수조건인 것이다. 이제 우리는 새로운 비즈니스창출을 위해서는, 먼저 자기관심분야에 있는 3개체 이상의 이해관계자들을 정의해야 하며, 정의된 모든 이해관계자가 어떻게 하면 모두 이득을 얻겠는가를 고심하면서 새로운 비즈니스 모델을 구상해 나가야 할 것이다.

지금까지 나열된 관점들을 DNA로 우리 조직에 심을 때, 새로운 비즈니스 구축이 가능할 것이다.

[2.4] 고객이 느끼는 본질과 업의 본질이 같게 하라

무엇보다도 우리는 고객의 아픔을 진정 잘 알고 있는 것일까? 고객의 아픔의 본질과 우리 기업이 고객이 갖고 있으리라 생각하는 아픔은 진정 일치하는 것일까? 고객의 아픔을 진정 우리의 아픔으로 느껴야 거기서부터 창의적 가치 있는 아이디어가 나온다고 했다. 그러려면 우리는 진정 고객의 아픔이 무엇인지 알고 있어야 할 것이다. 고객의 아픔은 보이는 것, 나타난 것만이 전부는 아니다. 고객아픔에 대한 상상을 연습해야만 한다. 우리는 아주 형편없는 고객아픔의 관찰자들이다. 우리가 그렇지 않다는 것을 깨닫기 전까지, 우리는 고객의 아픔을 제대로 보고 있다고 믿는 경향이 있다. 과연 우리는 평소 고객의 아픔을 정확히 보고 듣고 있는 것일까?

비유적으로 생각해 보자. 인간의 시각에는 맹점이 존재한다. 한쪽 눈을 감은 채 다른 쪽 눈으로 종이에 있는 하나의 점을 보자. 천천히 그 종이를 가까이 댔다가 어느 순간 한 점이 없어질 때까지 이동하여 보자. 한 점이 없어진 것은 우리의 맹점에 들어왔기 때문이다. 그런데 왜 우리는 이러한 사실을 알아차리지 못하는 것일까? 이는 우리의 맹점이 사라진 정보를 채우고 있다는 것이다. 우리는 이처럼 실제 고객의 아픔을 보지 못함을 인정해야 한다. 다만, 상상을 통해 볼 뿐이다.

처음 자전거를 타는 방법을 배울 때를 생각해 보면, 처음에는 엄청난 주의와 집중을 하게 된다. 그러나 얼마 후 입력한 감각과 예측한 것들이 맞기 시작하면, 의식하지 않고 자전거를 탈 수 있게 된다. 자전거를 타는 행위를 의식하지 않는 것이 아니라 우리는 단지 습관적으로, 상상으로, 폭넓은 경험을 바탕으로 자전거를 타게 되는 것이다. 기업의 비즈니스 실행에 있어서도 마찬가지 현상이 일어난다. 처음 고객의 아픔을 이해하기 위해서는 많은 주의집중을 하게 되지만, 곧 이러한 이해의 행위는 습관화되고 마음대로 상상한 것에 치우치게 된다. 그래서 아마도 스티브 잡스는 매일 자신의 얼굴을 고객이라고 생각하면서 거울을 보며, '네가 필요한 것을 말해봐' 라고, 습관화나 상상화 속이 아니라 진정 고객의 아픔을 매일 파악하도록 노력한 것이라고 본다.

한편, 우리의 고객아픔에 대한 관점은 막연히 우리 속에서 자라는 것이 아니라 체계적인 환경에서 자라게 됨을 알아야 한다. 진정 고객아픔의 본질을 알기 위해서는 합리적이며 논리적인 연역적 사고, 귀납적 사고, 나아가 귀추적 사고 등 본질을 알려는 노력이 필요하다. 지금 당장 1,000원을 받는 것과 일주일 후에 1,100원을 받는 것 중에서 어느 것을 선택할 것인가를 제시하면, 많은 사람이 당장 1,000원을 받는 것을 선택한다. 그러나 만약 1년 후에 1,000원을 받을 것인가 그로부터 1주일 후 1,100원을 받을 것인가를 선택하라고 하면 대다수는 1년 1주일 후의 1,100원을 선택할 것이다. 두 선택 모두 100원을 더 받기 위해 일주일을 더 기다리는 것은 동일하다. 그런데 결과는 왜 다를까? 사람들은 미래에 대해 할인하고자 한다. 다시 말해 더 가까운 시점이 더 좋게 평가되는 경향이 있다. 고객아픔도 사실 미래할인이 적용된다. 따라서 근시안적인 고객아픔만을 보고 있지는 않은지 생각해 보아야 한다.

더 나아가, 우리는 우리가 고객을 보는 본질만이 아니라 고객이 우리를 보고 느끼는 본질과 우리 업의 본질을 일치시키는 노력이 필요하다. 앞서 우리가 가져야 할 업의 본질에 대해 설명하였다. 이러한 우리의 본질을 정확히 고객이 느끼는 본질과 일치시키기 위해서는, 우리 업의 본질 자체의 태생이 고객의 아픔에서 시작한 것이라야 된다.

더더욱 본질에 대한 고객으로부터 공감대를 만들기 위해서는 고객이 인지하기 전에 고객아픔을 새로운 시대의 시각으로 우리가 먼저 해결해 주어야 한다. 다시 말해, 과거나 현재에 걸친 각종 규제나 제약으로부터 새 시대의 컨셉 관점에서 고객을 해방시킴으로써 우리 업의 본질과 고객 자신들이 느끼는 본질을 일치시켜 고객을 우리에게 열광하는 매니아로 만들어 내야 하는 것이다.

Chapter 03

지속적인 차별화 전략

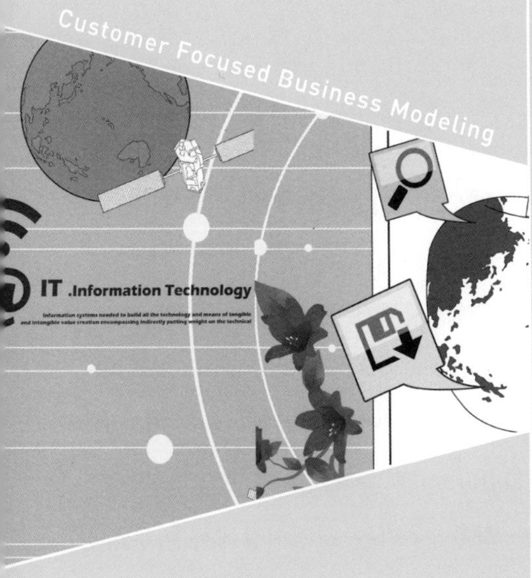

3.1 변하는 고객에 대해 지속적으로 다르게 대하라
3.2 모두가 다 아는 경쟁전략은 빨리 잊어버려라
3.3 공급자 관점이 아닌 고객 관점에서의 탈범주화 · 차별화 모델을 찾아라

Chapter 03

지속적인 차별화전략

이제 넘버원(Number One)에서 온리원(Only One)으로 가야 하는 시대가 되었다.

스티브 잡스는 2005년 스탠포드대학 졸업식에서 'Stay Hungry(안주하지 마라)', 'Stay Foolish(무모하지만 도전하라)'라고 한 데 이어, 'Think Different(다르게 생각하라)' 를 외치면서 지속적인 차별화만이 기업을 생존시키는 힘이라고 했다. 즉 'Stay Different(지속적으로 차별화하라)' 라고나 할까? 넘버원 생각을 지향하는 경우, 우리는 경쟁시장에서 아무리 일등을 해도 늘 피곤하다. 레드오션에서 끝없는 전쟁을 해야 한다. 그러나

그림 3-1 | 지속적인 차별화방안

눈을 돌려 고객아픔을 미리 알아채고 온리원으로 가면 우리 앞에는 늘 블루오션이 펼쳐 있다. 더더욱 새로운 시대는 제품과 서비스의 수명주기가 매우 짧기 때문에 항상 지속적으로 차별화를 생각하고 고수해야만 한다.

3.1 변하는 고객에 대해 지속적으로 다르게 대하라

우리는 '내일 수요는 무엇으로부터 나올까' 가 아닌 '고객들이 있는 거울을 본다' 라고, 변화하는 수요를 매일 거울을 보며 물어야 한다. 과거 미국에서는 모든 미국인들은 비디오테이프를 전국적 비디오 대여체인인 블록버스터(Block Buster)에서 빌려보았다. 그 당시 고객의 제일 큰 아픔은 반환기일에 있었다. 제때 반환하기도 어려웠고, 반환하기 위해 점포를 재방문하는 것도 쉽지 않았다. 여기서 발생하는 비디오 대여 연체료는 고객에게는 상당히 억울한 패널티였다. 이에 대응하여 넷플릭스(Netffex)가 탄생했다. 넷플릭스의 탄생은 거대기업 블록버스터를 망하게 했다. 가히, 골리앗을 이긴 다윗 같다.

넷플릭스는 온라인비디오 대여업체에서 콘텐츠유통기업으로 변신하였고, 이제는 콘텐츠를 직접 제작하는 콘텐츠제작업체로 그 비즈니스 모델을 진화시켜 가고 있다. 넷플릭스의 설립자인 리드 헤스팅즈는 어느 날 대여한 비디오를 늦게 반납했다가 연체료를 40달러나 물게 되었다. 연체료에 기분 나빠하던 그는 '기존 비디오 대여체계의 불편함을 없애면 어떨까?' 라는 생각을 하게 되었고, 이것이 넷플릭스의 '온라인으로 비디오 대여 신청을 하고 우편을 통해 배달받는 비즈니스 모델' 의 시작이었다. 고객은 매달 배송받고 싶은 비디오 개수만큼 정액요금을 지불한다. 온라인 사이트에서 대여목록을 선택해두면 하루 뒤에 우편을 통해 비디오와 반송봉투가 배송된다. 비디오를 본 후 반송봉투에 비디오를 담아 반환하면, 대여목록에 예약되어 있는 다음 차례의 비디오가 배송된다. 즉, 넷플릭스는 오프라인에서 피할 수 없는 고객의 아픔을 개선하여 오프라인 비디오 대여에 익숙한 고객을 온라인 비디오 대여시장으로 끌어들였다.

리드 헤스팅즈가 한 일은, 첫째 고객아픔의 으뜸인 연체수수료를 없애버렸다. 둘째, 또 다른 고객아픔인 다양하지 못함을 해소하기 위해 다양한 장르의 작품을 구비하였다. 즉, 블록버스터는 콘텐츠가 다양할수록 재고비용이 높아지기 때문에 콘텐츠의 양을 무작정 늘릴 수 없는 점을 넷플릭스는 공략했다. 그러나 2000년대 중반 비디오사업이 사양산업으로 접어들자, 넷플릭스는 온라인스트리밍서비스사업으로 변신했다. 인터넷의 보급으로 비디오를 대여하는 것보다 실시간으로 원하는 콘텐츠를 보려는 수요가 급증했기 때문이었다. 넷플릭스는 기존고객들에게 추가비용 없이 자신의 스트리밍서비스인 'Watch Instantly'를 함께 제공하여 기존 비디오 대여고객들을 자연스럽게 온라인스트리밍서비스로 넘어오게 하였다. 신규서비스 제공 시 발생하는 비용을 고객에 전가하지 않고 소비형태를 전환하도록 유도한 것이다. 기업 입장에서는 고객의 이탈을 막고 고객 입장에서는 새로운 요구의 트렌드를 자연스럽게 따라갈 수 있는 윈윈효과를 나았다.

이제 넷플릭스는 콘텐츠를 직접 제작하는 미디어기업으로 변신하고 있다. 특히 넷플릭스가 만든 드라마 '하우스 오브 카드'가 에미상에서 최우수감독상 등 3개 부문을 수상하면서, 넷플릭스는 콘텐츠서비스업체로서의 자리를 잡았다. 콘텐츠도 훌륭했지만, 이 드라마는 고객들의 아픔을 잘 파악하여 방영하였다는 점이 주목할 만하다. 기존 방송사들처럼 시간을 정해두고 한 편씩 방영한 것이 아니라 전편을 온라인에 모두 공개하였다. 바쁜 현대사회에서 많은 시청자가 주중에 한 편씩이 아닌, 심야나 주말에 시리즈를 몰아서 시청한다는 점에 착안한 것이다. 넷플릭스는 광고가 없고 모든 수입을 가입자의 월 이용료에 의존하기 때문에 이처럼 고객의 시청형태를 반영한 전략이 가능했다. 즉 시리즈를 몰아서 시청하기를 원하는 요구에 대한 대응이었다.

또한 이는 기존 방송과는 전혀 다른 차별화전략이었다. 넷플릭스는 인터넷 스트리밍 역시 기존 방송채널과 같은 채널로서의 역할을 할 수 있으며 더 나아가 자체 콘텐츠의 경쟁력이 충분할 수 있다는 것을 보여준 셈이다. 시작에 불과하지만, 최고의 동영상 사이트 유튜브 역시 콘텐츠에 투자해 유료채널을 만들고, 아마존 역시 프라임(Prime) 회원을 상대로 정액제 스트리밍서비스를 하고 있는 등 콘텐츠를 직접 제작하기 시작했다. 넷플릭스는 고객아픔에 대한 트렌드를 계속 읽고 지속적인 차별화를 꾀하여 미디어산업의 많은 변곡점을 만들어 가고 있다.

이러한 차별화는 안주하고 싶어 하는 고객들조차 새로운 시대를 접함으로써 지속적으로 변화될 수 있다고 생각하는 것에서 시작한다. 따라서 지속적으로 변화하는 모델을 읽는 시각이 우리에게는 절대 필요하다. 그러기 위해서는 첫째, 고객의 아픔에 초점을 맞추어 고객으로부터 직접 이야기를 듣는 채널을 항시 가동시켜야 한다. 고객의 소리(Voice of Customer)를 들어야 함은 모든 기업이 잘 알고 있다. 그러나 고객의 불만이나 불평, 불만족 차원을 넘어 고객의 아픔에 대해 알려고 하는 기업은 적다. 고객의 아픔은 기다린다고 해서 얻어지는 것이 아니다. 적극적으로 우리와 고객과의 연결프로세스를 가시화한 후, 어디서 고객과 진실의 순간(Moment of Truth)을 갖게 되는가를 프로세스상에 체크해 놓고 거기에 항상 청진기를 대어야 한다.

둘째, 고객에게 제품이나 서비스를 제공할 때 배경스토리를 전달하여 고객들이 손쉽게 그 제품이나 서비스의 본질을 파악하여 본질 대비 상이점과 개선점에 대한 요구가 쉽게 나오도록 유도해야 한다. 이때 우리에게는 스토리텔링의 기술이 적극 요구된다.

셋째, 고객의 아픔을 주도적으로 해결시킬 방아쇠를 찾아야 한다. 고객의 일상에서 우리가 먼저 고충을 알고 규명할 능력이 있어야 한다. 고객은 사실상 이성보다는 감성에 의해 더 큰 아픔을 느끼는 점을 명심해야 한다. 따라서 우리는 항상 감성적으로 연결되어 있어야 하는데, 이것이 바로 스토리를 통한 연결인 것이다. 방아쇠는 어디서부터 오는가? 당연히 새로운 시대의 새로운 관점에서 보게 되는 것이다.

넷째, 제품과 서비스의 출시가 완료를 의미하는 것이 아니라 새로운 시작이라고 생각해야 한다. 마치 소프트웨어 개발 후, 출시에서 베타버전이라고 생각하고 사용자로부터의 각종 요구나 불만 · 불평을 수용하여 완벽한 버전을 추구하는 것과 같다. 또한 우리가 아무리 완벽한 것을 고객에게 제시하더라도, 고객이 새로운 시대의 변화에 따라 진화되어 나감으로써 유발할 수 있는 지속적인 방아쇠를 찾아내야만 한다.

마지막으로는, 만병통치적 제품이나 서비스는 새로운 시대에 없기 때문에 고객을 평균적으로 대하겠다는 관념을 깨야 한다. 또한 새 시대에 걸맞고 고객에게 맞춤으로 다가가는 혁신의 가파른 궤도를 구축하여 후발자나 새로운 진입자를 따돌려야 한다.

고객은 변했다. 우리도 모르는 사이에 고객은 변했다. 스마트폰을 너도나도 쥐고 살아가고 있는 세상의 고객은 이제 예사 고객이 아니다. 그들은 더 이상 길을 잃지 않는다. 더 이상의 상술에도 속지 않는다. 언제나 필요하면 비교가격 등의 검색을 실시간으로 할 수 있고 최선의 것만 취하면 된다. 또 더 이상 시간과 노력을 낭비하지 않는다. 모든 문제에 대한 답을 알고 있다. 이제는 더 이상 잊지 않는다. 사회적 변화에서 보면, 여성이 영향력을 더 많이 갖고 컨트롤하기 시작했고, 선진국보다도 신흥시장이 더 많은 소비를 하고 있으며, 고객은 더 많은 재량권을 행사하기 시작했다.

요즈음의 고객은 크게 다섯 가지의 큰 변신을 하였다고 본다. 첫째로는, 정보로 무장된 고객이다. 고객들은 당신이 생각하는 것보다 더 많이 정보에 접근하고, 수많은 정보를 제공받고 있다. 고객 자신의 실수를 줄이기 위해 보다 많은 시간을 정보에 쏟고 있다. 제품이나 서비스의 가격결정은 이미 공급자의 손을 떠난 지 오래다. 고객들은 이미 그들이 접하는 정보가 일개 개인의 의견인지, 사실인지 허구인지를 알아낼 수 있는 소위 버블필터를 장착했다. 고객이 실지로 보는 것이 무엇인지를 알아야 한다.

둘째, 사회적인 소셜화 고객이 되었다. 소셜은 고객의 주요 행위가 된 지 오래다. 평가나 댓글이 강한 호소력을 갖게 되었다. 또한 고객은 소셜에 참가하기를 일방적인 웹사이트들보다 좋아하고 있다. 따라서 고객과 정서적으로 공명을 할 수 있는 통합된 디지털전략이 필요한 때이다.

셋째로는 극히 개인화된 고객이다. 과거 집단 기반의 소셜캐피털은 가상적 · 개인적 · 분산적 소셜캐피털로 바뀌었다. 집단적 고객파워는 그들 자신을 최적화하려는 고객의 힘으로 바뀌었다. 이제 시장보다는 개인을 생각하여야 하며, 그들 자신의 표현을 달성시킬 수 있는 것을 우리는 해야 한다.

넷째로는 고객이 어떠한 상황에 있는지를 미리 알아 처리해 주어야만 하는 상황인지요구 고객이 되었다. 고객은 자신이 처한 어떤 상황을 그때그때 미리 충족해 주어야 만족한다. 고객들이 미처 깨닫지 못한 것까지도 고객 상황에 맞추어 재미나 흥미 있게 제공해 주어야 한다.

마지막 변화로는 몰두 · 몰입하는 고객을 들 수 있다. 고객의 상황이 게임이든 게임이 아니든, 인간의 본성을 잘 이해하고 게임 메커니즘을 잘 알아야만 한다.

이러한 지금의 변화된 고객에 대응하기 위해 다음을 생각해야만 한다.

① 고객은 우리가 생각하는 것보다 진실로 더 많은 정보에 접근하고 있다.

② 고객은 우리가 생각하는 것보다 더 많이 연결되어 있다.

③ 고객은 개인으로서 과거 집단적 사회를 약화시키고 있다.

④ 고객은 그들이 미처 생각하지 못했던 더 창의적이고 더 놀라움을 주는 것을 원하고 있다.

⑤ 고객은 더 스마트하게 됨으로써 그들 자신이 영향력 있게 되기를 바라고 있다.

이러한 고객을 어떻게 대응해야 할 것인가?

제품서비스 전 사이클에 걸쳐 어떻게 지속적으로 업그레이드를 시켜줄 것인가에 대한 계획이 있어야 한다. 한 번의 거래가 거래 자체로만 생각되던 시대는 끝나고, 한 번의 거래가 영원한 채널의 개통이라고 느껴야 한다. 결국 우리는 인간중심경험을 창출해야 하는 것이다.

변한 고객에게 대응해 살아남는 유일한 길은 새로운 질문에 낡은 대답을 하는 리메이크(remake)가 아니라, 새로운 질문에 진정 새로운 대답을 할 수 있는 리이메지네이션(reimagination)이다. 아니, 고객의 새로운 질문을 우리는 앞질러 알아야 한다.

과연 우리는 어떻게 고객이 미처 모르는 요구를 알아내고 창출할 수 있을까? 우리는 미래의 상식파괴자가 되어야 한다. 생물학적 증거에 따르면 새로움을 추구하는 성향은 청소년기와 성인 초기에 절정을 이룬다고 한다. 그러나 두뇌는 게으르다. 꼭 필요할 때만 변화한다. 그리고 두뇌가 끊임없이 스스로를 변화시키는 때는 뇌가 뭔가 참신한 것을 대면했을 때이다. 새로움은 학습과 같고, 학습은 곧 두뇌의 물리적 변화이다. 상식파괴자가 되려면 사물을 다르게 보는 유난히 유연한 두뇌를 소유해야 할 뿐만 아니라, 상식파괴자가 아닌 대중의 두뇌를 변화시킬 수도 있어야 한다.

상식파괴자가 추구해야 할 전략은 새로운 아이디어로 더 개방적인 소수의 사람들에게 접근하는 것이고, 나아가 그 새로운 아이디어를 사람들에게 보다 익숙하게 만드는 것이다.

우리는 '진정 고객을 아는가'에 대한 비밀수첩을 만들어야 한다. 미국 부동산 재벌인 도날드 트럼프는 "고객들을 알지 못하더라도 그들과 통할 수 있는 채널에 대한 탐색계획은 갖고 있어야 한다"고 말하고 있다.

3.2 모두가 다 아는 경쟁전략은 빨리 잊어버려라

경영자나 관리자들은 그동안 경영전략에 관해 많은 강의와 관련 서적 등을 통하여, 상당한 수준의 경영분석 및 전략지식을 갖추었다. 원래 경영학은 창조나 창의력을 기반으로 한 과학기술과는 다른 영역을 갖고 있다. 경영학을 이끄는 선두이론들은 대부분 실제 선두기업이 된 회장이나 사장들에게서 나온다.

경영학은 이러한 선두기업의 성공과 실제를 분석하여 추발기업들에게 보다 빠른 시간 내에 선두기업을 쫓아가고 추월할 수 있는 지식과 정보 및 노하우를 주는 학문인 셈이다. 그런데 아무리 좋은 지식 등의 노하우를 학습한다고 해도 우리 곁의 기업들이 동일하거나 유사한 지식 및 노하우를 경영학에서 배운다면 어떨까? 역설적으로 경영학을 배우면 배울수록 더 이상의 차별화는 없을 수 있다. 어떤 면으로는 모두가 다 아는 경영전략은 빨리 잊으면 잊을수록 좋다고도 볼 수 있다. 경제학자들은 예측이 매번 틀리기는 해도 다수가 받아들이는 틀을 제공하는 데 반해, 경영이론은 경영자를 무시하는 경우가 있다. 예를 들어 프로젝트관리에 있어서 경영이론은 '겨눠, 준비, 사격' 같은 많은 준비와 기획을 한 후 단 한 번의 실행이 강조되지만, 요즘같이 빨리 변하는 세상에서는 이론보다는 현실에 기반한 extreme programming적 프로젝트관리인 '준비, 사격, 겨눠, 겨눠…' 그리고 '마지막은 제대로' 같은, 현실에 기초를 두어 낯선 곳을 익숙하게 바꾸는 전략이 중요하다.

모든 강의가 그렇기는 하지만, 특히 경영이론 강의에서는 '파워포인트(PPT)' 를 많이 활용하고 있다. 자세한 내용들은 되도록이면 삭제하고 핵심 내용만 나타내는 것이 PPT의 기본 작성요령이 되기에, 수강자들은 자세한 내용을 잘 알지 못하고 큰 골격만을 학습하게 된다. 서로가 서로 다른 상황을 맞이하고 있기 때문에 이러한 골격만 갖춘 PPT는 현실적으로 별로 도움이 안 될 수 있다. 마치 경영이라는 큰 코끼리를 두고 맹인들이 작은 부분들을 만져본 후, 코끼리는 큰 기둥같이 생겼다 또는 큰 뿔같이 생겼다 등을 말하는 것과 비유될 수도 있다.

우리가 아이를 데리고 많은 시리얼들이 있는 백화점 식품매장에 갔다고 생각하자. 그 아이에게 좋아하는 시리얼을 고르라고 하면 수많은 시리얼들 중에서 아주 쉽게 그리고 아주 빠르게 하나를 고르는 것을 경험할 수 있다. 평소에 그다지 시리얼을 먹지 않는 사람에게 고르라고 하면 각각의 시리얼 성분들을 검토하는 등 시간이 꽤 걸린다. 초보자인 경우 물건을 고를 수 있는 필터를 갖추고 있지 않기 때문이다. 물건을 고를 수 있는 필터는 연구와 이론학습을 통해 얻어지기보다는 현실에서 직관을 통한 시도를 통해서 얻어진다. 연구와 이론학습에 과다하게 의존하는 경우 점점 문제를 근본적으로 해결하기는 어려울 수 있다. 제품이나 서비스가 성숙한 시장으로 들어가면 갈수록 차별화전략을 내기는 어려워진다. 같은 범주인 같은 카테고리 내에서 다양성을 추구하면 할수록 고급화된 단조로움에 빠져들어가게 된다. 같은 범주 내에서 경영이론을 적용한다는 것은 의미 없는 일이다. 이런 상태에서의 경쟁은 우리를 평준화할 뿐이다. 우리가 어디 있느냐와 우리가 무엇을 보느냐보다는, 어떻게 느끼고 어떻게 보느냐가 중요하다. 사람들은 무엇에 대해 이해하기에 앞서 그것들을 범주화시킨다는 것을 알아야 한다. 범주화시키는 틀은 경영의 전통적 분석방법에서 시작되었다.

우선 우리 시장이 어디에 위치하는가가 영업계획의 시작이다. 우리의 위치, 즉 포지셔닝을 잡기 위해서 시장조사 결과를 토대로 우리는 통상 가로, 세로축 위에 여러 경쟁사들의 포지셔닝을 한다. 예를 들면, 우리가 아동들을 대상으로 사업을 할 것인가 아닌가 또는 비싼 물품을 팔 것인가 아닌가가 주 관심사라면, 가로축은 아동들에서 어른들이라는 연령으로, 세로축은 비싼 값에서 싼 값에 이르는 가격으로 평면을 구사한 다음에, 이 평면에 경쟁사들을 두고, 과연 우리가 어디에 위치하는 것이 좋을까를 생각한다. 그러나 이러한 시장연구는 옆집에서도 하고 있어 안 하는 편이 나을 수도 있다.

이어서 행해지는 통상적인 시장연구는 경쟁사를 포함한 우리 제품이나 서비스가 갖는 각각의 특성들에 대해 우리는 어떤 수준에 있고 경쟁사는 어떤 수준에 있는가를 그래프로 그리는 것이다. 시장에서 중요하게 생각하는 주요 특성들에 자사 대비 경쟁사 수준 비교를 하며, 만일 어떤 특성에서 우리가 경쟁사보다 낮으면 무엇보다도 이 수준을 높이려고 노력할 것이다. 또한 경쟁사도 마찬가지로 수준이 미흡한 특성을 높이는 노력을 하게 된다. 그러면 그럴수록 두 회사의 수준은 높아 가며, 차별화는 없어지고 평준화된다. 다시 말해 상향 평준화가 되는 것이다. 결국은 기업들은 비용을 지불하면서 차별화 없는 평준화에 이르게 되는 것이다. 여기서 우리는 다른 전략이 필요하다. 즉, 타 경쟁사 대비 낮은 특성을 높이는 데 초점을 둘 것이 아니라, 설령 낮은 수준의 특성은 그대로 두더라도 우리가 갖고 있는 높은 수준의 특성을 더 높게 하는 차별화 비즈니스 모델을 구상해야만 한다. 여기서 우리가 명심해야 할 것은, 보이고 알고 있는 경쟁자는 더 이상 경쟁자가 아니라는 것이다.

그러기 위해서는 지금 우리의 카테고리, 범주를 뛰어넘는 새로운 비즈니스 모델을 보여야 한다. 즉, 탈범주화된 비즈니스 모델을 제시하는 길이 진정 차별화를 이룰 수 있는 길이다.

3.3 공급자 관점이 아닌 고객 관점에서의 탈범주화 · 차별화 모델을 찾아라

통상 나타나는 차별화전략들은 공급자인 우리 위치에 덧칠하기를 하는 것과 같다. 고객 눈에 근본적인 차별화를 보여주려면 탈범주화시켜야 한다. 일찍이 중국선인은 말하기를 "어릴 때 다섯 가지 맛만 알려주면 사람들은 죽을 때까지 다섯 가지 맛만 알게 되고, 다섯 가지 냄새만 알려주면 역시 죽을 때까지 다섯 가지 냄새만 알고 있다 죽는다"고 했다. 고객에게 충격적인 차별화를 인식시키려면 제품이나 서비스를 고객과 우리가 알고 있는 카테고리 내에서 머무는 것이 아니라 그 카테고리의 벽을 깨고 나가야 한다. 즉, 탈범주화하는 길만이 차별화의 길인 셈이다.

지금까지 우리가 탈범주화하지 못하고 기존 제품과 서비스에 덧칠을 한 악순환을 살펴보자. 첫 번째 유형은 추가기능을 붙이면서 차별화라고 생각하는 경우인데, 원래의 제품과 서비스에 추가적 기능을 부여하기도 하고, 있는 기능을 좀 더 심화시키는 것이다. 이는 마치 더 좋은 기능, 더 나은 업그레이드를 통해 제품과 서비스를 공급자 관점 위주에서 차별화하는 것이다. 두 번째 유형은 원래 제품과 서비스에다가 인접한 제품이나 새로운 제품을 접목하는 것으로, 보다 많은 제품들을 접목해 놓고 고객에게 취사선택하여 차별화를 했다고 주장하는 것이다.

이 두 유형 모두 고객에게는 처음에는 신선한 가치와 만족을 느끼게 할 수는 있지만 곧 경쟁자가 흉내를 낼 수 있고 이를 이기기 위해 제품과 서비스를 더 팽창시켜야 하며, 이를 본 고객들은 더 높은 기대치를 갖게 되고 나아가 기업은 더 많은 투자를 해야만 한다. 이 많은 투자를 통해 앞서 보인 바와 같이 고객은 또 신선한 가치와 만족을 하는 등 악순환이 계속되는 상황을 맞이하게 되는 것이다. 이러한 악순환을 피하는 길은 탈범주화로 나서는 것이다.

공급자가 아닌 진정 고객 관점에서의 차별화 모델을 발견하라. 더 이상의 경쟁을 하면 안 된다. 더 이상의 경쟁을 하지 않기 위해서는 고객의 관점을 바꾸어 놓아야 한다. 우리의 비즈니스 모델을 가지고 고객의 과거 습관적 행위를 바뀌게 하여 과거로부터의 아픔에서 근본적으로 해방시켜야 한다. 습관적 고객의 행위는 수십 년간의 규제와 제약 속에 살면서 습득된 것으로, 고객들은 이러한 제약과 규제를 당연한 것으로 받아들여 아픔을 겪고 있는지조차 모르는 경우도 생긴다. 또한 우리의 비즈니스 모델이 고객중심이 되어 인간본질을 터치해주고 고객 스스로가 고객, 즉 인간 자신의 제한성을 풀어주어야 한다. 이를 위해 다음과 같은 세 가지 접근을 제시코자 한다.

(1) 탈범주화를 통해 고객의 기존 관점을 변화시켜라

앞서 이야기한 탈범주화를 통한 차별화를 이루어 우리 제품이나 서비스에 대해 고객이 갖고 있던 기존 관념을 다른 범주에 갖다 놓은 것이다. 예를 들면 '허기스'는 기저귀 위에 아기를 눕히고 양옆을 접착하는 기존 기저귀로부터 탈피하여 팬티형태의 기저귀를 판매함으로써 '팸퍼스'와 같은 높은 시장점유율의 기저귀회사들을 물리칠 수 있었다. 그동안 기저귀는 갓 태어난 아기부터 보통 만 2세까지가 사용하는 것으로, 팬티형태로 만들면 아기들의 몸에 다리와 기저귀 간의 공간 없이 맞추기가 어렵고, 기저귀를 채우고 빼기가 양옆에 탈부착하는 기능이 있는 것이 편해서 과거부터 통념적으로 부모들은 옆 탈부착기능의 기저귀를 사용하여 왔다. 다시 말해 기저귀회사들이 아무리 기저귀를 진화시켜도 기저귀는 기저귀로서 고객들 생각 속에 있었다.

그러나 고객의 아픔은 2세까지의 기저귀 착용 아기의 부모들이 아니라 2세에서 4세에 걸친 부모들에게 나타났다. 즉 기저귀를 뗀 후 2세 이상의 아이들이 가끔 기저귀 없는 상태에서 용변을 보는 경우가 발생하여 부모들을 당황하게 만들었다. 따라서 이러한 고객의 아픔에 대응하고자 처음으로 과거의 기저귀형태가 아닌 팬티형 기저귀를 2세 이상을 겨냥하여 만들기 시작했다. 그 결과 2세 이상 아이들은 물론 요즈음은 2세 이하 아이들도 팬티형 기저귀를 이용하게 되었다. 여기서 우리는 탈범주화를 볼 수 있다. 과거 순수 기저귀 카테고리에서 팬티의 카테고리로의 전이를 보여 성공한 사례인 것이다. 우리의 디지털 비즈니스 모델이 고객의 눈으로 보아 확실히 기존 영역에서 다른 영역으로 넘어가는 것을 보여야 소위 차별화가 되었다고 할 수 있음을 알아야 한다.

다른 예로는 라스베이거스 등지의 벨라지오, 윈 등과 같은 모든 유명 호텔들에서 독립적으로 서커스를 제공하고 있는 '태양의 서커스(Cirgue du Soleil)' 회사를 들 수 있다. 이들은 종전의 여러 가지 볼거리들 위주의 서커스 카테고리로부터 벗어나 기계체조의 영역으로 들어감으로써 극장식 체조의 새로운 탈서커스 카테고리를 보여 굉장한 흥행을 하고 있다. 태양의 서커스는 기존 서커스의 카테고리를 넘어 체조 갈라쇼라는 새로운 카테고리를 만들었다.

또 우리가 잘 알고 있는 스워치(swatch)라는 스위스 시계회사는 대량맞춤화(mass customization)라는 철학하에 비록 회사 자체는 공룡과 같은 대량생산체계를 갖춘 시계회사이지만, 고객 개별기호를 맞춤화하는 데 성공한 회사이다. 어떻게 맞춤화한 것일까? 가령, 시곗바늘 종류를 천 가지, 시계판 종류를 천 가지, 시계밴드 종류를 천 가지로 해 이를 조합하여 조립하면 이론상으로는 10억 가지의 서로 다른 시계를 만들 수 있다. 스워치는 이러한 방법으로 고객 맞춤화에 성공했다. 공항에 유독 스워치 시계가 많은 이유는 이렇게 많은 종류의 시계를 진열해 놓았기 때문에 이것을 사서 귀국 후 선물하면, 선물받는 사람이 같은 시계를 이미 갖고 있을 확률이 매우 희박하기 때문이다. 시계가 맞춤화를 통해 패션이 되고 있음을 간파한 스워치회사는 기존 시계라는 카테고리에서 탈피하여 패션이라는 카테고리를 향해 관점을 바꾸었다. 다시 말하면 탈시계 범주화를 통해 패션 범주로 진입했다고 볼 수 있다. 탈범주화를 통해 고객의 기존 관점을 변하게 하며 새로운 장을 고객에게 열어준 것이다.

(2) 거꾸로 고객의 기본 관점을 바꾸어라

고객의 아픔을 이미 대형화되어 있는 큰 기업들은 빨리 대응하기가 구조적으로 어려울지 모른다. 따라서 가장 쉽게 대형 기업들을 이기고 차별화할 수 있는 중요한 전략은 반대로 하는 것이다. 잘 알다시피 구글이 처음 나올 때 넷스케이프, 야후 같은 너무나도 많은 검색사이트나 포털이 많았다. 이때 구글은 일반적인 검색포털이 가지고 있는 속성, 즉 날씨, 금융, 광고, 뉴스 등 많은 내용들을 스크린 페이지에서 과감히 없애고 하나의 창만을 선보였다. 더 나아가 구글의 앞 페이지 상당부분은 광고도 전혀 없는 여백의 미를 고객이 느끼게 했다. 이러한 역발상적 전략은 오늘날 최고 자리에 구글을 있게 했다. 한마디로 고객에게 가치를 덜 주면 오히려 고객이 환호하는 시대가 된 것이다.

미국 제트블루(JetBlue)의 경우 비행기 내에 기존 항공사들이 제공하고 있는 할인프로그램, 무료기내식, 왕복티켓할인을 모두 과감히 없앴다. 그 대신 전 좌석에 일등석이나 비즈니스석에서 가능했던 최고급 가죽시트, 개인별 LCD 모니터를 장착했고, 위성 TV시스템을 이용하는 등 평범한 것들은 없애고 이코노미석에서 예상 못한 것들을 서비스함으로써 고객의 평소 사고방향을 반대로 돌려 급성장하게 됐다.

다른 예로 맥도날드나 버거킹 같은 햄버거 집에 들어가면 첫째의 고객 아픔은 많은 메뉴들 중에서 어떤 메뉴를 고르는가이다. 너무 많은 메뉴가 리스트되어 있는 앞의 전광판을 보면, 하나 고르는 데 상당시간이 걸리고 과연 잘 고른 것인지 의문이 생길 때도 많다. 다시 말해, 너무 많은 메뉴는 고객에게 선택의 어려움을 주어 고객을 혼란스럽게 한다. 여기에 착안하여 인앤아웃(IN-N-OUT)은 단지 서너 가지의 메뉴만 준비하여 기존 패스트푸드의 상식을 깨부수었다. 그 대신 순수 소고기만 쓴다든지, 상추를 손으로 뜯어 씻는다든지, 진짜 미국 치즈만 쓴다든지, 점포에서 최상급 감자를 이용한다든지를 고객에게 보이고 광고함으로써 캘리포니아주를 포함한 5개 주에서 대성황을 누리고 있다. 요즈음 외국 관광객들이 미서부에 오면, 꼭 먹어보아야 할 메뉴로까지 되어 있다. 메뉴의 수를 전격적으로 줄여 고객의 선택 어려움을 풀어준 예인 것이다.

다른 예로는 이케아(IKEA) 가구회사를 들 수 있다. 이케아는 가구를 배송해 주지도 않고, 고객이 직접 조립도 하게 했다. 심지어 수명 또한 길지 않다고 하지만, 많은 사람들이 이케아에 열광하고 있다. 불친절한 것이 고객을 더 열광시키는 계기가 될 수 있다는 것을 보이는 사례이다.

우리가 고객에게 처음부터 끝까지 서비스해주던 시기는 끝났다. 이제 어떻게 고객을 끌어들여 우리가 과거 기존에 해왔던 일을 넘겨주느냐가 관건인 시대를 맞이하고 있는 것이다. 고객들이 우리의 일을 넘겨받으면, 불친절하다고 느끼는 것이 아니라 고객이 직접 스스로 참가 · 참여한다는 데서 더 만족스러워하고 열광하는 것이다. 이제 우리는 '더' 많이가 지배하던 시대에서 '덜' 주는 것이 지배하는 시대로 옮겨가는 시대에 살고 있음을 알아야 한다.

(3) 비아냥거리는 고객을 우리 고객으로 하라

고객아픔에 대처하는 것도 중요하지만 우리 제품이나 서비스에 대해 비웃거나 비아냥거리는 네거티브 고객이 더더욱 우리 고객이 될 수 있음을 알아야 한다. 비웃거나 비아냥거리는 고객은 일단 우리 제품과 서비스에 관심이 있는 고객이며, 우리가 잘만 대처하면 보다 적극적인 충성도 높은 고객이 될 수 있다는 것이다. 우리는 좋아하는 고객과 우리를 극히 싫어하

그림 3-2 | BMW가 만든 소형차 미니 쿠퍼 광고

Customer is not king

- Feel good marketing is not worth
- Anti-marketing

는 고객들을 어떻게 대처할 것인가에 새로운 비즈니스 기회가 있음을 알아야 한다. 우리를 싫어하는 고객은 그들이 더 많은 고객의 아픔을 알고 있기 때문이다. 예를 들면 BMW가 만든 소형차 미니 쿠퍼는 그 차의 작고 왜소한 단점을 더 부각시켜 광고를 했고, 이 광고는 적중하여 오히려 더 많은 수요를 창출했다.

(4) Hostile Brands

베테통(Benetton)은 1984년에 '세상에서의 모든 칼라(all the colors in the world)' 라는 광고를 통해 화려한 광고를 했지만, 그 후에는 공포감 전략을 활용하여 더러움, 피, 테러 등 부정적 전략의 광고를 통해 더 많은 고객을 확보했다. 아베크롬비(Arborcrombie)나 홀리스터(Hollister)의 매장은 극히 어둡고 시끄러운 음악들과 도전적인 젊은이들의 사진들로 메워져 있다. 젊은 층은 열광하지만 장노년층 고객들은 매장 자체에 들어가는 것조차 꺼리고 있다. 이와 같은 고객을 향해 '싫으면 떠나세요' 정도의 구호를 외칠 정도로 고객을 양분하여 적극적으로 비웃거나 비아냥거리는 고객을 공략할 비즈니스 모델을 만들어야 한다.

여기서 우리는 고객의 유형을 살펴볼 필요가 있다. 첫째 우리 제품과 서비스를 극히 사랑하는 충성도 높은 고객, 둘째 실용성을 강조하여 기본적인 품질만 만족되면 언제라도 가격 싼 곳으로 옮아가는 실용적 고객, 셋째 관심 있는 카테고리에 대해 극히 높은 관심과 전문성을 갖고 있는 전문가 고객 등으로 나누어 볼 수 있다. 두 번째, 세 번째 고객들인 실용적 고객과 전문가 고객들은 항상 우리 제품과 서비스에 대해 많은 비평과 불만을 보일 수 있고, 이들이 사실상 구전효과를 통해 일반여론을 조성하게 된다. 따라서 이러한 고객층을 어떻게 하면 보다 철저히 양분화하여 적극 대처하겠는가가 우리의 새로운 비즈니스 모델 요구의 동인이 되는 것이다.

몇 년 전부터 그렇게 열광했던 '아이폰'은 한마디로 휴대폰과 MP3와 태블릿을 결합한 것으로 이 세 가지 카테고리에서부터 탈피하여 새로운 범주의 제품으로 자리매김을 했기 때문에 지금의 위치를 차지할 수 있었다. 결국 아이폰은 아이폰이라는 새로운 카테고리를 만들었고 나아가 기존의 경쟁자들을 물리칠 수 있었던 것이다. 여기서 우리가 얻는 큰 교훈은 기존의 카테고리에서 벗어나 이웃 카테고리로의 전이 이상의 변화, 다시 말해 새로운 카테고리의 창조가 진정 고객이 세분화되어 있는 환경에서의 각각의 아픔을 종합적으로 해결시켜 주는 대안임을 알아야 한다.

비즈니스는 달리기, 승마, 자동차 경주와 같이 시작과 끝이 있고 남보다 빨리 가는 경쟁의 경주는 아니다. 이러한 경주 위주의 경쟁에는 1, 2, 3위 등의 결과만 있겠지만 비즈니스는 다르다. 경주 관람자들은 마지막 결과를 보기를 원하지만 고객은 다르다. 고객은 오히려 그 속에서 지름길을 찾거나 다른 아이디어를 원하거나 아주 다른 게임을 원하고 있다. 이것이 바로 고객의 기업에 대한 차별화 요구인 것이다. 차별화는 기술적 문제가 아니라 새로운 아이디어의 관점이다. 우리 뇌 속의 대부분은 기존 경쟁에서 어떤 부분을 단지 수정해서 살아남을까를 생각하는 데 운영되고 있다. 뇌 속의 어느 작은 부문이 처음은 작지만 후에 크게 될 가치를 고객의 아픔으로부터 제안하는 데 이용되고, 이 가치제안으로부터 창조적이고 새로운 아이디어들을 낳게 되며, 나아가 비합리적이며 예측 불가능한 인간적 숨결을 이해하게 된다면 우리는 지금까지 있지 않은 새로운 비즈니스 모델을 만들어 낼 수 있다.

경쟁에 있어서 주어진 사실은 불과 10%이지만 나머지 90%는 우리의 반응과 선택에 있다. 경쟁의 상황은 일방적이긴 하나 적게 주어지는 데 반해, 경쟁상황에 대한 우리의 대응 관점인 프레임은 우리가 선택하여야 할 많은 몫인 것이다. 고객아픔의 의미를 찾는 데 상위 수준으로 프레임하느냐, 구체적인 절차 위주의 하위 수준으로 프레임하느냐는 상당한 차이를 낳는다. 고객아픔에 대한 근시안적이고 직선적인 대응은 오히려 고객을 잃을 수 있게도 한다. 고객아픔을 더 차원을 높여 멀리 보며 접근할 때 우리는 진정 차별성을 갖추는 것이다. 상위 프레임은 why를 묻지만, 하위 프레임은 how를 묻는다. 정말로 지혜로운 기업이 되기 위해서는 고객에 대한 가까운 미래나 현재의 일도 늘 상위 수준의 의미를 부여하여야 한다. 이러한 의도적 프레임 바꾸기를 우리는 늘 체험하고 경험하도록 노력해야 한다. 고객 소비에는 소유를 통한 물적인 소비와 경험을 통한 소비가 있다. 경험위주의 소비로 차별화할 수 있는 프레임을 갖추어야 한다.

고객아픔 대응에 있어 우리는 대응 한계를 깨달았을 때 자기중심적 프레임을 깨고 나오는 용기, 과거나 미래에 대한 자신의 철저한 이해가 필요하다. 또 모든 프레임을 바꾸게 하기 위해서는 늘 지속적으로 질문을 높은 위치에서 해야 한다. 차별화의 지혜는 고객아픔에 대해 올바른 질문을 늘 할 줄 아는 것이다.

Chapter 04

스마트를 초월한 인간본성 기반 차별화전략

Chapter 04 스마트를 초월한 인간본성 기반 차별화전략

[4.1] 우리는 과연 논리적이고 창조적인가?

‘스마트시대를 넘어 어떠한 시대가 우리 앞에 기다리고 있을까? 다음의 시장은 어디에 초점을 맞추어야 할까?’ 등에 대한 확실한 대답은 고객 위주의 인간본성에 얼마나 접근하느냐가 중요한 차별화전략이 된다는 것이다. 원래 인간은 정의되기를 경제적 인간(Homo Economicus), 즉 미래의 이익을 위해 합리적 결정을 하는 존재로 알려져 왔다. 그러나 실제 인간은 그렇지 않았다.

행동경제학의 대가인 대니얼 카너먼은 “게으름은 우리 본성에 깊숙이 박혀 있다”라고 말하고 있다. 인간이 생긴 후 생각이라는 것이 인간의 특성이 되었고 생존을 위해 끊임없이 생각을 했었어야만 했음에도 어떻게 게으름은 인간의 본성으로 자리 잡을 수 있었을까? 어떻게 우리 본성 깊숙이 박혀 있는 게으름은 나타나는가? 우선 예시를 보자. 가석방 신청 판단을 담당하는 이스라엘 판사들의 경우 식사 후에는 가석방 승인요청의 65%가 수용되었으나, 식사하기 직전 2시간 남짓 동안은 승인비율이 0%였다는 보고가 있다. 어쩌면 인간이 갖추어야 할 것은 객관성이다. 판단의 일관성보다는 게으름이 인간의 본성이 아닌가 생각된다. 다른 예로 ‘방망

이와 공을 합친 가격은 1달러 10센트이다. 방망이 가격은 공의 가격보다 1달러 더 비싸다고 할 때 공의 가격은 얼마인가?' 라는 질문을 하면 대다수가 10센트라고 하는 착각된 판단을 한다. 이 문제를 논리적으로 풀기보다는 직관적으로 풀기를 원하기 때문이다. 인간은 보다 빨리 어려움, 힘듦, 곤란함 등에서 도망가려고 한다. 그것이 게으름으로 표현되고 있다. 수많은 사람들은 과도하게 자신감을 갖고 자신의 직관을 상당히 믿는 경향을 보이고 있다. 그들은 논리적 사고를 하지 않으려 하며 오히려 최대한 피하려 한다. 즉, 게으름이라는 인간본성을 나타내고 있는 것이다.

찰스 두히그(Charles Duhigg)는 『습관의 힘』에서 인간의 본성에 대해 잘 피력하고 있다. 사람들은 매일 살아가면서 게으름, 즉 나태함을 보이고 자기 합리화를 하고 있다. 사람들은 자기 합리화를 매일 아침에 눈을 뜬 순간부터 밤에 잠들기까지 지속적으로 하고 있다. 이번 주부터 아침에 일찍 일어나서 산책을 하겠다고 다짐하고서도 단 몇 분의 달콤한 잠을 위해 다음 주부터 하겠다고 미룬다. 거의 모든 생활에 대한 다짐을 내일부터 할 거라고 미루고 미룬다. 체중감량을 위한 다이어트도, 독서를 해야겠다는 다짐도, TV를 더 이상 보지 않겠다는 다짐도 모두 귀찮음의 늪에 빠져버리는 것이 인간의 본성이다.

이러한 인간의 본성에 의해 고객들의 아픔은 우리가 도와주지 않는 한 배가 되어 나타난다. 자기 합리화를 끝없이 추구하는 대부분의 인간들은 '언젠가' 의 신드롬에 빠져 있다. 언젠가는 다짐했던 것들을 하겠다고 생각하면서 말이다. 언젠가, 어떤 방법으로, 그토록 다짐했던 것들을 하는 그런 날들이 오리라 기대하면서 말이다. 이를 앞장서 해결해 줄 수 있어야 한다. 고객의 아픔을 앞질러 해소시키는 것이 우리의 의무이기도 하다.

고객의 습관이 모여 고객의 일상을 만든다. 하루하루의 일상이 모여 한 고객의 라이프스타일을 만든다. 즉, 작은 습관들이 합쳐져 한 고객의 라이프스타일을 만드는 것이다. 거대한 습관 덩어리를 한꺼번에 바꾸기는 몹시 힘들다. 작은 습관을 하나 바꾸는 것은 습관 덩어리를 바꾸는 것보다 훨씬 쉽다. 작은 습관을 하나 바꾸는 것에 대한 파급효과는 무척 크다. 바로 여기에 착안하여 차별화전략을 지속적으로 단계별로 추진해야 한다. 고객의 습관을 성공적으로 바꾸기 위해서는 끈기가 필요하다. 끈기 역시 우리 조직의 습관으로 승화되어야 한다. 끈기의 습관은 특이한 점이 있다. 그것은 차별화에 대한 끈기를 우리 조직이 발휘하면 할수록 더욱더 끈질긴 조직이 되어간다는 것이다. 이러한 차별화에 대한 끈기는 우리 조직의 차별화에 대한 습관을 바꾸고 우리의 목적을 달성하는 데 핵심적인 역할을 한다.

"습관은 제2의 천성으로 제1인 천성을 파괴한다." 철학자 파스칼의 명언이다. 『습관의 힘』 책에 의하면 '신호 → 반복행동 → 보상'의 3단계 과정을 반복적으로 거쳐 최종적으로 습관이 형성된다. 즉, 제일 먼저 특정 행동을 유발하는 신호가 나타난다. 이는 어떤 공간, 시간, 사람, 물건, 현상 등에 의해 특정 행동을 자동적·습관적으로 하게 하는 자극이다. 이 신호에 따라 반복되는 행동이 나타나는 것이다. 반복행동은 몸의 행동뿐 아니라 심리상태나 감정의 변화로도 나타날 것이다. 그리고 마지막으로 그 행동은 적절한 보상을 받게 되는 것이다. 보상은 뇌가 이 특정한 고리를 앞으로 계속 기억할 가치가 있는지 판단하는 기준이 된다.

이런 습관의 메커니즘에 따라 고객이 현재 가지고 있는 습관을 분석해 본다면 고객의 아픔에서의 나쁜 습관을 효과적으로 없앨 새로운 비즈니스 모델을 발견할 수 있다. 좀 더 효율적으로 고객의 아픔에 해당하는 나쁜 습관을 없애기 위해서는 핵심습관을 찾아내야 한다. 마치 같은 시간을 공부해도 핵심부터 공부해 나가는 것이 효율적인 것처럼 말이다. 핵심습관은 고객의 삶 혹은 조직활동에서 연쇄반응을 일으키는 습관을 의미한다. 고객의 핵심습관을 찾아내고 그에 대한 고객아픔을 해소하기 위한 새로운 비즈니스 모델을 구축하기 위해서는 고객의 나쁜 습관을 명확히 알아내고 본질적으로 인간본성에 대처해 나아가야 한다.

20세기 초 심리학자인 모스로는 인간본성에 대한 세 가지 가정하에 동기를 부여할 수 있는 이론을 제시하였다.

첫째, 인간은 결코 만족할 수 없는 욕구를 지니고 있다.

둘째, 인간의 행동은 과거 어떤 시점에서 만족하지 못한 욕구를 채우는 것을 목표로 삼는다.

셋째, 욕구는 기본욕구에서부터 상층욕구까지가 예측가능한 계층구조로 되어 있다. 이에 대해 모스로가 제시한 인간의 욕구는 다섯 단계이다.

① 본능 충족과 의식주 해결의 생리적 기본욕구

② 안정을 위한 욕구

③ 사회계층에 참여하는 사회적 욕구

④ 인정과 존중 · 존경받고 싶은 욕구

⑤ 자아완성, 자아실현의 욕구

게으름을 포함하여 일반적인 지금까지의 인간의 본성을 나열해 보자.

① 유한성 : 한계를 가진 존재

② 제한성 : 시간과 공간의 제한을 받는 존재

③ 변덕성 및 변질성 : 몸과 마음의 변화가 있는 존재

④ 망각성 : 잊어버리는 속성을 가진 존재

⑤ 무지성 : 모르는 것이 너무 많은 존재

⑥ 무능성 : 재난과 환난 속에서 무능함을 가진 존재

⑦ 창의성 : 새로운 생각이나 사물을 만들어 내는 속성의 존재

⑧ 지성 : 이해능력, 기억능력, 분별능력, 통찰능력을 가진 존재

⑨ 감성 : 희로애락애오욕의 7정을 가진 존재

우선 유한성과 제한성에 대해서는 새로운 환경과 IT 등의 새로운 기술

의 적절한 도입을 토대로 한 새로운 비즈니스 모델이 그 해결을 낳을 수 있다. 변덕성 및 변질성에 대해서도 변화하는 환경을 감지하고 대응할 수 있는 비즈니스를 만들어 낼 수 있다. 변덕이 일어나는 원인은 시간경과에 따라 새로운 데이터나 정보를 인간이 접했기 때문이라고 볼 수 있다. 요즈음 같이 정보기술비용이 격감하는 시대에서는 많은 정보나 데이터를 수집 · 분석하는 것이 가능해짐으로써 빅데이터 분석기술 등에 고객이 어떻게 접근할 수 있게 할까에 대해 고민하는 비즈니스들이 발생하게 되었다. 망각성에 대해서는 두말할 나위 없이 많은 새로운 비즈니스들이 생겨나게 할 수 있다. 예를 들면, 주차한 위치를 쉽게들 잊어버리는데 이를 돕기 위한 지하 주차장에서의 자동위치 사진찍기나 위치 메모, 음성 메모 등의 앱이 이에 해당된다.

무지성에 대해서는 무지에서 탈피하도록 필요시마다 WiFi를 통한 인터넷 접속의 포털시스템 운영, 사내의 지식경영시스템의 실시간 운영 등을 통해 해소할 수 있다. 무능성에 대해서는 과거 재난과 환난 속에서 인간이 보여준 무능함은 새로운 기술의 도입으로 한결 해소되었다. 쓰나미 같은 재난을 미리 예측해 주는 각종 센서를 이용한 센서 네트워크시스템은 국제기구지원 등을 통해 이미 설치 · 가동 중이며, 각종 지진을 대비하여 지진조기경보시스템도 지진예상지역에서 가동 중에 있다. 그러나 주변상황 변화에 따른 재난을 미리 예측하거나 막아주는 것들은 아직까지도 초보적 단계이다. 이러한 재난이나 환난에 대처하기 위해 보다 많은 참신한 아이디어에서 발상되는 새로운 비즈니스 모델이 필요하다.

인간본성의 창의성에 대해서는 고객이 아픔을 더 많이 노출하게 되는, 다시 말해 새로운 아이디어를 근간으로 보다 많은 요구를 하고 있는 고객들에 우리는 적극 대응해야 한다. 소위 디지털 네이티브들의 사회 출현 및 참여는 창의성 기반의 고객만족을 더더욱 요구하고 있다. 디지털 네이티브들은 개방, 공유, 참여 그리고 혁신과 맞춤화를 강하게 요구하고 있다. 이들이 갖는 속성은 첫째, 선택의 자유, 표현의 자유와 같은 자유를 원한다는 것이고 둘째, 개인화, 맞춤화를 사랑하며, 셋째, 참여를 통해 새로운 감시를 하기를 원하며, 넷째, 기업의 성실성과 정직함을 나타내는 투명성을 중요하게 여긴다. 그리고 모든 면에서 게임과 같은 재미있는 엔터테인먼트를 원하며 서로의 협업, 나아가 관계를 중요시하며 원활하고 빠른 커뮤니케이션의 속도를 원하고 있고 혁신을 사랑하고 주도한다. 이러한 앞서 가며 해주기를 바라는 디지털 네이티브들의 요구를 우리는 적극 수용하며, 지금까지 있지 않았던 새로운 비즈니스 모델을 신세대인 디지털 네이티브를 향해 만들어 내야 한다. 이는 곧 디지털 네이티브만의 숙제가 아니라 전체 고객요구에 대한 숙제임을 알아야 한다.

또한 인간의 본성에 나타나는 지성과 감성에 대해서는 더 말할 나위 없이, 상응하는 전략이나 비즈니스 모델을 만들어야 한다. 우리는 하루 동안에도 수많은 크고 작은 의사결정을 한다. 과연 얼마나 새로운 비즈니스 모델이 이러한 의사결정들을 도와주고 있을까? 아직도 상당히 미미한 수준에 머물러 있다. 의사결정의 주체적 역할은 마다하고 지원적 역할도 충분히 못하고 있는 실정이다.

시간이 흐름에 따라 처음 욕구보다도 후자 단계의 욕구들이 더 강하게 요구되는 시대가 되었다. 다시 말해 기본적 욕구보다는, 자아실현이나 존경, 참여욕구가 커지는 시대적 요구가 강해진 것이다.

4.2 스마트시대 후에 올 인간본성 만족의 시대를 대비해야 한다

왜 아직까지도 많은 사람들은 스티브 잡스의 애플 제품에 대해 열광하고 있는 것일까? 그렇다면 왜 우리 제품이나 서비스에 대해 많은 고객이나 일반대중은 애플과 같은 열광이 없는가? 애플의 신모델을 사기 위해 전날 밤부터 텐트를 치고 놀면서 진을 치고 기다리는 대중은 왜 없는가? 한마디로, 애플은 상품이 아닌 스마트 이상의 인간본성을 만족하는 경험을 팔고 있는 것이다. 고객경험이라는 개념은 사실상 스타벅스에서 시작됐다. 불과 10센트 전후한 커피원료를 들여와 6달러나 10달러를 받고 팔 수 있는 것은 스마트를 넘어 인간본성에 호소하는 고객경험의 도움이 없었다면 불가능한 일이다. 우리는 이와 같이 스마트를 뛰어넘어 인간본성에 호소하는 새로운 고객경험을 통해 우리 제품의 매니아를 만들어야 한다. 우리는 우리의 로고를 보고 고객들의 심장이 더 크게 뛰게 만들어야 한다.

가령 어떤 회사가 새로운 제품을 내놓았다고 하자. 그 제품을 내놓을 때, 다른 어떤 유사 제품도 없었다. 또한 설계 면에서 보면 타깃고객은 분명했고, 고객의 생활패턴도 정확히 파악된 상태였다. 유명 연예인들도 등장시켜 마케팅도 확실히 했다. 그러나 시장에서의 이 제품의 인지는 원래 목표의 반도 못 미치는 정도였다고 판단되었다. 여기서 우리는 고객이 실제 인지하는 것과 우리가 믿는 것에는 큰 차이가 있다는 것을 알 수 있다. 따라서 새로운 개념이 필요함을 알게 된다. 감성, 개방, 공유, 융복합, 경계의 모호, 참여, 신세대 등과 같은 관점에 주목해야 한다. 다시 말해, 빅데이터시대의 고객과 상호교호적이며, 이해 · 학습, 나아가 요즘과 같은 싱글족이 많은 시대에서의 인간의 본성에 호소하는 어머니 같은 따뜻한 보살핌 등의 오감을 넘어 육감을 만족시키는 개념을 세워야 한다. 상품과 서비스의 차별화는 기술적으로는 비슷한 수준이 되었다. 이제 강한 브랜드 힘은 오감을 넘어 육감을 어떻게 처리하느냐에 따라 나오고 있다.

이러한 것을 풀어주기 위해 세 가지 개념을 세워볼 필요가 있다. 즉, 고객과의 공감대 형성, 고객대중의 지능, 기술의 컨버전스라는 개념이다. 이들 모두를 아우르는 개념으로 오픈 이노베이션(Open Innovation)을 생각할 수 있다. 오픈 이노베이션을 통해 새로운 생태계를 제시하는 비즈니스 모델 제공이 가능하게 될 수 있다. 왜 오픈 이노베이션이 필요한가? 고객의 인간본성의 호소와 고객아픔에 대한 대처이자, R&D비용의 지속적 상승과 기술 수명의 빠른 변화, 융복합의 가속화에 대응하기 위하여는 오직 IT, 소위 C&D(Connect & Development)를 활용한 오픈 이노베이션 개념을 적극 도입하는 것만이 답이다. 열렬한 우리의 팬을 형성하기 위해서 오픈 이노베이션을 활용한 새로운 생태계를 창조하는 것만이 새로운 감각의 트렌드를 형성하는 일일 것이다.

새로운 생태계는 소위 B2B, B2C, B2B2C로 구분될 수 있다. 첫째, B2B는 동종의 제품 및 서비스 기업들과 협약 컨소시엄을 형성하는 동종에서의 아이디어 및 기술의 교환이다. 이업종 간의 분야별 벽을 없앤 많은 퓨전의 세미나 등을 열어 접근할 수 있는 네트워크를 형성해야 한다. 둘째로는 B2C 오픈 이노베이션으로 우리 제품 mania day 등을 정해, 잘 짜여진 이벤트들을 행사하여야 하며, 과감하게 타 경쟁사제품의 열렬한 팬들을 초대하는 mania day를 만들어 경쟁사 제품의 고객팬들과 교류하고, 그들을 분석해야 한다. 셋째, B2B2C 오픈 이노베이션으로 우리 협력사들과 고객들의 공동미팅을 통해 고객의 아이디어나 느낌을 모두 공감하게 할 필요가 있다. 이 모든 것은 빅데이터 기반에서 수집 · 분석 · 정리되어 비즈니스 통찰력이나 새로운 모델을 얻게 되는 것이다.

기술을 넘어 인간본질을 만족시키는 차세대 스마트 설계에 관한 많은 연구가 절대적으로 필요하다. 기술적 발전의 한계에 간 스마트 기기의 부가가치를 더욱더 높이기 위해서는 인간의 본질과 육감에 접근이 가능해야 한다. 지금까지의 스마트 기기들은 인간이 철저하게 계획적이고 합리적이며 이성적 행동을 하는 것을 가정하여 만들어져 왔다. 그러나 인간의 본질은 그와는 아주 다르게, 때로는 아주 게으르고 나태하며, 쉽게 피곤해지고 감성적이며, 다른 사람으로부터 가르침을 받기를 싫어하고, 문제를 회피하려 하며, 스트레스로부터 도망가려 하고, 복잡한 것보다는 간단한 것을 찾으며, 자신이 스스로 결정하기보다는 대중의 흐름을 쫓아가기를 원하며, 기억하려고 노력하기보다는 습관에 끼워 맞추기를 좋아하고, 그와 동시에 나름대로의 재미를 찾아 나서기도 한다. 이것은 애플이 대반전할 수 있었던 계기가 되었던 iPod이 그전의 다른 MP3와 턱없이 다른 서클 모양의 지극히 간단한 사용자인터페이스(UI)를 통해 인간의 본질은 터치해 주었던 사실로부터 쉽게 이해할 수 있다.

예를 들어, 다음과 같은 연구를 통해 인간본질에 더 가까운 기기들을 구현할 수 있다. 첫째, 인간 입력 방식의 본질적 접근을 위한 6감 설계, 즉 고객의 오감을 넘어 육감까지를 만족시키는 제품 디자인이 필요하다. 인간의 오감이란 청각, 촉감, 시각, 미각, 후각으로, 이를 모두 만족시키는 제품의 디자인을 현재로서도 찾기 어렵지만, 나아가 느낌까지를 만족시키도록 하는 제품의 설계가 필요할 것이다. 한 예로, 냉장고 손잡이에 지문인지장치를 달아 터치에 따른 가족구성원 식별에 맞추어 통제되는 기능에서 더 나아가, 각 개인이 어떠한 느낌을 느끼게 할 것인가를 고려하는 냉장고를 만들어야 할 것이다.

둘째, 인간 감성에 호소하는 스트레스와 스마일관련 컴퓨팅 알고리즘을 개발한다. 즉 인간의 감성와 컴퓨팅기술의 가교로서, 실생활의 스트레스를 기기가 자동 인지한다든가 나아가 스마일과 같은 인간의 정신적 건강과 감정적 웰빙을 위한 플랫폼을 개발하는 것을 들 수 있다.

셋째, 편하고 간편하게 자신의 자서전 또는 자신을 주제로 한 오페라를 만들 수 없을까? 소셜네트워크를 통해 자신과 비슷한 사람들에 대한 전문가 의견을 반영하여 자기 자신의 일을 증강현실로 접하게 하여, 내가 아닌 전문가의 의견을 손쉽게 사용할 수 있는 세상을 만들 수도 있다. 나아가 존경하는 타인의 습관을 내 것으로 흡수하여 나의 자기존중을 높여주는 세상을 만들 수도 있다.

넷째, 사회 속에서의 인간관계 개선을 위한 처음 만나는 사람 친숙기술 개발도 가능할 것이다. 우리는 일상생활에서 줄곧 새로운 사람을 만나게 된다. 처음 만나 그 사람이 어떤 사람인가를 파악하기 위해 인터뷰, 정보 탐색전 성격의 대화시간이 필요하다. 미리 다양한 소스로부터 사전 지식과 정보를 갖추고 새로운 만남에 임하게 된다면 어떨까? 쉽게 통찰력과 영감을 얻고 인간관계를 효과적으로 맺기 위해 외부의 다양한 정보와 서비스들을 우리의 삶으로 부담 없이 끌어들일 수 있을 것이다.

다섯째, 인간의 오류를 자동 수정해주는 자동 수정 및 예측 앱 개발이다. 우리는 온라인 주문을 위한 값 입력 시에 각별히 신경을 쓰게 된다. 그러나 유감스럽게도 주문 품목이 틀리거나, 수량을 잘못 입력한다거나, 판매자의 의도를 잘못 파악하는 오류를 종종 저지르게 된다. 더구나 이러한 오류를 상당 시간이 지난 이후에야 인지할 수 있기 때문에 더욱더 문제가 커지게 되는 경험을 하곤 한다. 소프트웨어 에러 수정으로부터 아이디어를 얻어와 개인의 온라인 문서, 주문 등의 기입 오류를 자동으로 유지 · 관리 · 수정하는 온라인 개인 에이전트를 개발할 필요가 있다. 또한 빅데이터 시대의 네트워크 상호공용 데이터를 이용하여 각 개인의 행동양식을 예견하고 추천하는 세상을 열어야 한다.

마지막으로, 인간의 본성 중에 가장 보편적으로 갖고 있는 공통성향은 돈이 있고 없는 것을 떠나 두말할 나위 없이 절약일 것이다. 주된 예로, 우리는 스마트폰 기기 자체가 갖고 있는 잠재적 부가가치를 충분히 활용하지 못하고 있다. 더더욱 대부분의 중고 스마트폰이 가정 내에서 폐품화되어 방치되는 실정이다. 따라서 가정 내에서 Wi-Fi 인프라 위에, 다양한 가전기기들을 중고 스마트폰과 연결하여 가정 내에서의 게임화와 가정기기 지능화를 만들어 주는 노력이 필요할 수도 있다. 세계최고의 경매사이트 이베이(eBay)의 베스트셀러 『Future Shop』에서 "우리는 아직 태평양 바다에 반 인치 정도밖에 발을 담그지 못했다"라는 표현이 나온다. 이베이가 다루는 제품은 당연히 경매 특성상 주로 중고시장 물품인데, 새로운 창의적 비즈니스 모델 개발에 따라서 그 시장은 무궁무진할 것으로 예측된다. 나아가 이베이는 특정 회사가 자사 제품을 판매한 뒤, 그 중고품에 대해 관심을 끊는 것은 마치 미래의 자사 신제품과의 연결을 끊는 것이라는 점을 강조하고 있다. 구찌(Gucci)의 경우에는 심지어 짝퉁 구찌 제품의 수선을 맡겼을 때 이를 진품으로 착각해서 고쳐주는 사례도 있다고 한다. 이는 스스로 자사의 제품을 부정하는 꼴이다. 자사 중고제품에 대한 시장을 관찰하는 것은 신제품 판매에 꼭 필요한 활동임을 깨달아야 한다. 즉, 신제품의 판매를 넓히기 위해 역설적으로 자사와 경쟁사의 중고제품에 대해 보다 더 많은 관심을 가져야만 한다.

한국 내에서는 새로운 스마트폰들의 빈번한 출시에 따라 자주 단말기를 바꾸는 많은 사람들이 있고, 이로 인해 많은 중고 스마트폰이 갖고 있는 잠재적 부가가치에 비해 활용되지 못하고 가정에 방치되어 있다. 현재의 중고 스마트폰의 활용 방식은 주로 알람시계, 내비게이션 등으로, 이는 고가의 스마트폰 기기의 잠재적 가치에 비해 지나치게 낮은 수준이다. 종종 대리점에서 이를 구매하는 경우도 있으나, 각종 개인정보를 포함하고 있는 스마트폰의 특성상 중고 거래의 위험성 또한 높은 실정이다. 따라서 새로운 시각에서의 가정 내 중고 스마트폰 재활용 기반의 새로운 비즈니스 모델 개발이 필요하다.

예로, 집안의 기존 시스템 기기들과 중고 스마트폰의 가족 인터페이스 관련 개발이 이루어질 수 있다. 다시 말해, 기존 가전기기와 스마트폰 간의 인터페이스 어댑터 개발이 필요하다. 또한 기존에 사용되고 있는 전력선을 통신성으로 사용할 수 있는 기술을 통해 기기의 활용을 확대할 수 있다. 나아가, 가족구성원들의 습관에 기반한 습관 기반 행위인식 컴퓨팅 개발도 이루어질 수 있다. 집안에서 습관적으로 일어나게 되는 행위를 각 위치에 고정된 중고 스마트폰들이 감지하고, 이를 서로 다른 스마트폰들이나 타 기기에 연결하여 가정 내 가전기기의 규칙 기반(rule-based) 작동을 가능하게 하는 개발이 될 수 있다.

특히 독거자, 고령자, 어린이들이 평소의 습관에서 벗어난 이상행동을 보일 시 그 징후를 관계된 개체들과 연결시키는 비즈니스 모델을 개발할 수 있다. 또 나아가, 카메라 정보 공유시스템도 개발될 수 있는데, 집안의 중앙 위치의 TV와 중고 스마트폰을 연결시킨다면 어떨까? 앱 등을 통해 스마트폰의 카메라기능과 TV가 연결되고 이를 가족들과 공유하게 되면 어떻게 될까? 더욱이 카메라 정보를 바탕으로 이를 자동 편집하여 가정 내의 상황을 마치 드라마같이 보여주면 어떨까? 궁극적으로 이것을 확장해 소셜인터페이스 또는 원격가족통신으로 발전시키면 어떨까? 다시금 소셜TV의 개념을 정의하고 이에 대한 새로운 비즈니스를 창출할 수 있을 것이다.

결론적으로, 절약하려는 인간의 본성을 새로운 각도에서 조명한다면 새로운 도구를 갖고 있는 지금의 시대에 해야 할 일은 너무도 많은 것이다.

4.3 내가 주체인 맞춤의 시대(Me World)의 개개 고객이 만족할 세상을 열어라

디지털 세상이 본격화되기 전에도 사실상 고객 맞춤을 하기 위한 많은 노력이 있어 왔다. 매스커스터메이제이션, 즉 대량 고객 맞춤화가 그 일환이었고, 또한 마케팅 관점에서 보면 고객 세분화인 고객 세그멘테이션도 고객 맞춤을 위한 노력이었다.

TED 발표에서 『Blink』의 저자인 맬콤 그래드 웰(Malcolm Gladwell)은 '선택 · 행복 · 스파게티 소스' 라는 타이틀로 '보편적 서비스' 에서 '맞춤식 서비스' 에 대해 이야기한 적이 있다.

1970년대 펩시는 다이어트펩시에 대해 고민한 적이 있는데, 이는 첨가물인 '아스파탐' 을 몇 퍼센트 넣는가의 문제였다. 8~12%가 적정함유량이기는 한데, 8%는 너무 싱겁고 12%는 지나치게 너무 달아 이에 대해 고객들에 대한 선호도 조사를 0.2% 간격으로 구분해서 큰 규모로 수행하였다. 설계 시에는 대량 선호도 조사 후 벨모양의 선호도 분포를 얻어 제일 높은 빈도수가 나오는 퍼센트를 함유량으로 하려고 한 고객선호조사였다. 그러나 8~12%에 걸친 분포는 어디에 모여서 높게 나오는 벨모양의 분포가 아니라 아주 흩어져 나오는 분포였다. 이에 이 흩어져 나오는 분포를 기반으로, 펩시는 균일 가중치를 주어 10%를 채택하게 됐다고 한다. 과연 흩어져 나오는 분포가 균일분포라고 생각하여 중간값인 10%를 채택하는 것은 옳은 일일까? 이는 많은 고객을 잃는 결정이었다.

의사결정에서 가장 나쁜 것은 눈에 보이는 대안들만을 놓고 거기서 고르는 것이다. 거기에는 어느 면으로도 창의성을 발견할 수 없다. 이에 관한 다른 예로 캠블의 '프레고' 브랜드 스파게티 소스 사례를 살펴보자. 오래전부터 스파게티 소스의 최강자는 '라고' 브랜드였다. 캠블은 어찌됐든 자사 브랜드인 '프레고' 로 '라고' 를 누르고 최강자가 되고 싶었다. 연구 결과 스파게티 누들(noodle) 위에 두 소스를 각각 뿌리면 라고 소스는 잘 흘러서 그릇 밑에 모이는 반면, 프레고 소스는 누들 위에 많은 덩어리가 남게 되는 것을 알게 되었다. 그때까지만 해도 스파게티 소스는 그릇의 누들 위에서 아래까지 잘 흐르고 스며드는 것을 최상으로 받아들이는 것이 보편적 지식이었다.

캠블은 프레고 소스를 45종류 만들고 각 도시마다 방문하여 고객조사를 실시한 후 45종류 중 하나를 선택한 것이 아니라, 3개의 고객군으로 나누어 고객군들에 대한 다양성을 부여해 주었다. 즉, 단조로운 맛을 좋아하는 고객군, 강한 양념을 좋아하는 고객군, 과육덩어리를 좋아하는 고객군으로 나누어 각각에 대한 소스를 제시하였던 것이다. 그 결과 10년간 60억 달러라는 놀라운 성과를 올릴 수 있었다. 이러한 보편성에서 다양성으로의 전환은 스파게티 소스에 국한하지 않고 7종의 식초, 14종의 머스터드, 71종의 올리브유 등을 낳게 했고, 경쟁사였던 라고 역시 이 다양화전략을 후에 수용하여 36종의 라고 소스를 판매하기에 이르렀다.

커피 기호조사에서 여러 커피들에 대한 고객선호를 한 가지로 종합하면 60% 정도의 만족을 낳는 반면, 이를 구분하여 선호조사를 하고 각각 차별화된 커피군에 대한 선호도를 종합하면 79%로 만족이 높아질 수 있는 것을 우리는 쉽게 이해할 수 있다. 우리는 고객들에게 보편성이 아닌 다양성을 안겨주어야 한다. 지난 오랜 시간 동안 보편성 위주의 관습에 젖은 고객들은 자신의 독특한 선호가 있었음에도 불구하고 무시되어 왔고, 또한 고객들도 무시당하는 것을 당연시했다. 프레고의 경우에서 볼 수 있듯이 그동안 1/3 정도의 다른 군들은 무시되어 왔다. 즉, 마음은 혀가 원하는 것을 모른다고나 할까? 고객이 아픔을 호소하기 전에 그들이 지금의 관습에 젖어 있어 알지 못하는 것을 우리는 새로운 디지털 비즈니스 모델을 제시하여, 과거의 보편적 시대에 있던 고객들을 다양성시대, 맞춤화의 시대로 이끌어내야 한다. 그 길이 고객에게 행복을 주는 길이다. 이것은 모스로가 이야기한 기본욕구로부터의 고객행복이 아니라, 최상층 욕구인 다양성 기반의 자기실현을 통한 고객행복을 이루는 길이기도 하다.

이제 새로운 디지털시대에서 보다 적극적으로 개별고객의 요구를 만족시켜 줄 수 있는 방안에 대해 살펴보자. 모스로가 제시한 최상의 고객욕구인 자아표현의 욕구는 디지털 관점에서 보면, 나만의 세상, 즉 '미월드(Me

World)'를 요구하고 있는 것이다. 나를 위해 세상의 모든 것이 존재하는 그러한 세상을 고객들은 궁극적으로 요구하고 있다.

내가 주체인 맞춤의 시대를 여는 가장 기본적인 인프라는 무엇보다도 초연결시대의 인프라이다. 이제 인터넷 등의 네트워크와 각종 센서들을 통해 실시간으로 돌아가는 초연결시대를 우리는 벌써 맞이하고 있다. 기업이 미리 고객요구를 앞서 맞추어 주는 것 또는 고객이 직접 기업에게 맞추어 달라고 요구하는 이 모든 것이 초연결 인프라에서의 소통으로 가능해졌다. 구세대에 반하여 소위 디지털 네이티브세대는 이러한 초연결 인프라상에서 그들의 맞춤에 대한 의사소통을 강하게 요구하고 있다. 그들의 생각은 이미 소유에서 접속으로 바뀌었다. 과거 서점에 가서 책을 구매하던 시대로부터, 아무리 특수한 책이라도 쉽게 더 싼값으로 전자북을 이용하여 자기가 원하는 시간에 어느 곳에서든지 보기를 원하는 고객들이 많이 나타나게 되었다.

특히 요즈음 젊은 세대들은 부동산의 구매보다는 활용에 더 높은 가중치를 두어 전세나 월세를 선호하는 경향도 이를 반영하고 있다고 볼 수 있다. 소유에서 접속으로의 장점은 무엇보다도 고객들이 항상 최근에 업데이트된 정보나 콘텐츠를 접할 수 있다는 것이다. 그들은 최신의 정보와 콘텐츠를 요구하고 있는 것이다.

고객이 내가 주체인 맞춤을 이끌어내기 위해서는 모든 이해관계 조직들 간의 벽이 없는 사회를 만들어야만 한다. 과거같이 각 조직들이 하나하나의 고립된 점으로 존재하고, 각 점들이 단지 자신의 효율성을 내세운다면 하나의 통합된 개체의 모양으로 고객을 대할 수는 없다. 이것이 바로 개체 간의 벽이 없는 '총체적 통합(interoperability)'인 것이다. 그러나 총체적 통합은 각 개체들이 이해관계에 사로잡혀 자신의 이해만을 고집하고 있어 실제로는 어려운 경우가 많다. 이를 극복하기 위해서는 총체적 통합이 일어나게 상생의 정신으로 협업적 관리가 가능하게 하는 거버넌스가 필요하

그림 4-1 | 초연결세대의 소통연계도

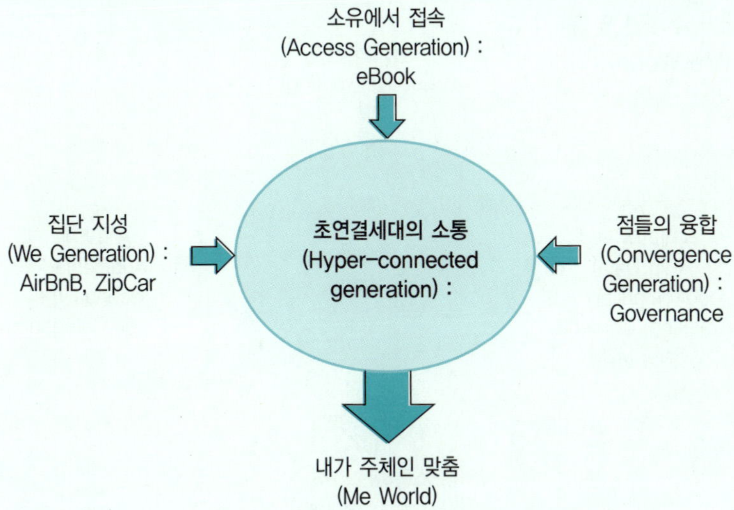

다. 누가, 언제, 무엇을, 어떻게 관리하여 한 방향으로 가겠는가를 거버넌스 체계가 감당해야만 한다.

또한 모든 개체들이나 고객들을 참여케 하여 시너지효과를 극대화하는 공동체로서의 참여세대를 정의하고 이에 합당한 동기부여의 아이디어를 모색할 때 고객 맞춤의 시대를 열 수 있다. 예를 들면, 호텔이나 모텔 같은 숙박업을 각각의 전문개체들만이 제공하는 것이 아니라 일반 가정집들이 자기네 집의 여유기간을 숙박을 필요로 하는 고객들에게 제공하는 '에어비엔비(AirBnB)' 나, 자동차렌트를 기존 렌탈카업체만이 하는 것이 아니라 '집 카(ZipCar)' 같이 정해진 기간의 렌탈과 같은 정형적 형식의 렌탈에서 탈피하여 아무 때나 필요한 곳에서 필요한 만큼 자유롭게 빌려 쓸 수 있는 누구나의 카대여가 관련 사례가 될 수 있다. 다시 말해 우리 공동체적 세대는 서로가 참여할 수 있고 그를 통해 서로가 이득이 되는 세대를 통하여, 고객 맞춤의 시대인 Me World를 열 수 있는 것이다.

그림 4-2 | 내가 주체인 맞춤의 플랫폼

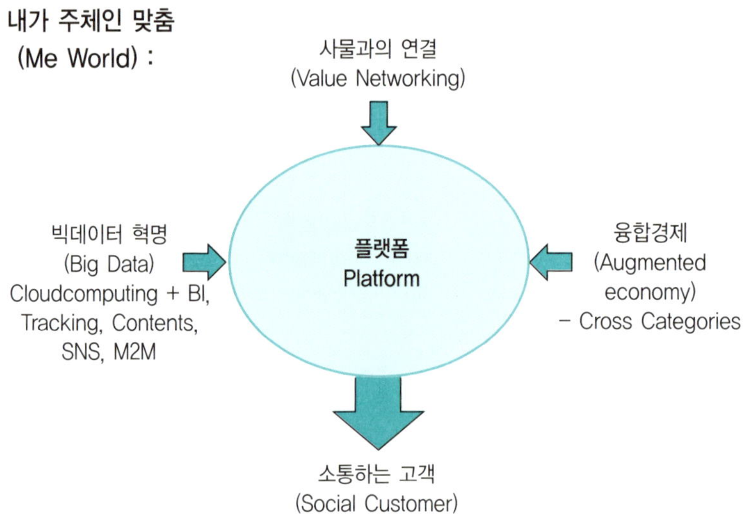

이러한 내가 주체인 맞춤의 Me World에서의 고객은 지금까지의 고객과는 사뭇 다른, 이웃과 연결된 소셜이 강조되는 고객이라고 생각된다. 이 소셜고객들은 초연결사회에서의 플랫폼이라는 공통의 인프라가 있어야 한다. 이 플랫폼을 통해 고객들은 그들의 선호에 따른 맞춤을 통해 보다 높은 부가가치를 얻게 된다.

플랫폼이 왕성히 작동되기 위해서는 첫째, 각종 사물과 연결되어 있어야 하며, 둘째, 각종 데이터나 정보들과 연결되어 있어야 하고, 나아가 비즈니스 카테고리를 넘는 융합 비즈니스와 연결되어 있어야 한다. 각종 사물과 연결하는 사물인터넷(IOT : Internet Of Things)이나 만물인터넷(IOE : Internet Of Everything), 데이터나 정보의 급속한 팽창에 경제적 대응을 할 클라우드컴퓨팅이나 소셜네트워크, 기계 대 기계(M2M : Machine to Machine), 그리고 나아가 빅데이터를 통해 고객은 각종 의사결정을 빠른 시간에 정확히 할 수 있게 됨으로써 Me World를 만들어 낼 수 있다. 그리고 기존 카테고리를 넘어 탈카테고리를 구현하여 서로 다른 영역의 카테고리와 융합을 함으로써 단절되었던 비즈니스들이 고객의 선호에 맞추어 재결합과 융합을 하여 적극적으로 맞춤이 되게 할 수 있다. 결론적으로, 이러한 제요인들이 플랫폼을 통해 고객에게 전달되어 고객이 요구하는 맞춤서비스를 할 수 있는 것이다.

내가 주체가 되는 Me World가 우리가 궁극적으로 다가갈 시대이다. 이 시대의 달성을 위해 우리의 새로운 디지털 비즈니스 모델들을 탄생시켜 나아가야 한다.

Chapter 05

창의적 비즈니스 모델 창출

5.1 우리는 고객만족, 고객감동만을 통해 진정 고객의 가치를 높일 수 있는가?

5.2 고객아픔이 내 아픔일 때 창의적 비즈니스 모델은 탄생한다

5.3 새 시대 고객이 미처 아픔을 감지 못할 때라도, 우리는 미리 감지할 수 있어야 한다

Chapter 05

창의적 비즈니스 모델 창출

5.1 우리는 고객만족, 고객감동만을 통해 진정 고객의 가치를 높일 수 있는가?

비즈니스 세상에서는 고객만족을 극대화하기 위해 많은 구호를 만들어 낸다. 예를 들면, 고객만족, 고객감동, 고객환희, 아마도 정도를 더하면 고객파괴까지……. 그러나 고객파괴는 곤란하다. 고객이 파괴되면 돈을 받기 어려우니까. 이러한 구호의 최상급은 무엇일까? 이는 화천군에서 감성마을을 이끌고 있는 이외수 작가 이야기로부터 힌트를 얻을 수 있다. 즉 감성에 호소하여, 상대방의 아픔이 내 아픔이라고 생각할 때 적극적으로 상대방의 만족을 느끼게 할 수 있는 것이다.

1년여 전에 중앙지 기사에서, 어떤 서울대 내과의사가 폐렴 전공인 원로교수의 이야기를 한 적이 있다. 이 폐렴 전공 원로교수가 잘 처방을 했음에도 환자가 약을 먹은 후 배가 너무 부푼다든지 소화가 안 된다든지 등의 증상을 호소했다고 한다. 이에 이 교수는 자기가 직접 아픔을 공유해 보겠다는 생각으로 스스로를 폐렴에 걸리게 해서 약을 복용하는 체험을 했다고 한다. 글을 기고한 교수는 이 원로교수를 진정한 명의라고 했다. 지금까지의 비즈니스에서 고객의 아픔이 곧 우리의 아픔이라고 느낀 기업은 얼마나 될까? 지금까지의 '고객감동', '고객만족' 등의 구호는 공급자인 기업이 스스로 고객을 향해 만들어낸 개념이라 할 수 있다.

세계적인 기업 CISCO는 '고객이 성공할 때까지' 라는 구호를 쓴다. 기업을 상대하고 있는 CISCO 입장에서는 당연한 구호이기도 하다. 그러나 '고객이 성공할 때까지' 라는 구호는 너무 많은 인자들이 결부되어 있는 감이 있다. 기업은 고객(기업)의 성공에 얼마나 큰 영향을 미치고 있는가를 재삼 생각해야 한다. 주지하다시피, 창의력을 얻기 위해서는 기업이 낮은 위치에 있어야 한다. 즉 고객을 적극적으로 이해하는 것이 무엇보다 중요한데, 이는 영어의 'under-stand', 즉 낮게 위치할 때 고객을 이해할 수 있으며 이러할 때 창의력을 갖출 수 있다. 이러한 낮은 위치를 표현하는 구호가 바로 '고객의 아픔을 나의 아픔이라고 느끼는 것' 이다. 기업은 제품과 서비스의 생산에서 너무 자기 위주의 사고로, 이렇게 하면 고객이 만족을 느끼겠지, 고객이 가치를 느끼겠지, 고객이 감동하겠지 하는 생각에 젖어 있다.

과연 고객의 가치란 무엇인가? 고객의 가치는 시간에 따라 변한다. 우선 가치는 효과 대비 비용이라고 생각할 수 있다. 즉, 가치=효용-투자이다. 세상이 어떻게 바뀌었는가 유선전화기를 예로 들어 살펴보자. 요즈음 백화점에서 유선전화기의 평균가격은 3만 5,000원 정도이고 이 유선전화기를 사서 설치 · 사용하는 데 이르기까지 어떠한 고민도 없이 잘 활용할 수 있다. 유선전화기를 사서 누가 설치방법을 알기 위하여 사용설명서를 뒤적이겠는가? 또, 유선전화기로 전화를 거는 방법을 알기 위하여 사용설명서를 읽겠는가? 설치도 바로, 사용도 바로 이루어진다. 다시 말해 값도 싸고, 투자하는 노력이나 시간 모든 것을 최소화할 수 있다. 그러나 요즈음의 무선전화기를 사면 어떠한가? 일단 값도 유선전화기에 비해 무척 비싸다.

다시 말해 투자비용이나 투자노력, 투자시간이 유선전화기에 비해 엄청 많이 든다. 앞의 가치=효용-투자라는 관점에서 무선전화기에 대한 가치를 증대하기 위해서는 더욱더 많은 효용을 얻어내야 가치증대가 되었다고 볼 수 있다. 그러면 무선전화시대의 효용은 어디서부터 오는가? 한마디로 유선전화기 대비 보다 많은 다양성을 고객에게 주어야 한다. 즉, 고객가치 증대는 새로운 시대에서는 고객에 대한 다양성의 제공이라고 볼 수 있다. 고객의 기호에 따라 얼마나 유연하게 다양성을 제공하느냐가 관건인 시대에 우리는 살고 있다. 다양성의 아이디어는 어디서 오는가? 두말할 것 없이 고객의 아픔에서 아이디어가 발생되는 것이다. 그러나 고객의 아픔을 피상적으로만 생각할 때, 다른 기업이 생각하는 것과 무슨 차별이 있겠는가? 내 아픔이라고 적극적으로 대처할 때, 본질적이고 창의적인 아이디어가 나온다. 가령 예로 우리나라는 정보기술이 잘 발달되어 있는 나라 중에 하나인데, 특히 전자정부수준은 UN 발표에 의하면 4년 연속 1위를 하고 있다. 그러면 과연 어떤 것이 잘되어 있는가를 시민에게 물으면, 주민등록초본 등을 동사무소(현재는 주민센터)에 가지 않고 집에서도 뽑을 수 있다고 말한다. 여기까지가 피상적으로 바라본 전자정부인 것이다.

진정 시민의 아픔은 무엇인가? 본질적으로 동사무소 대신 집에서 프린트를 하는 것이 중요한 것이 아니라, 주민등록초본 제출 자체를 여러 프로세스에서 없애는 것이 아닐까? 어떡하면 주민등록초본 제출을 필요 없게 만들 수 있을까? 당연히 유관기관들이 벽을 없애고 정보공유를 하면 된다. 이것이 진정 시민의 불편함, 즉 아픔을 없애는 길인 것이다. 우리 정부도 이에 착안하여 부처 간 벽을 없애기 시작했고, 현재 상당부분 많은 공공기관들은 제출을 하지 않아도 되게 만들었다. 여기서 우리는 고객의 접점, 소위 'Moment of truth'에 대해 관심을 두어야 한다고 생각한다. 우리는 그동안 BPR(Business Process Reengineering)을 통해 많은 비효율과 중복성 등을 고려해서 우리 비즈니스 프로세스를 정비해 왔다.

그러나 이러한 낭비와 중복 등을 제거하고 극도로 효율 높은 프로세스를 만든 결과, 현재 조직 자체의 효율은 높아졌지만 고객으로부터 멀어져 가고 있음을 상기해야 한다. 예를 들면, 과거 저자가 체험했던 전화국에서의 일을 생각해보자. 15여 년 전 서초동에서 살다가 서초동 내 다른 아파트로 이사를 하게 되었는데, 서초구 내라서 이사 후 같은 전화번호를 쓸 수 있기를 원해 출근길에 서초전화국에 들른 적이 있다. 먼저 안내데스크에 가서 사정을 이야기하니 2번 창구(해지)에 가라고 해서 2번 창구에 가서 사정 이야기를 했다. 그랬더니 아무리 서초구 내라도 네트워크가 다르니 전화번호 변경을 해야 한다고 하면서, 자동으로 프린트해 나온 해지 계약서에 서명을 하라고 했다. 그 후 마지막 창구인 금전출납창구에 가서 10여 년 전에 예치했던 15만 원을 되돌려 받으라고 했다. 아침에 돈을 되돌려 받는다고 하니, 무슨 공돈이 생긴 것 같아 기분이 좋았다. 금전출납창구에 가 서너 명 차례를 기다린 후에 2번 창구의 용지를 보이니까 15만 원을 건네주면서 1번 창구(신규)에 가라고 했다. 1번 창구에 가니까, 1번 창구 사무원은 아까 2번 창구에서 이야기한 내용을 옆에서 다 들은 바 있어 아무 질문도 하지 않고, 방금 금전출납창구에서 받은 돈 15만 원에 3만 원을 보태어 자기가 새로 만든 신규계약서에 사인을 하고 갖다 내라고 했다. 다시 금전수납창구에 가보니 아침시간이 좀 지나서인지, 기다리는 줄이 길게 형성되어 있었다. 아마도 각 창구를 관리하고 있는 뒤에 앉아 있는 전화국장은 이때 지극히 만족스러운 표정을 짓고 있었을 것이다. 모든 창구가 쉬지 않고 돌아가는 프로세스를 보면서…… 나 같은 사람이 여기저기서 재등장하면서…….

이 프로세스에서 많은 고객접점을 형성했고, 접점마다 고객의 아픔과 불만이 있음을 주시해야 한다. 만일 그날 전화국장이 고객접점을 더 만든다고 문가에 서서, 어깨에 고객만족이라는 표어를 걸치고 나에게 '오늘 서비스가 어떻습니까' 라고 묻는다면 과연 나는 무어라 했을까? 기업은 조직 자체의 업무흐름을 기초로 프로세스를 리엔지니어링하고 있는 것이다. 프로세스를 리엔지니어링하는 것은 고객과는 하등 관계가 없다. 오히려 프로세스를 재정비하면 할수록, 역설적으로 고객은 기업으로부터 멀어지는 것이다. 이제 기업은 고객행태의 프로세스를 먼저 생각하고 거기에 업무 프로세스를 연결해야 한다. 제조업이나 서비스업 등 두 서로 다른 관점의 프로세스의 중복 차이는 있을지언정, 진정 이 두 프로세스를 연결해야 한다.

그리고 이 연결된 프로세스에서 고객의 접점(MOT)을 정의하여, 이에 대해 고객으로부터 경청해야 한다. 이것이 진정 고객의 아픔을 들을 수 있게 하는 방법일 것이다. 앞으로 훌륭한 관리자는 프로세스 전체를 관리할 필요 없이, 바로 이 고객의 접점관리만 하면 최적의 상태로 고객만족을 하며, 전체 프로세스를 관리한다고 할 수 있다.

새로운 시대는 많은 새로운 기술의 출현으로 이제와는 무척 다른 고객 아픔 대처방법을 제시하고 있다. 앞으로는 BPR보다는 벽을 없애고 통합의 관점에서 어떻게 기술을 이용하여 총체적 통합(interoperability)을 구현할까가 무척 중요한 때가 되었다. 고객의 아픔을 근원적으로 풀어주기 위해서는 소위 고객을 위한 세상, 즉 Me World를 만들어 주는 것이 필요한데 이것이 바로 총체적 통합인 것이다. 공급자 위주의 관점에서 시작한 직선적 · 수평적 흐름을 고객이 중심에 있는 고객중심의 원형화 흐름이 되도록 바꾸어 주어야 한다. 마이클 포터가 『경쟁우위』 책에서 제시한 가치체인은 기업 내에서의 흐름을 직선적으로 구성하고, 한 태스크에서 다른 태스크로 넘어갈 때 어떻게 하면 부가가치가 높아지겠는가를 보여주었다. 또한 그는 경쟁우위를 위해서는 원가우위, 차별화, 집중화가 이러한 직선적 조직 내의 가치제안을 통해 이루어야 한다고 강조하고 있다.

그러나 우리가 살고 있는 세상은 지금 무한히 많은 연결을 갖고 있는 연결경제이다. 조직 내의 연결은 물론 조직 외 연결이 더 많은 세상에 우리는 살고 있다. 우리 조직원이 우리 조직을 위해서만 일을 하고 있다고 볼 수 없는 세상에서 우리는 벽 없는 네트워크를 통하여 총체화를 이루어야 하는 것이다. 한 예로, 과거 우리는 연말정산이나 종합소득신고를 하기 위하여 1년간 일어난 거래에 대한 영수증들을 모아야만 했던 때가 있었다. 시민으로서 상당히 불편한 아픔이 있었다. 그러나 이제는 벽이 없는 사회를 통해 개개인의 모든 자료가 국세청에 종합되고, 개개인이 단지 확인만 하면 모든 것이 처리되게 바뀌었다. 이것이 바로 조직을 뛰어넘어 조직 간의 벽을 없앰으로써 근원적으로 고객의 아픔을 없애는 총체적 통합의 결과인 것이다.

원래 인간은 합리적 · 경제적 활동을 하는 존재로, 적은 노력으로 최선의 결과를 기대하고 있다. 다시 말해 게으르고 나태하면서 좋은 결과는 바라는 존재인 것이다. 이를 위해서는 더 많은 벽이 없는 조직들 간의 소통이 필요하다. 조직 간에 벽이 존재하면 고객은 일일이 각 조직을 방문해야만 한다. 그러나 조직들 간에 원활한 소통이 일어나면, 이를 기반으로 고객은 한 곳만의 방문으로 모든 서비스를 받을 수 있는 것이다. 다시 말하면 고객감동이나 고객만족은 우리 조직 내의 어떤 특정 태스크를 조정하면 할 수 있으나, 고객아픔을 근원적으로 해소하기 위해서는 벽을 없애고 조직 간의 소통을 해야만 한다.

그러나 고객들은 과거 수십 년간 각종 규제나 제약의 세상에서 살아왔기 때문에 고객 자신의 불편함, 즉 아픔을 모르는 경우가 많다. 우리는 각종 규제나 제약상황이 바뀐 환경의 새로운 시대에 이러한 고객이 미처 깨닫지 못하는 고객의 아픔을 미리 감지하고 풀어주어야 한다. 우리가 사는 세상은 소위 시간과 공간의 제약을 초월한 세상이 되었다. 그러나 고객은 여전히 아직도 시간 · 공간적 제약을 당연한 것으로 받아들인다. 세상이 바뀐 것을 고객에게 일깨워 주어야 한다. 예로, 은행업을 생각해보자. 원래 은행업은 시간과 공간의 제약을 최대한 이용한 업종이라고 볼 수 있다. 어디에 돈을 갖고 있는 사람이 있는지, 누가 지금 당장 돈을 필요로 하고 있는지, 누구는 돈을 갖고 있되 지금은 당장 돈을 필요로 하지 않는 사람인지 등의 시간적 · 공간적 제약으로 인한 고객의 정보 무지를 이용하여 그에 대한 거래수수료를 갖고자 하는 업종이 은행업이라고 할 수 있다. 그러나 디지털 세상이 가속화되어 이 모든 제약이 열리게 되면 어떻게 향후 시공이 초월한 세상에서 돈을 벌 수 있을까? 이는 은행업의 커다란 숙제로 남게 될 것이다.

가령, 예로 자동차회사를 들어보자. 자동차회사는 많은 부품회사들로부터 부품을 공급받는다. 1차 벤더는 2차 벤더에게 부품을 납품하고 부품대금 대신에 어음을 받고 있다. 당장 돈이 필요한 1차 벤더는 이 어음을 은행을 통해 할인료를 내고 삭감된 대금을 받고 있다. 이러한 어음할인현상은 2차 벤더에서 3차 벤더, 3차 벤더에서 마지막 자동차회사에서도 일어난다. 더욱이 완성차를 사는 고객은 목돈이 없는 경우 캐피털 등의 금융회사를 통해 할부금융을 받게 된다. 자세히 보면, 한마디로 정보공유가 서로간 일어나지 못함으로 인해 단계마다 금융비용을 지불하고 있는 셈이다. 선진 자동차회사들은 이러한 불필요한 금융비용을 줄이기 위해 자체의 금융회사를 갖게 되었다. 대표적인 예로 GM은 자체 금융회사 GMAC를 세웠는데, 요즈음 GM보다 GMAC가 더 잘 나가고 있다. BMW 등 많은 자동차회사들이 자체 금융회사를 갖게 되는 것도 이에 기인한다고 생각된다. 이러한 일은 정보가 순방향, 다시 말해 공급자 위주의 흐름에서 기인하는 것으로 정보흐름을 고객에서의 역방향으로 흐르게 하면 금융비용을 절감할 수 있는 것이다. 비용절감으로 상품가격을 낮추는 것만큼 고객의 아픔을 해소하는 것은 없을 것이다.

정리하면, 공급자 중심적 발상인 고객만족 · 고객감동을 떠나 이제 고객의 아픔을 내 아픔으로 인식할 수 있는 노력과 체제정비를 하여야 할 것이다. 원래 기업의 첫자인 기(企)는 사람이 길을 가다 서 있는 것을 형상화한 글자로 정확한 운은 '발을 돋아 바라볼 기' 인데, 이는 요즈음 말로 '비전'을 의미한다고 본다. 즉, 기업이 비전을 업으로 하는 존재인 것을 우리 선인들은 벌써 이전에 알았던 것은 아닐까? 그 비전 구상의 시작은 당연히 고객의 아픔인 것을 우리는 알아야 한다. 고객의 아픔을 진정 내 아픔으로 할 때 우리는 고객에게 보다 큰 만족을 줄 수 있는 것이다.

5.2 고객아픔이 내 아픔일 때 창의적 비즈니스 모델은 탄생한다

때때로 우리는 새로운 비즈니스 모델을 구축하기 위한 노력에도 불구하고 더 이상 새로운 아이디어가 안 나오는 경우가 많이 있다. 그때 어떻게 해야 될까? 앞서 새로운 시대의 본질을 새로운 비즈니스 모델을 만드는 관점에서 활용하라고 했는데, 이는 새로운 시대를 일컫는 '네트워크' 시대, '정보공유' 시대, '상생' 시대, '열린' 시대, '디지털' 시대 등의 형용사 어귀를 새로운 비즈니스 모델을 구상하기 위한 비빌 수 있는 언덕으로 활용하라는 이야기이다.

이러한 구상 시작 관점을 총괄할 수 있는 대표적인 언덕이 바로 '고객아픔을 내 아픔으로 하라' 인 것이다. 고객아픔을 내 아픔으로 한다는 것은 그동안 공급자가 고자세로 '고객 너의 아픔은 고객 너 자신의 아픔일 뿐, 내 아픔은 아니다' 라고 하는 것에서 자세를 낮추고 겸허한 자세를 갖는 것을 의미한다. 창의적 아이디어를 내기 위한 첫 조건은 자신을 낮추는 것이라고 현명한 사람들은 지적한다. "왜 바다가 물의 왕인가"라는 질문에 보통 사람들은 "세상 어떤 물보다 가장 넓고, 가장 깊기 때문이다"라고 대답하지만, 진정한 답은 이 세상 어떤 물의 위치보다 가장 낮기 때문에 위대한 바다가 되었음을 알아야 한다는 중국고사가 있다. 낮은 위치에 마음과 생각이 있을 때 차별화된 창조적 위대한 아이디어가 나오게 되는 것이다.

예를 들면, 전자상거래에 있어서 그동안 많은 온라인 사이트들은 상품을 팔 때 가격경쟁을 탈피하기 위하여 번들링(bundling)전략을 써오고 있다. 동일 상품을 온라인으로 올려 판매하는 한 다른 사이트들과의 끝없는 가격경쟁은 피할 수 없다. 그러나 동일 상품 그 자체만의 판매가 아니라, 이 상품에 다른 것을 끼워팔기(더더욱 끼워파는 물건이 그 자신의 사이트에만 있다면)하면 다른 회사들과의 가격경쟁에 더 이상 휩쓸리지 않을 수 있는 것이다. 그러나 이 전략으로 인해, 원하는 상품에 끼워파는 상품까지를 세트로 더 사야 하는 고객들은 당황하고 있다.

이제 이러한 고객들의 아픔을 번들링을 원래로 되돌리는 '언번들링'을 통해 풀어주어야 한다. 이에 새로운 비즈니스 모델이 탄생하는 것이다. 이러한 현상은 프라이빗 뱅킹산업이나 이동통신사업자들에서 많이 발견할 수 있다. 다른 예로 도서 판매 등에서 온라인 판매업체인 아마존이 수십 년의 역사를 지니고 있는 오프라인업체 반스앤노블을 제치게 된 경우를 살펴보자. 반스앤노블은 잘 안 팔리거나 오래된 서적들을 오프라인서점에 보관 · 판매하기가 불가능했다. 따라서 이러한 희귀하거나 오래된 책을 찾는 손님들의 아픔이 그동안 컸다고 본다. 이 점에 착안하여 아마존은 소위 '롱테일' 전략을 구사하여 반스앤노블을 추월하였다. 아마존이 처음 탄생할 때의 창업자의 말을 상기해 보자. "반스앤노블에 들어가 손님이 한 시간 동안 책을 찾아 헤매고 난 후 하나의 책을 사면 무엇이 반스앤노블에 남는가? 몇 월, 며칠, 몇 시, 몇 분, 몇 초에 무슨 책을 누가 사갔다밖에 남지 않는다. 그러나 아마존에 들어가 한 시간 도서탐색 후 똑같이 책 한 권을 사면 아마존에는 한 시간 동안 고객이 책을 찾아 헤메었던 모든 정보가 남는다." 그렇다. 한 시간 동안의 고객이 책을 찾아 헤매는 아픔을 아마존은 자기 아픔으로 간직해서 성공한 것이다. 고객아픔을 내 아픔으로 느끼는 것만이 중요한 것이 아니라 어떻게 이 아픔을 수집 · 보관 · 분석할 것인가의 체제가 있어야 하는 것이다. 빅데이터시대의 도래를 접하면서, 우리는 보다 적극적으로 고객의 아픔을 자산화해야 할 것이다.

레고(Lego) 이야기를 해보자. 기존의 레고 블록들은 정형화되어 있어 개개인의 요구를 맞추어 주는 데는 한계가 있었다. 이에 착안하여 레고사는 레고 애호가들에게 그들의 성향에 맞는 키트를 만들게 하고 이를 판매까지 할 수 있게 하여, 레고 애호가들이 자신을 표현하려고 하는 아픔을 해소시켜 주기로 했다. 애플의 경우는 어떠한가? 애플은 많은 프로그래머들에게 자신을 표현할 수 있는 플랫폼을 제공하여 많은 프로그래머들의 욕구를 풀어주고 있지 않은가? 스마트폰에 나타나는 앱 중에 앞서 예를 든 '서울버스' 앱을 보자. 그동안 많은 사람들이 버스정거장에 가면서 자기가 타려고 하는 버스가 지금 어디에 오고 있는지, 버스 도착시간에 맞추어 지금 뛰어가야 하는지 걸어가야 하는지 등을 불안해한 적이 한두 번이 아닐 것이다. 또 늦은 밤에 버스정류장에 나와 기다리면서 막차가 지나가 이제는 더 이상 버스가 안 오는데 기다리고 있는 게 아닌지, 그렇다면 어떤 노선으로 바꾸어 타야 하는지 등의 불안감 등 아픔이 있었다. 이러한 아픔을 한 번에 해소해준 것이 당시 고등학생들이 개발한 '서울버스' 앱이다. 우리가 일상적으로 접하는 아픔에서 탄생한 창의적 비즈니스 모델인 것이다.

잘 아는 교수가 25년 전에 독일로 1년간 연가를 간 적이 있다. 그 교수는 당시 본인 이름으로 중고 벤츠라도 가질 수 있는 유일한 기회라고 생각해서 10년 된 오래된 중고 벤츠를 구입한 적이 있었다(요즘은 벤츠가 우리나라에서 좀 많아졌지만 그 당시에는 희귀했다). 그런데 돌아오기 한두 달 전에 실내 차 대시보드 공기순환 그릴이 고장나서, 무제한 속도의 독일 아우토반을 달리면 차가운 공기가 쏟아져 나와 온 가족이 덜덜 떨었다. 이 공기순환 그릴을 고치려면 벤츠 수리공장에 가서 전체 그릴을 바꾸어야 하는데, 그러면 차 값보다도 더 많은 돈을 내야 하는 것은 당연했다. 이러한 가족의 아픔을 자신 본인의 아픔으로 생각하자 좋은 아이디어가 나왔다. 슈퍼마켓에 가서 고무풍선 두 개와 빨대 1개를 사서, 그릴 속에 고무풍선을 넣고 그 끝을 빨대에 연결하여 바람을 불어넣은 후 매듭을 지어놓자 그 풍선 매듭은 부푼 채 그릴 속으로 들어갔다. 차가 서 있는 상태에서는 환기가 원활히 잘되는 반면 아우토반을 달릴 때는 앞에서의 공기압력으로 빈틈없이 그릴을 막아 아무 찬바람이 나오지 않게 되었다. 비유적 예이지만, 고객의 아픔을 통해 우리는 창의적 아이디어를 얼마든지 낼 수 있는 것이다.

가장 근원적인 고객의 아픔은 무엇인가? 물론 말할 것도 없이 돈을 지불해야 하는 것이다. 돈을 안 내게 만들어 주면 고객아픔의 최고의 치료가 될 것이다. 이에 착안한 것이 공짜(free)의 개념이다. 구글이 어떻게 재작년 자산가치 평가에서 140여조 원의 평가를 받을 수 있었을까? 구글이란 이름이 우리에게 처음 나타나기 시작한 것은 '구글 어스'이다. 구글 어스는 구글이 지구 전역의 위성사진 · 지도 · 지형 · 3D · 건물정보를 제공하는 서비스로 간단한 프로그램을 내려받으면 쉽게 이용가능하다. 이러한 GPS를 구글은 무료로 세상에 공개한 것이다. 또한 구글은 스마트폰의 구글 OS인 '안드로이드'를 무료로 세상에 공개하여 쓰게 했다. 이렇게 자신이 자산으로 보호했어야 할 중요한 자산을 고객의 불편함, 즉 아픔을 향해 무료로 쓰게 한 것이다.

그러면 구글은 도대체 어떻게 무료로 자신의 자산을 쓰게 했는데도 그렇게 높은 자산가치를 평가받을 수 있는 것인가? 그것은 그 회사에 관계된 커뮤니티의 크기 때문이다. 이제 매출액으로 회사의 가치를 평가하던 시대는 끝났다. 이제 그 회사가 얼마나 관련 커뮤니티들을 많이 갖고 있느냐가 관건이다. 이러한 커뮤니티의 크기는 어디에서 비롯되는가?이는 바로 고객의 아픔을 얼마나 우리의 아픔으로 생각하는가에 달려 있는 것이다. 크리스 앤더슨의 『프리(Free)』라는 책을 통해, 고객에게 100가지의 무료를 제공함으로써 적극적으로 고객의 아픔을 덜어주어 새로운 비즈니스 모델을 창출할 수 있는지를 알아볼 수 있다. 만약 자신이 고객의 아픔은 인지하고는 있지만, 해결할 수 없으면 어떻게 해야 할까? 과감하게 자신이 관련된 자산을 무료로 개방(open)해야 할 것이다. 그때 우리는 창조적 비즈니스 모델을 발견하게 될 것이다.

앞서 '서울버스' 앱에서 보았듯이, 서울시는 자신의 버스교통정보를 일반에게 개방함으로써 자신이 해결하기 어려웠던 문제를 손쉽게 해결할 수 있었다. 창조경제시대에 있어, 이러한 개방혁신(open innovation)용어를 우리는 자주 접한다. 우리는 더 이상 우리 스스로의 힘으로 고객의 아픔을 풀어주기에는 역부족이다. 개방적 마인드를 갖고 어떻게 하면 아픔을 연결된 새로운 생태계를 통해 해결해 줄 수 있을까를 고민해야 한다.

대표적인 예로 정보거래사이트인 이노센티브(Innocentive)를 들 수 있다. 이노센티브는 문제를 안고 고민하는 쪽과 아이디어는 있는데 어디에 팔까를 고민하는 양쪽을 연결해 줌으로써 새로운 창의적 아이디어 중개사이트가 되었던 것이다. 한 예로, 미국 알래스카주에서 석유수송선이 얼음에 난파되어 기름이 유출된 적이 있었는데, 빙산들이 있는 아주 찬 곳이라서 얼음과 석유가 섞여만 있지, 물과 기름이 아무리 시간이 지나도 분리되지 않아 미국정부는 많은 고민을 하였다고 한다. 이를 이노센티브사이트에 올려 해결책을 모색했는데 어떤 공학자가 '진동(vibration)' 이라는 간단한 힌트를 줌으로써, 진동을 만들어 내는 배를 만들어 쉽게 이 문제를 풀 수 있었다고 한다. 이노센티브의 예는 비록 두 사이드의 새로운 생태계를 연결한 예라고 볼 수 있지만, 보다 많은 개체들이 연결된 새로운 생태계를 생각하면 지금까지 있지 않은 창의성을 통해 고객의 아픔을 풀 수 있다.

이때 중요한 것은 연결된 새로운 생태계의 관련된 이해관계자들을 어떻게 모두 '윈(Win)' 이 되게 하여 상생의 세계가 되게 하느냐이다. 지금까지 우리는 나는 따고 너는 잃는, 소위 Win-Lose의 세상에서 살아왔기 때문에 이제부터 우리가 진정한 Win-Win철학으로 연결사회를 해석하는 비즈니스 모델을 만들어 내면, 이 모델은 예전에 볼 수 없었던 진정 창의적인 것이 되는 것이다.

예로, 10여 년 전에 우리나라에서 실시된 '의약분업' 에 대해서 생각해 보자. '의약분업' 정책은 매년 1,000억 정도의 많은 예산이 들어감에도 아직까지 대다수 국민들이 만족하지 못하고 있다. 최근 몇 해 전, 급기야 강원도의 노인 분들이 모여 머리에 띠를 두르고 '의약분업' 이전의 상태로 돌려달라고 데모를 한 기사를 본 적이 있다. 기사에 의하면 의약분업 이전에는 감기가 들어 보건소를 방문하면, 진찰하고 주사 맞고 약까지 한곳에서 이루어지는 것은 물론 1,000원만 내면 되었는데, 의약분업 실시 이후에는 주사는 없고 진찰하고 처방전 받는 데까지 700원, 약은 보건소가 아닌 길 건너 약국에서 받는데 400원으로, 합 1,100원이 든다는 내용이다. 돈도 돈이지만, 허리가 굽은 노인들이 차가 다니는 길을 건너 약국에 가는 것이 위험하다는 것이다.

우리가 병원에 들어갔다고 상상해보자. 의사가 진찰을 마친 후, 의사나 간호사가 처방전 입력을 컴퓨터에 하게 된다. 이것을 소위 '온라인' 화한다고 한다. 그 다음 엔터(enter)키를 눌러 프린팅한 후, 이 프린트된 용지를 꺼낸다. 이를 '오프라인' 화했다고 한다. 이 오프라인의 인쇄된 처방전을 환자인 우리에게 넘겨주면 우리는 이것을 갖고 약국에 가서 낸다. 그러면 약사는 다시 이를 컴퓨터에 입력한다. 다시금 '온라인' 을 시도하고 있는 것이다. 소위 정보화사회에서 제일 하지 말아야 할 온라인-오프라인-온라인을 하고 있는 것이다. 그러나 이상한 일은 고객인 환자가 이를 아픔으로 인지 못하고 있는 것이다. 이는 그동안 고객들이 살아왔던 오프라인 세상에 너무나 익숙한 탓이라고 볼 수 있다. 아마도 처음 보건복지부에서는 국가통합의료 데이터베이스를 구축해서, 어디에서든지 환자를 진료하고 처방전을 입력하면 국가통합의료 데이터베이스에 접속해 어느 약국에서든지 이를 볼 수 있고 약 처방이 될 수 있는 세상을 생각했을 것이다. 그러나 현실은 의사, 약사 그리고 고객인 환자 모두가 '윈' 이 되는 세상이 아니다. 의사는 자신의 처방이 국가데이터베이스에 들어가 훗날 자신의 처방에 대한 평가를 받게 될까 봐 이를 꺼리고 있다.

이는 지금은 활용이 잘되고 있는 '나이스(국가교육통합시스템)' 의 초기 단계에 나타났던 현상과 같다. 처음 나이스시스템이 중 · 고등학교에 소개되었을 때 많은 교사들이 이를 반대하였는데, 이는 시험 후 잘못 점수를 준 경우 나이스시스템 도입 전에는 단지 교감선생님 앞에서 점수 수정에 대한 보고만을 하였는데, 나이스시스템 도입 후 시스템에 점수 수정을 입력하게 되는 경우, 영원히 자기의 잘못이 기재되어 훗날 불이익을 받게 된다는 불안에서 비롯되었다. 물론 나이스시스템이 정착하는 데에는 많은 시간이 소요되었다. 마찬가지로 의약분업의 현실적 추진에도 많은 문제가 있으리라 미루어 짐작할 수 있다.

우리는 완전한 새로운 시대에 살고 있는 것이 아니라, 완전한 새로운 시대로 가는 전이시대에 살고 있다. 전이시대는 완전한 새로운 시대에 비하여 오히려 더 많은 기회가 있다. 이러한 전이시대의 환자의 아픔을 해결하기 위해, 일찍이 분당과 일산 등지의 젊은 의사들은 자기 병원의 스마트진료카드를 만들었다. 다시 말해 진료 후 종이에 처방전을 인쇄하는 대신 자기 병원의 환자진료카드에 처방전을 기록하여, 이를 근방 약국(셋 이상의 그 의원지정 약국 : 이는 공정거래를 위해서다)에 제시하면 바로 약을 처방받게 하고 있다. 이 예에서 보듯이, 연결하여 새로운 생태계를 형성하며, 고객의 아픔을 중심으로 모두가 '윈'이 되는 생각으로 전이시대에 알맞은 스마트진료카드라는 창의적 비즈니스 모델을 발견할 수 있는 것이다.

요즈음 감성경영이란 새로운 경영방식이 자주 등장하고 있다. 감성경영이란 무엇인가? 상대방의 아픔을 읽는 경영방식이라고 말할 수 있다. 이제 기업들은 그동안의 많은 노력으로 제품이나 서비스에 있어서 비슷비슷한 수준이 되었다. 이제 남은 것은 감성인 이모션(emotion)에 얼마나 호소할 수 있는냐이다. 감성에 호소하는 것이 바로 고객의 아픔에 다가가는 것인 것이다. 몇몇 회사들은 조직 내에 여러 업무과들 중 하나로 새롭게 감성과를 만들기도 한다. 세월이 갈수록 논리를 내세운 이성적 세상보다는 감성적 세상이 더 지배적일 것이다. 논리를 내세운 이성적 조직이나 세상은 시간이 흐르면 변질되기 쉬우나, 아픔을 이해하는 감성적 세상은 시간경과에 따라 알맞게 잘 익는, 잘 발효된 조직이 될 것이다. 상대방의 입장에서 먼저 생각하는 '역지사지' 정도가 아니라, 우리는 분명 상대방의 아픔을 가식 없이 진정 내 아픔으로 만들어야 지속적으로 창조적인 차별화 비즈니스 모델을 탄생시킬 수 있는 것이다.

5.3 새 시대 고객이 미처 아픔을 감지 못할 때라도, 우리는 미리 감지할 수 있어야 한다

앞서 이야기한 바와 같이 지금의 시대는 시공을 초월하는 등 옛날 시대와 확연히 다르다. 시대 차이를 고객 스스로는 지나간 시대의 각종 제약이나 규제에 습관화되어 있어 감지 못하는 경우가 많다. 새로운 시대가 무엇인가를 보이면, 다시 말해 고객이 미처 깨닫지 못하는 고객아픔을 미리 알아채고 이에 대응하는 상품과 서비스를 제시하게 되면, 고객은 경탄한다. 새 시대의 변화하는 상황을 상징적으로 바라볼 수 있게 하는 관점은 소위 '디지털 네이티브(Digital Native)'로 일컬어지는 세대를 정의함으로써 얻을 수 있다.

가트너 연구그룹은 일찍이 디지털 네이티브는 최소 1983년 이후에 태어난 사람이라야 가능하다고 정의했다. 1983년 이전에 태어난 사람들의 경우 대부분 상황을 인지하게 되는 나이인 5~6세에 유선전화기를 보며 자라 이동 중에 통화를 하는 것에 대해 경이롭게 생각했던 세대라는 것이다. 오래 전 007 영화에서 제임스 본드가 길거리에서 '007 가방(그 당시 너무 신기한 정보통신도구가 들어 있어 놀람과 경이의 대명사로 브리프 케이스에 붙여준 이름)'에서 벽돌만 한 무전기를 꺼내 본부와 통화하는 장면이 있다. 그렇게 보면, 요즈음은 모두 다 007 제임스 본드가 아닌가 생각한다.

그러나 1983년 이후에 태어난 세대는 그들이 인지력을 갖게 되는 나이인 5~6세에 인터넷의 존재를 알게 됐다. 인터넷으로 연결된 세상을 당연한 것으로 생각하는 세대인 것이다. 유선전화기 세대에서 인터넷 세대에 일어날 일들을 과연 옛날에 알았을까? 디지털 네이티브를 인터넷시대가 아닌 유선전화기시대로 옮겨놓으면, 그들은 많은 아픔을 우리에게 호소할 것이다. 디지털 네이티브의 근원적 철학은 그들은 기술을 이해하지 않고 단지 사용한다는 것이다. 스마트폰의 급격한 도입으로 인해, 요즈음 아주 어린 한두 살짜리 아기들이 TV스크린을 손으로 문질러 화면을 다른 화면으로 바꾸려 하는 우스운 시도도 자주 볼 수 있게 되었다. 아마도 훗날 TV도 스마트폰 화면같이 손으로 문지르면 화면이 바뀌는 세상이 오리라. 기술의 사용 활용이 중요하지 기술 자체의 이해가 그다지 중요하지 않다는 말은, 이제 기술은 활용의 안 보이는 뒷편에서 존재하게 되며 거의 비슷비슷하다고도 볼 수 있다.

디지털 네이티브는 경계 없이 어디서든지 누구와도 통화할 수 있다는 것을 안다. 이메일뿐만 아니라 블로그, 위키스, 소셜네트워크, VoIP, 비디오 컨퍼런스를 통해서이다. 이제 세상은 신뢰의 기반하에서 연결되고 공유되고 있다. 나아가 디지털 네이티브 세대는 한 사람이 여러 성향을 갖고 세상을 꾸려 나가는 것도 가능하게 했다. 현실과 가상이 합쳐지는 이러한 일이 우리 시장이나 개인들이나 사회에 어떤 영향을 줄 것인가? 여성의 경우 더 많은 역할과 도전적 숙제를 낳게 하고 있으며, 어린이들은 상당히 많은 기술에 노출되며, 고령자들은 우리가 이미 맞고 있는 고령화시대에 더 큰 영향력을 나타내게 하며, 문화와 인종 면에서 더 큰 다양화를 직면하게 된다.

모스로(Moslow)가 제시한 인간욕구 삼각형에서 기본적 욕구보다는 삼각형의 제일 높은 위치에 있는 '자아실현' 욕구가 팽배하게 된다. 미래 고객은 보다 많은 커뮤니티에 연결되어 유행을 따라가며, 더 재미있는 삶을 추가하며 다양한 성향을 표출함으로써 자아실현을 할 것이다. 고객의 아픔도 따라서 '자아실현' 욕구와 결부해 생각해 보아야 한다. 미래의 시장은 대별하여 소위 틈새(long tail)시장이 각광을 받을 것으로 보여지는데, 이는 앞으로의 고객은 누구나 갖고 있는 제품이나 누구나 누릴 수 있는 서비스가 아니고, 자신만을 위해 특화된 제품과 서비스를 달라는 욕구가 보다 강하게 나타나기 때문이다. 향후 3D-프린팅을 주요 기술로 보고 있는 이유가 바로 이런 틈새(long tail)시장의 요구를 잘 들어줄 수 있는 기술이기 때문이다.

벌써 디지털 네이티브는 우리 조직 속으로 들어와 있다. 그들의 아픔을 해소시켜 주기 위해서 조직은 직선적이며 프로세스 기반의 조직체계로부터 평평하고 상호교호적인 조직체계로 바뀌어야 한다. 그들의 아픔에 적극적으로 대응키 위해 조직체계만이 아니라 관리자의 리더십도 달리 해야 한다. 딱딱한 형태의 주어진 임무 완성적 리더십에서 물과 같이 변화하는, 여건에 따라 바뀌는 형태를 갖추어야 하며, 중앙집권적 문화에서 탈피하여 부서마다의 특성을 살린 다양한 문화가 필요하며, 톱-다운의 커뮤니케이션에서 수평적 소통이 될 수 있도록 하여야 하며, 기술위주의 능력 위에 상호교환적인 능력이 나타날 수 있어야 하며, 교육훈련이 미리 짜여진 푸시(push)형태의 추진이 아니라 각 개인의 요구에 의해 이루어지는 풀(pull)형태로 바뀌어야 한다.

특히 소매부문에 있어서, 디지털 네이티브는 어떻게 쇼핑을 하기를 원할까에 대해 좀 더 자세히 이야기해 보기로 하자.

첫째로 그들은 그들의 세상에서 쇼핑을 하기를 원한다. 이에 대응하기 위해 새로운 판매채널을 준비해야 할 것이다. 판매채널은 점포에서 파는 소위 1세대 채널, 카탈로그를 활용하여 파는 2세대 체널, 웹스토어를 이용하는 3세대 채널, 구매와 판매를 처리하는 아마존이나 이베이(eBay)의 플랫폼인 소프트웨어를 활용하게 되는 4세대 판매채널로 진화해 오고 있다. 진화되는 정도에 따라 고객의 아픔을 단계별로 대응해 나갈 수 있다. 바쁜 그리고 편리성을 추구하는 디지털 네이티브들은 매장에 가지 않고도 얼마든지, 마치 매장에 가서 옷을 입어보고 사는 것과 같은 모바일 쇼핑을 즐길 수 있다(예 : mPoria). 시뮬레이션을 통해 'Sims2 H&M Fashion Stuff'에 가면, 매장 속의 여러 층을 통해 물건을 선택하기 위해 다녀볼 수도 있고 입어볼 수도 있고 구매도 할 수 있으며 쇼핑의 재미도 만끽할 수 있다.

둘째로는 우리는 비록 다양한 채널로 고객에 접근하고는 있지만, 고객 입장에서 보면 서로 상반됨 없이 하나의 소리를 들을 수 있게 해야 한다. 이것이 'Act as One' 이라고 하는 고객아픔 대처 방식인 것이다. 고객에 대한 해결책을 공유해야 하는데, 이를 위해 지식경영과 같은 개념이 조직에 도입되어야 한다. 기술적으로는 다중채널의 통합 또는 각종 장치들의 상호 작용들을 감안한 멀티 채널 가용성 고도화를 Best Buy의 시스템같이 꾀해야 할 것이다.

셋째로는 고객의 적극적인 참여를 통해 고객의 아픔을 듣는 소위 개방(open up)적 조직을 만드는 것이다. 우선 고객 스스로 처리하는 셀프서비스를 더 강화하고, 개인정보를 보호하는 환경하에 데이터의 공유와 개인의 참여를 유도한다. 고객평가와 비교, 각종 커뮤니티 운영, 소셜네트워크 활성화 등을 들 수 있다.

넷째로는 고객아픔을 종합적 대응이 아닌 개개 고객에 대한 대응으로 대처하는 방식이다. 근본적 대응철학은 대량맞춤화(mass customization)이다. 지난 세월의 역사 속에 우리의 기업은 대량생산체제의 큰 공룡이 되었다. 그러나 요즈음 고객은 자기만을 맞추어 달라고 한다. 대량맞춤화인 '매스커스트마이제이션' 은 원래 이율배반적인 합성어이다. '매스' 는 대량생산(mass production)의 준말이며, 커스트마이제이션은 개인맞춤(individual customization)의 준말이다. 이 모순된 욕구 속에 기업은 위치하고 있다. 옛날 공급자 중심의 대량생산체제에서는 고객이 와서 자기를 맞추어 달라고 하면 당연히 거절했고 그 고객은 그래도 찾아와 덜 맞춤된 제품을 살 수밖에 없었다. 그러나 요즈음 우리가 고객요구를 거절하면, 그 고객은 다시는 우리한테 안 돌아오는 것은 물론 소문을 내어 다른 고객까지도 발을 끊게 만들 수 있다. 우리는 이제 마이클 포터의 가치체인을 어떤 태스크를 통해 맞춤화하여 고객이 우리가 고객만을 위하여 존재하는 것 같이 느끼게 하겠는가를 고민해야 한다. 이는 마치 커다란 비행기(새들이 보기에는 공룡 같은 새라고 보겠지만)가 목적지를 향해 날아갈 때, 비행기 내에서 승객에 대해 각종 맞춤을 하기 위해 노력하는 승무원들과 비유해서 생각할 수 있다. 가치체인 속의 어떤 특정 태스크를 맞춤화할 것인가에 대해서, 어떤 특정 태스크를 맞춤화하여야 한다가 아니라 우리가 관심만 두면 모든 태스크가 맞춤화의 대상이 될 수 있다는 것을 알아야 한다.

다섯째로는 디지털 네이티브들은 오프라인과 온라인 그리고 모든 채널들이 연결되어 있기를 원한다. 즉, 이러한 모든 다중채널의 충분한 경험과 활용을 요구하고 있다. 디지털 네이티브들이라서 오프라인 매장에 관심 없는 것은 아니다. 오히려 오프라인 매장과 온라인 매장의 연결, 그리고 각종 모바일 디바이스 앱과의 연결을 요구하고 있다. 그들은 이러한 연결하에 각종 가격검색, 재고검색, 매장위치검색, 평가검색을 하여 보다 증강현실로서의 채널을 요구하고 있는 것이다.

디지털 네이티브들은 늙은 세대보다 모바일을 통해 상품가격 체크, 판촉이나 세일 등의 디스카운트정보 입수, 매장위치 파악, 온라인 주문, 모바일을 통한 전자결제 등에 많은 관심이 있다. 모든 정보에 바로 접근하는 것을 기대하고 있다. 다시 말해 실시간 소매정보의 투명성을 요구하고 있는 것이다.

마지막으로는 소셜상황에서 쇼핑하기를 원하고 있다. 즉 협업과 구전효과의 극대화를 요구하고 있는 것이다. 현재 입장에서 볼 때, 소매업에서 고객의 아픔을 없애기 위한 노력은 보다 많은 채널을 구상하는 것이며, 이 채널을 통해 실시간으로 고객과의 상호교호적 커뮤니케이션을 할 것을 생각해야 하며, 더욱이 중요한 것은 한 순간에 충실한 고객이 반대가 될 수 있는 것을 염두에 두어야 한다는 것이다.

이상 '디지털 네이티브'에 대해 생각해 보았다. 향후 '디지털 네이티브' 고객에 대한 아픔을 고려하기 위해서는 인간본성에 관한 인문학적 고찰이 더 필요할 것이다. 우리가 사는 새로운 시대에 어떻게 하면 보다 적극적으로 고객의 아픔을 알아서 처리해 줄 수 있을까라는 물음에 대해, 어떠한 대책이 있는가를 고찰해 보자. 단순히 고객의 소리를 듣고 잘 생각해서 대처하는 방식은 더 이상의 전략이 아니다. 물론 고객의 소리를 여러 채널을 통해 듣게 하고, 실시간으로 어떤 조기경보시스템을 작동시켜 대응해 나가며 특히 고객아픔이 많이 호소되는 부문에 대해 고객과의 소통을 시작하여 보다 원활한 고객관계를 형성시켜 나가는 것은 중요하다. 이러한 고객소리를 근간으로 분석적으로 접근해 나가는 보편적 방식이 있을 수는 있다. 그러나 보다 발전적 접근으로 생각할 수 있는 것이 고객아픔을 좀 더 적극적으로 밖에서 안으로 끌어들일 수 있는 Outside-In 접근이다. 우리는 입에서 입으로 전달되는 구전에서 나타나는 고객아픔과 고객과의 접점(moments of truth)에서 나타나는 고객아픔을 조직 내에서 실시간 처리할 수 있어야 한다. 이를 위해서는 알맞은 프로세스 모델링이 필요하며, 만일 약한 연결 부문이 있으면 보강해야 할 것이다.

나이키의 예를 들면, R&D부서에서의 맞춤화 노력을 볼 수 있다. R&D 부서에서 운동화 뒤쪽에 공기펌프를 고안하여 부착함으로써 고객들은 이 운동화를 사서 적당히 끈을 맨 다음 공기펌프를 몇 차례 누르면, 고객 발의 생김새대로 압력이 가해져 마치 나이키가 바로 그 고객 발의 형태대로 운동화를 만든 것과 같은 착각을 줄 수 있다.

또한 고객에 대해 맞춤화된 번들링 제품과 서비스를 제공할 수 있어야 한다. 이는 가격경쟁에서 벗어날 수 있는 길이기도 하며, 공급자 위주로 되어 있던 많은 제품이나 서비스를 고객 관점에서 역방향으로 보아 묶어주어 고객 입장의 부가가치를 더 높여주는 일인 것이다. 하나의 사이즈가 모두를 맞춘다는 'Ones size fits all' 적인 사고도 중요하겠지만, 이를 어디까지 절충적으로 표준화할 것인가에 대해서도 심도 있는 고찰을 해야 고객아픔에 대처할 수 있을 것이다. 또한 무엇보다도 고객의 아픔을 풀어줄 수 있는 것은 종업원들이기에, 종업원에 대한 교육 · 훈련이 절대 필요하다.

예로 스타벅스 커피회사는 매일 아침 'LATTE' 를 암기하게 한다고 한다. 'LATTE' 의 'L' 은 'Listen' 으로, 고객이 무엇이라고 하든 우선 고객의 아픔의 소리를 잘 들어야 하며, 두 번째 'A' 는 'Acknowledge' 로, 고객의 아픔의 소리에 대해 우선 인정하여야 하며, 세 번째 'T' 는 'Thank' 로서 고객이 아픔의 소리를 해주신 데 대해 감사를 표해야 하며, 그 다음 'T' 는 'Take an action' 으로 고객의 아픔의 소리에 대응해 즉각 행동으로 옮겨야 함을 의미한다고 한다. 그 후 그래도 무언가를 꼭 고객에게 설명해야 한다면, 설명의 'Explanation' 을 제일 나중에 하라는 표어라고 한다. 우리는 손님이 우선 불평하게 되면, 먼저 변명하거나 설명하려고 하는데 이와는 퍽 대조적인 형태이다. 또 누가 책임을 질 것인가에 대해서도 분명하게 사전에 준비해 놓아야 한다.

마지막으로는 원천적으로 설계를 더 잘해서 고객의 아픔에 사전 대처하는 접근이 필요하다. 이를 위해 고객아픔은 어떠한 고객이 인지하는 가치에서부터 비롯했는가를 알아 이에 맞게 설계해야 한다. 이는 기업이 내건 본질과 기업을 바라다보며 고객이 느끼는 본질이 같은 공감대를 형성하도록 해야 한다는 것이다.

예로, 디즈니랜드에서는 공원 내에 청소를 담당하는 미화원들도 하나의 탤런트, 즉 배우라고 생각하게 하여 모두의 공감대를 이끌어 높은 부가가치를 내게 되었다고 한다. 하나하나의 고객이 미처 아픔을 못 느끼고 있을 때라도 군중을 조사하게 되면, 감추어져 있던 고객의 아픔을 알아낼 수도 있다. 이는 고객참여를 통해 고객아픔을 감지하는 것과 같다. 고객에게 고객 스스로 서비스를 하게 하여 여기서 일어나는 각종 불편함과 어려움을 기업은 분석할 수 있고, 모바일과 현장 서비스를 공존하게 하여 고객행태를 분석함으로써 상호의 장 · 단점 속에서 고객아픔을 인지하고 해결해 나갈 수 있으며, 고객과 고객 간의 소통을 지원함으로써 고객 서로의 소통을 통한 진실의 소리를 옆에서 들을 수 있을 것이다. 이렇다고 보면 과거 고객관계관리의 CRM은 이제 고객참여관리(Customer Engagement Management)로의 변신을 고려해 볼 수도 있을 것이다.

이러한 고객참여의 주요 기술로는 소셜채널(페이스북, 블로그, 웹포럼, 트위터 등)이나, 개방형 앱 디자인 기술, 강력한 감성분석(Sentimental Analysis), 비즈니스 모델에 대한 유연화, 빅데이터 근본의 분석, 모바일 고객에 접근하게 하는 HTML5 등의 컴퓨팅기술 등이 필요하다. 이러한 도구들을 갖고 고객참여를 유도하기 위해서는 문제가 있는 것들에 대한 사례 및 문제점 분석을 하여야 하며, 지식베이스, 콘텐츠관리, 그리고 고객의 각종 아픔에 대한 빅데이터에서 나오는 각종 데이터에 대한 실시간 의사결정분석 및 보고와 고객서비스에 대한 소셜미디어 참여유도와 모바일 고객들의 온라인 지원을 하여야 한다.

Chapter 06

고객아픔 공유의 비즈니스 모델 창출

Chapter 06
고객아픔 공유의 비즈니스 모델 창출

[6.1] 고객아픔(customer pain)이란 무엇인가?

고객의 근원적인 아픔은 '한 번의 거래'가 아니라 '영원한 채널'이 열리길 바라는 데서 기인한다. 고객과 기업이 '한 번의 거래'라고 생각할 때 각종 고객아픔을 낳게 되는 것은 당연하다. 즉, 사기를 당하는 것에 대한 두려움, 거짓말로 속아 훗날 고객이 자다가 일어나야 하는 억울함, 이러한 고객의 아픔 중에 제일가는 두려움을 없애는 일은 신뢰에서 비롯한다고 생각한다. 우리는 컴퓨터를 켤 때마다 스크린상에 나타나는 바이러스 백신 업그레이드 문구를 매번 접한다. 이거야말로 한 번 거래가 영원한 고객과의 채널을 보여주는 예가 될 것이다.

고객의 아픔은 고객과 공급자가 각각 독립되어 있는 환경에서 쉽게 발견된다. 예전에는 공급자가 처음부터 끝까지 모든 것을 해주어야 고객만족을 이끌어 낼 수 있다고 생각했다. 그러나 요즈음 고객에게 더 큰 만족을 주기 위해서는 어떠한 형태이든 고객을 우리 일에 참여케 해야 한다는 것을 알아야 한다. 이미 말한 바와 같이 요즈음 큰 병원의 로비에서 옛날같이 많은 사람이 있어 마치 장터 같은 상황은 찾아보기 어렵다. 이는 많은 환자들이 병원 도착 전 스스로가 인터넷상으로 예약, 특진 의사 선택 등을 했기 때문이다. 이러한 예약, 특진 의사 선택에 대한 업무는 과거 원무과 앞에서 진행되던 일이다. 그러나 이제 환자들은 병원 고유 업무이던 원무과 일을 스스로 처리하며, 더 큰 만족을 느끼고 있다. 우리가 우리의 일을 고객에게 넘겨주면 넘겨줄수록, 고객은 더 큰 만족을 하는 시대에 살고 있는 것이다. 이제 우리는 고객의 아픔을 미리 깨닫고, 관련된 우리 업무를 어떻게 하면 고객에게 위양할 것인가를 찾아 나서야 한다.

고객의 아픔은 종종 국부적이고 근시안적인 고객의 관찰에서 비롯된다. 유치원에서 대학교에 이르기까지 한국 부모들은 자녀교육에 대해 많은 불평과 잘못된 점을 호소한다. 그러나 국부적 관점이 아니라 글로벌한 관점으로 눈을 돌리면 보다 근본적 치료를 할 수 있을 것이다. 『성공하는 사람의 7가지 습관』을 쓴 스티브 코비 박사가 이야기한 것과 같이, 중요하고 급한 것에 최우선을 두지 말고, 중요하기는 하지만 시급하지 않은 것에 더 우선순위를 두란 말을 음미할 필요가 있다. 중요하지만 시급하지 않은 것이란 교육이나 건강관리가 아닐까 생각한다. 여하튼 고객의 아픔이 감지되면 국부적인 치료에 나설 것이 아니라, 거리를 두고 더 높은 차원에서 관조하며 근본적 대책을 강구하는 것이 필요할 것이다.

같은 사물이나 서비스에 대해서도 사람마다 서로 다른 아픔을 느끼고 있다. 잘 알다시피, 과거 · 현재 · 미래 시대의 고객들은 같은 것에 대해 서로 다른 느낌을 나타내고 있다. 과거 사람들에게 병원이 바빠서 병원 예약을 환자 스스로 하라고 한다면 상당히 의아스럽게 생각할 것이다. 그러나 요즈음 많은 환자는 아무 불편 없이, 더더욱 만족해하면서 자기 스스로 예약을 하고 있지 않은가? 고객 개개인의 선호도, 시대흐름 등을 따라 고객아픔을 달리 보는 시각을 우리는 갖추어야 한다. 여기서 착상해야 하는 것은, 고객아픔을 우리가 적극적으로 차별화해서 잘 대응하게 되면 그 고객은 우리의 영원한 단골이 된다는 것이다. 이는 마치 고객이 서 있는 곳이 우리의 매장이다라고 생각하는 것과 같다. 종전과 같이 우리의 매장만이 우리의 물건을 팔 수 있다라고 생각하는 것을 버리고, 보다 적극적으로 고객을 찾아나선 것과 같다. 젊은 세대들은 벌써 시공을 초월한 세상에서 쇼핑을 하고 있다. 그들은 왜 시간을 허비하고 이곳저곳을 다니며 물건을 골라야 하는가에 일찍이 아픔을 갖고, 이를 해소하기 위한 자기 스스로의 대책을 갖게 됐다.

예를 들면, 백화점에서 옷과 같은 물품이 입고되면 제조회사의 물품고유태그에 백화점 자체관리를 위한 상품태그를 덧붙인다. 그런데 요즈음 백화점은 제조회사가 붙인 물품 고유태그를 없애고 있다. 이는 젊은 세대들이 스마트폰에 상품태그의 바코드를 이용한 가격비교앱을 다운받아, 이를 이용하여 물품 고유태그에 있는 바코드를 찍어 지금 자기가 선택한 바로 그 물건이 자신이 가용한 거리 내 어디서 제일 싸게 파는지를 알아내기 때문이다. 계속 방치하는 경우, 백화점은 물건 쇼윈도로 전락할 수도 있다. 여기서 우리는 고객아픔 대처에서의 새로운 관점을 발견한다. 즉, 고객아픔에 적극적 대처를 하게 되면 경쟁자의 매장이 바로 우리 매장이 될 수도 있는 것이다.

고객의 아픔은 우리 상품과 서비스를 새로운 차원으로 승화시킨다. 스티브 잡스는 매일 아침 거울을 들여다보면서 '고객에게 물어봐, 오늘 무엇을 해야 하는지' 라고 질문했다고 한다. 고객의 아픔을 실시간으로 파악하고 있지 못하다면, 어느 순간 당신의 기업이 없어질 수도 있다. 우리 물건이 잘 만들어졌다는 생각보다는, 보다 겸허하게 고객의 아픔으로부터 무언가를 배우려는 자세가 중요하다. 가장 쉽게, 다음을 생각해 보자. 통상적으로, 제조회사는 새로운 제품을 만든 후 한두 명의 원가분석팀이 해당 물품의 가격을 책정하게 된다. 이렇게 책정된 공장도가격을 몇 개월이나 몇 년이 지나도 그대로 유지하고 있다. 주지하다시피 고객의 근원적 요구이자 아픔은 조금이라도 싸게 물품을 사려는 노력에 있다. 따라서 고객은 그 물품을 사기 위해서 인터넷검색 등 모든 채널을 활용하여 뒤지고 뒤져 가장 최저가격을 발견하려 노력할 것이다. 비록 회사가 물건은 만들어 냈지만,

밖의 세상에서는 그 상품에 대한 가격이 수시로 변동하고 있고, 각기 다른 판매채널들은 기회비용을 최소로 줄이는 관점에서 매시 다르게 판매가격을 책정하고 있는 것이다. 이를 '다이내믹 가격책정(Dynamic Pricing)' 이라고 하는데, 우리는 상품을 만들어 내는 것도 중요하지만, 밖의 시장에서 가격이 어떻게 변화하고 있는지를 실시간으로 알아야 한다.

고객아픔은 개개인의 선호에 의해서 다르게 나타나지만, 중요한 것은 어떤 고객이 더 영향력이 크냐를 파악하는 것이다. 어떤 고객들은 다소 불편하고 마음에 안 들더라도 아무 이야기나 불평을 하지 않는 데 비해, 어떤 고객들은 조금이라도 불편하면 바로 우리에게 아픔을 호소한다. 따라서 들리는 고객의 소리(Voice Of Customer)뿐만 아니라, 숨어 있는 고객의 소리를 알아내려고 노력해야 한다. 이에 대한 대처로는 빅데이터시대에 있어서의 많은 노력이 있을 수 있다. 또는 누가 영향력이 있는가를 알아야 한다. 고객의 아픔은 비록 한 고객의 아픔이 아니라 영향력 있는 고객을 통해 삽시간에 많은 고객, 즉 군중고객의 아픔으로 확산되기 때문이다. 이 확산해 나가는 고객아픔의 파악도 빅데이터 도구를 활용하면 잘 간파될 것이라고 기대된다. 이는 작은 각종 커뮤니트들을 통해서도 가능하다. 좌우간 고객불평과 아픔에 대한 입소문을 분석하고 잡아야 한다.

고객의 불평 · 불만 등 아픔을 느끼려는 일은 쉽지 않다. 고객의 불평과 불만의 쓴소리는 우리의 아픔이기도 하다. 그러나 암이 무서운 이유는 아픔을 못 느낀다는 것이다. 고객의 불평 · 불만 등 아픔을 미리 알아 대처해 준다는 것은, 우리 제품과 서비스 그리고 비즈니스 모델에 있어서 잘못되고 바꾸어야 하는 점을 일깨워서 조기발견, 조기치료할 수 있게 하는 근원인 것이다.

6.2 고객아픔 공유 비즈니스 모델맵(MAP)

'Business Model Generation' 에 나타난 '9블록(Block)' 구조는 비즈니스 모델링을 하려고 하는 많은 사람에게 큰 도움을 주고 있다. 신규사업을 계획하고 있는 기획관리자나 창업을 준비하고 있는 스타트 업의 젊은 세대에게 자신의 비즈니스를 돌아볼 수 있는 분석적 도구로서 훌륭히 활용되고 있다. 이 '9블록 구조 모형' 은 고객과 가치명제에서 출발한다. 다시 말해, 시작시점에 명확한 고객과 그 명확한 고객군에 대한 명확한 가치명제가 있는 경우 아주 유효한 방법이라고 볼 수 있다.

그러나 비즈니스 모델링을 하려는 초기단계에서, 현실적으로 특정 고객군에 대한 특정 가치명제가 미처 정의되지 않은 경우 '9블록 구조 모형' 을 적용하기 위해서는 조직원들의 많은 시간과 노력이 요구된다. 특히, 감성에 치우치는 경향이 있는 동양적 사고 관점에서 바라볼 때, '9블록 구조 모형' 은 너무 논리적 분석도구가 아닌가 생각되어진다. 현실을 직시하는 논리적 사고접근은 무척 중요하다. 그러나 요즈음에 기술의 보편화, 품질의 고급 평준화가 이루어진 상황에서는 논리적 접근 위에 감성적 접근을 요구하고 있다. 이것이 바로 고객의 아픔을 출발의 근간으로 생각하는 '고객아픔 공유의 비즈니스 모델' 인 것이다.

(1) '비즈니스 모델' 이란 무엇인가?

비즈니스 모델은 '고객의 가치를 창조하고 그를 실현시키는 데 사용되는 요약되고 패턴화된 메커니즘' 으로 정의된다.

그림 6-1 | 비즈니스 모델은 무엇인가?

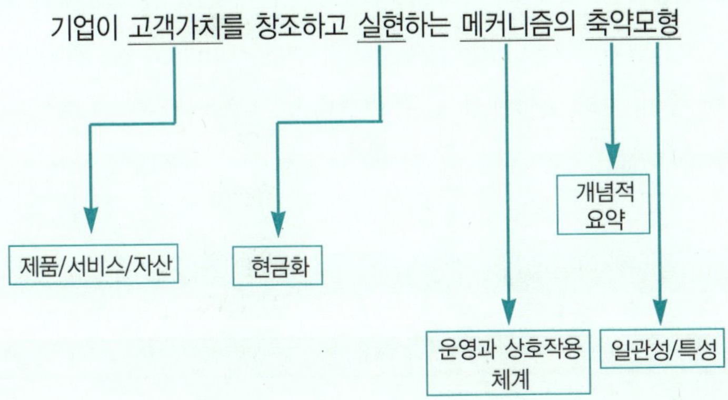

여기서 '고객의 가치' 란 제품, 서비스, 자산의 형태를 갖는 것으로 투자 대비 효과를 나타낸다. 특히, 비즈니스 모델링 관점에서의 고객의 가치는 부가적 가치에 더 역점을 둔다. 기존에 존재하고 있는 가치에 어떻게 하면 부가적인 가치를 부여할 수 있겠는가가 더 중요할 수 있다. 현존하는 제품, 서비스, 자산들을 마치 하나의 플랫폼으로 보고, 거기에 무슨 추가기능을 넣겠는가가 바로 부가적 가치의 예라고 볼 수 있다.

'실현' 이란 이러한 고객의 가치를 손에 잡히는 형태로 바꾼 것으로 현금화시키는 일이기도 하며, 편익(benefit)으로 나타내는 일이기도 하다.

'요약' 이란 구체적인 실체적 비즈니스로부터 간추려진 형태로, 비즈니스 모델을 설명하는 사람과 듣는 사람이 쉽게 공감대를 형성시켜야 함을 의미한다. 더더욱 한 번 들은 비즈니스 모델이 쉽게 기억에서 지워지지 않게 하는 기술적 묘사를 필요로 한다.

'패턴' 이란 일관성 있고 차별성 있는 일련의 흐름으로, 다른 유사 비즈니스 영역상황에서도 쉽게 적용가능하도록 하는 모양을 갖추어야 함을 일컫는다. 한 번 정해진 비즈니스 모델은 빠른 속도로 약간의 수정을 거쳐 많은 유사 비즈니스 모델을 형성해 나가게 된다.

'메커니즘'은 비즈니스 진행의 여러 구성들이 서로 상호교환적으로 운영되는 시스템의 틀을 말한다. 예를 들면 easy.com은 피자, 시네마, 크루즈 여행 등의 여러 분야에서 같은 비즈니스 모델을 반복적으로 수행하여 성공을 거두었다.

그림 6-2 | 비즈니스 모델에 대한 예

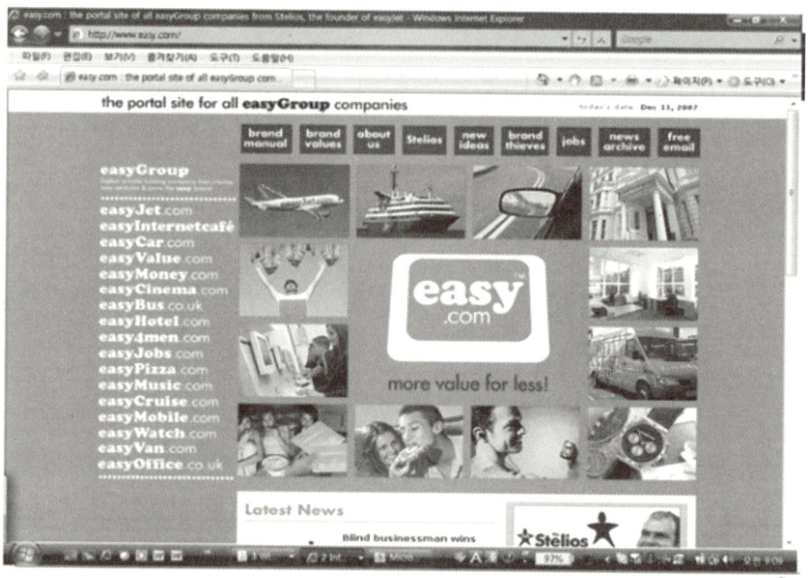

(2) 비즈니스 모델은 전략과 운영의 격차를 없애준다

비즈니스 모델이 갖는 장점 중의 하나는 회사 내에서 전략과 실제 운영에 있어서의 같은 이해를 끄집어내 한 방향으로 비즈니스가 될 수 있게 한다는 것이다. 지위가 높거나 낮은 모든 구성원들이 비즈니스에 대한 같은 공감대를 갖고 있을 때, 그 비즈니스가 효율적 · 효과적으로 추진될 수 있는 것은 주지의 사실이다. 여기서 한발 더 나아가 고객과도 비즈니스 모델

| 표 6-1 | 비즈니스 모델의 사용 영역

관점	내용
가치명제	시장에 대한 가치의 관점
타깃고객분할	가치명제로부터 편익을 얻게 되는 조직이나 개인의 특성
채널	고객을 접하고 참여케 하는 수단들
고객관계	고객들과의 참여와 상호교류의 수준
핵심역량	경쟁우위를 위한 활동과 업무능력
활동	조직에 걸친 업무의 분배
파트너와 동기부여	공급자와 관계기업의 자원역량
매출흐름	가치교환 메커니즘
비용구조	비용동인과의 관계
가치와 원칙들	타협할 수 없는 공유의 믿음과 의사결정

에 대해 공감대가 형성될 수 있다면, 다시 말해 기업이 하려는 비즈니스 본질과 고객이 느끼는 비즈니스 본질이 같다면 별도의 고객관계 개선 노력 없이도 기업은 소기의 목적을 쉽게 달성할 수 있다.

(3) 고객아픔 공유 비즈니스 맵의 블록들

① 고객아픔(Customer Pain)

현재의 고객아픔과 미래의 잠재적 아픔, 모두의 리스트를 통해 창의적 대안이 도출될 수 있는 자료를 제공한다.

② 자체해소 고객아픔(Customer Pains Released by Us)

자체의 자원과 활동으로 어떠한 고객의 아픔을 해소할 수 있을 것인가를 검토하고, 이에 대응하는 창의적 대안을 도출한다.

③ 생태계해소 고객아픔(Customer Pains Released by Ecosystem)

새로운 생태계를 형성하여, 어떠한 파트너의 도움으로 어떠한 고객의 아픔을 해소할 수 있을 것인가를 검토하고, 이에 대응하는 창의적 대안을 마련케 한다.

④ 스마트 대안(Smart Alternatives)

고객아픔과의 교감을 통해 얻어지는 창의적 대안들을 토대로 고부가가치의 스마트 대안의 비즈니스 모델을 제공한다.

⑤ 타깃고객(Target Customer)

타깃 세그먼트를 통해 새로운 비즈니스 모델을 어디에 적용할 것인가를 명확히 한다.

⑥ 고객관계(Customer Relationships)

타깃고객이 요구하게 되는 참여와 상호교호의 수준을 제시한다.

⑦ 채널(Channels)

고객에게 어떻게 고부가가치를 도달케 하고, 참여를 유도케 할 것인가의 물류를 포함한 각종 통로를 제시한다.

⑧ 활동(Activity)

조직 및 새롭게 조성된 생태계에 걸쳐 본 스마트 대안을 추진하기 위한 일의 분배를 제공한다.

⑨ 핵심역량(Core Capabilities)

활동을 통해 소요되는 자원이나 새롭게 형성되는 경쟁우위를 점할 수 있는 핵심역량을 제시한다.

⑩ 생태계(Ecosystems)

새로운 생태계의 공급자를 포함한 모든 파트너들의 네트워크 형성과 그들의 생태계 참여동기를 제공한다.

⑪ 편익(Benefit)

스마트 대안을 통해 고객의 아픔을 해소해 주었을 때 고객에 대한 지속적인 가치를 보인다.

⑫ 비용(Cost)

스마트 대안을 수행하여 고객의 아픔을 해소키 위한 여러 요소에서 비용이 든다.

그림 6-3 | 고객아픔 공유 비즈니스 맵의 블록들

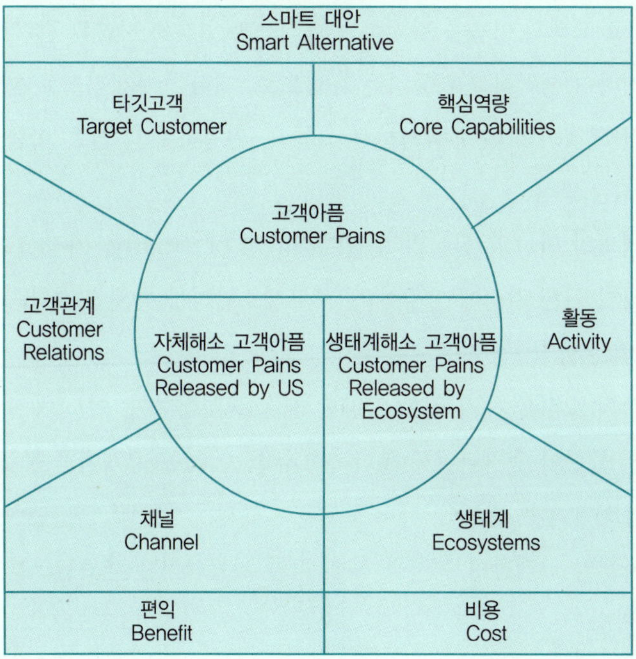

(4) 고객아픔

고객의 아픔은 무엇인가? 진정 우리는 고객의 아픔을 우리 아픔으로 받아들이고 있는가?

고객의 불만족 · 불평은 새로운 비즈니스 모델 탄생의 계기이기도 하고, 바로 고객충성도와 연결되어 우리 매출액의 증가를 가져온다. 고객은 어디에서 아픔을 느끼게 되는가? 내부서비스의 낮은 수준 품질을 통한 실무자들에 대한 불만족, 그리고 이에 연관된 외부서비스가치에서의 고객의 불만족으로 이어지는 총체적인 입장에서의 프로세스가 고객의 불평과 불만족, 그리고 나아가 아픔을 생산한다. 겸허한 마인드셋으로 고객의 아픔을 검토하고 미루어 받아들일 때, 우리는 창의적 스마트 대안을 얻게 된다. 이 창의적 스마트 대안을 새로운 비즈니스 모델로 승화시킬 때, 진정 고객의 아픔이 우리의 아픔인 부가가치 높은 비즈니스 모델을 우리는 얻게 될 것이다.

유형별로 고객의 아픔을 감지하는 형식을 나열하면 다음과 같다.

① 경청하여 생각하고 행동하는 유형으로, 대화를 우선적으로 하여 그로부터 고객의 소리를 감사하면서 듣고, 인정하여 더 많은 아픔을 깨닫게 되는 방식

② 고객과의 만남의 진실의 순간(Moment of Truth)을 가장 고객이 불평하기 쉬운 지점에 설정하여, 프로세스관리를 통해 고객아픔을 깨닫게 되는 방식

③ 고객의 소리를 듣기 위한 다양한 채널을 설정하여, 어느 채널에서 고객의 불평이 생기더라도 통합하여 들을 수 있는 고객아픔 통합채널을 활용하여 얻는 방법

④ 적극적인 고객참여 유치를 통해 각종 커뮤니티나 네트워크를 활용하는 방법

⑤ 우리 실무자들에게 오너십의 배양, 책임의 명확화 등을 강조하여 실무자들로부터 고객의 아픔을 도출하게 하는 방식

⑥ 상급 실무자들을 계몽하여 그들로부터 근원적 모순에 의한 고객아픔이 무엇인가를 탐구해내는 방법

이와 같은 고객의 아픔들 중에서도 제일 중요한 것은 물론 구성원 모두가 고객의 아픔이 바로 우리의 아픔이라고 생각하는 것이다.

1) 타깃고객(Target Customers)

- 누구에 대한 아픔의 소리를 들어야 하나?
- 누구에게 가치를 만들어 주어야 하나?

'타깃고객' 은 기업이 갖고 있는 특성상 선택과 집중이라는 전략을 구사하기 위한 것으로, 자신의 지식과 경험을 토대로 잘 알고 있는 타깃고객층을 선별해야 한다. 비즈니스 모델링의 시작은 얼마나 잘 고객, 다시 말해 시장을 잡느냐에 있다. 그렇다고 타깃고객이 타깃마케팅은 아니며, 현재 및 잠재고객을 정확히 파악하는 데 있다.

TAC = How big is the universe

그림 6-4 | 타깃고객 설정

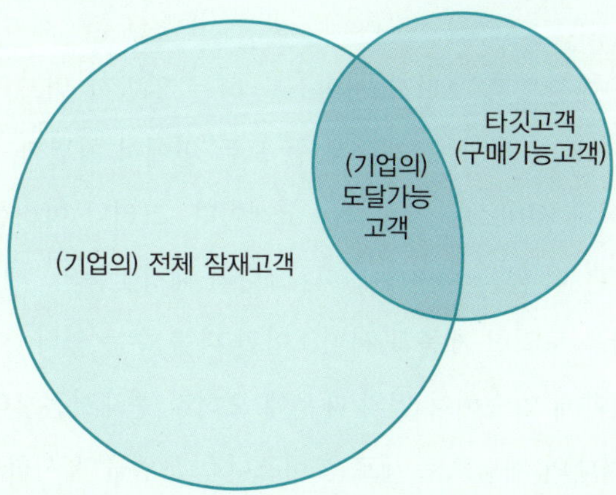

타깃고객은 다음 관점에서부터 정해질 수 있다.

- 지역적 구분, 기후적 구분과 같은 특정 조건에 따른 지역 분할
- 성, 나이, 교육, 가족수, 생활사이클의 단계와 같은 인구통계학상의 분류
- 유사 태도, 가치 및 라이프스타일에 따른 심리형태적 분류
- 단골이나 가끔 나타나는 고객행태 등에 따른 분류
- 제품과 연관된 관계에 따른 분류
- 현재와 미래 잠재고객 등 시간에 따른 분류

이 중 본 비즈니스 모델링에서 주요하게 고려해야 할 것은, 급변하고 있는 새로운 시대의 어떤 고객을 타깃으로 하여야 할 것인가이다.

새로운 시대의 타깃고객은 사전에 정의 안 되는 경우도 많다. 예를 들어, 상황인지 요구고객(Context-Awareness Request Customers)의 경우에 비즈니스 모델에서 정하는 상황인지의 종류와 수준에 의해, 누가 정확한 타깃고객인지가 비즈니스 모델설정 후에 정해질 수 있기 때문이다.

타깃고객 맞춤에는 여러 유형이 있을 수 있다.

① 대중고객

모든 고객을 대상으로 보편적 서비스를 하는 일반적 비즈니스 모델의 경우에 속한다. 대안, 채널, 고객관계 등 모든 면에서 차별화, 열린, 맞춤이 안 된 상품이나 서비스를 제공받는 고객이다. 그러나 이러한 고객일수록 불평과 불만은 더 많을 수밖에 없다. 그나마 대량맞춤의 '매스커스터마이제이션' 개념을 도입한 제품과 서비스이면 다를 수는 있다. 대중은 지금까지 규제나 제약에 익숙해져 있기 때문에 오히려 현재시점보다는 시공초월 등 새로운 시대의 개념으로 새로운 비즈니스 모델을 제시하게 되면, 감동과 환희를 느낄 확률이 더 높은 고객들이다.

② 틈새고객

기존 오프라인시장에서 무시당했던 온라인 및 모바일시장의 틈새시장의 고객으로 아마존이 반스앤노블을 이길 수 있게 해주었던 고객들이다. 요즈음 틈새고객들에게 관심이 많아 많은 관련 비즈니스 모델을 경쟁적으로 내놓고 있다. 이들을 대상으로 하나만이라도 제약이나 규제를 완화할 때, 수많은 지금까지 있지 않았던 스마트 대안을 만들 수 있다.

③ 상황인지 요구고객(Context-awareness Request Customer)

모바일과 센서에 힘입어 맞춤을 하되 자기가 현재 처한 상황을 인지하여 그에 대한 제품과 서비스를 해달라고 요구하는 고객으로, 현재 새로운 비즈니스 모델에서 가장 관심을 갖는 고객이다. 주로 디지털 네이티브에 속하는 고객이기는 하나, 일반적 고객들도 상황에 맞추어 세분화하면 이러한 고객층을 만들어 낼 수 있다.

④ 핀셋마케팅 고객(Pincette Marketing Customers)

핀셋으로 집어내듯이 타깃을 세분함으로써 특정 고객층만을 공략하는 것인데, 수입차나 백화점 등 유흥서비스업체에서의 멤버십 위주의 VVIP 또는 MVG(Most Valuable Guest)의 타깃고객이다. 차별화마케팅이나 차별화전략이 요구되는 고객층이라고 볼 수 있다.

⑤ 귀족마케팅 고객

고소득층, 상류층을 대상으로 하는 최상층부 고객으로, 오페라 공연, 한강유람선, 요트파티 같은 이벤트성 비즈니스를 타깃으로 한다. 이들 고객은 현존 비즈니스 모델을 바탕으로 고급화, 자아표현화시켜 주는 부가적 모델을 기대하고 있다.

2) 고객아픔의 자체 공유

많은 고객의 아픔들 중에서 상당수의 고객아픔들은 조직 자체의 힘만으로 풀 수 있다. 즉, '고객의 아픔이 바로 우리 조직의 아픔' 이라고 할 때 바로 해결할 수 있는 아픔이다. 이 경우 우리 회사 자체가 갖고 있는 가치체인에서 어떻게 하면 고객아픔을 해소할 수 있을 것인가를 생각하여 고객아픔을 풀 수 있다. 가치체인에는 우리 내부의 본원적 활동, 즉 원료를 구매하고 생산하고 분배하고 고객에 접할 때까지의 활동들과 지원적 활동, 즉 총무업무, 연구개발업무, 인사업무 등이 있어 이들 하나하나의 활동들이 어떻게 하면 고객아픔을 해소시킬 수 있겠는가에 대한 검토 속에서, 스마트한 대안을 도출하게 하는 것이다. 새로운 생태계 생성에 앞서 우리 자신의 역량으로 비용을 최소화하면서도 최고의 가치를 얻을 수 없는가를 살펴보는 단계이다.

조직 내부의 역량으로 고객아픔에 대처해 나가는 접근 방식에 대해 알아보자. 기존의 표준화된 제품 및 서비스에 고객화된 서비스를 추가하여 고객의 아픔을 해소할 수 있다. 맞춤화된 서비스를 그 위에 입혀야만 한다. 매일 관리자는 자기가 담당하고 있는 가치체인 중의 담당 태스크가 어떻게 하면 고객을 맞춤화시킬 수 있겠는가를 고민해야 한다.

즉, 우리는 가치체인으로부터 어떤 태스크를 맞춤화하여 주면, 고객이 자기 아픔을 해소할 수 있을까에 대한 검토를 해야 한다. 배달시점, 장소, 채널 등의 고객 맞춤화를 추진해야 한다. 가치체인의 제일 마지막 태스크는 고객과의 접점으로(특히 배달접점) 고객으로 하여금 마치 우리 조직이 그 고객 혼자만을 위해 존재하고 있는 것 같은 착각을 줌으로써 고객감동을 시켜야 한다. 가치체인 전체에 걸친 신속한 대응을 실천하도록 접근해야 한다. 가치체인 전반에 걸쳐 어떻게 하면 사이클 시간을 단축시킬 수 있을 것인가를 고려할 때, 고객의 아픔을 처리시킬 대안이 떠오를 것이다. 각각의 하나하나 태스크 시간 자체의 단축도 중요하기는 하지만 이는 요즈음 상당수준 단축되었다고 볼 수 있으므로, 오히려 태스크와 태스크 사이 시간을 어떻게 단축시킬 수 있을 것인가에 더 초점을 맞추어야 한다.

최종 제품 및 서비스를 고객 맞춤화하기 위한 구성요소들을 모듈화시키는 관점으로, 고객아픔을 처리할 수 있다. 물론 모듈화를 통해 고객이 좀 비싼 비용을 지불하게 되는 경우도 생길 수 있지만, 비용 대비 어떻게 하면 편리성이나 효과가 더 있을 것인가에 대한 상쇄적 면을 검토하여 고객아픔에 대응해야 한다.

이상 자체 내부에서 어떻게 하면 고객의 아픔에 대응하겠는지를 살펴보았다. 자체 내부만으로 모든 고객아픔을 해소하기는 요즈음같이 연결된 사회에서는 사실상 어렵다. 따라서 제3자의 힘을 이용하는 새로운 생태계를 통한 해결방법을 다음 단계에서 찾아야 할 것이다.

3) 고객아픔의 생태계 공유

많은 고객의 아픔들 중에서 우리 조직 자체의 힘으로 풀 수 있는 것을 제외한 새로운 생태계를 형성하면 해소될 수 있는 고객아픔이 있다. 즉, '고객의 아픔이 새로운 생태계의 아픔' 이라고 할 때 해결할 수 있는 아픔이다. 우리 조직이 물론 새로운 생태계에 속하기는 하나 그 형태는 확연히 다르다. 앞서 우리 조직 내에서의 고객아픔 처리는 주로 우리 조직의 가치체인에 대한 고찰로써 풀어갈 수 있다고 했는데, 그 이상의 아픔들은 벽이 없는 새로운 생태계 파트너들의 네트워크를 형성해야 풀어갈 수 있다.

요즈음의 세상을 수많은 네트워크 연결사회라고 하는데, 이는 수많은 서로 다른 비즈니스와 수많은 고객들이 더 나은 연결을 갖고 점점 플랫한 세상(Flat World)이 되어 가고, 시장에 대한 소셜커뮤니티가 더 강조되는 세상을 말한다. 이러한 연결된 세상에서는 승자가 모든 것을 얻는 'Winner takes all' 이 일어날 수 있으므로, 항상 새로운 소은하계인 새로운 생태계를 조성하는 노력이 있어야 한다.

새로운 생태계를 단순 아웃소싱의 개념으로 보면 안 된다. 이는 초연결의 새로운 세상의 파트너들의 네트워크로 보아야 할 것이다. 이제 조직 내 가치체인의 특정 태스크들과 우리와 인접하고 있는, 비록 업종이 다르더라도 다른 조직의 가치체인의 특정 태스크들이 서로의 연결고리를 갖고, 지금까지 있지 않았던 새로운 비즈니스 모델의 장을 열어야 한다.

새로운 생태계 조성을 통한 고객아픔의 대처방안을 알아보자. 조직 내에서와 마찬가지로, 가치체인의 태스크 간의 접점에서 일을 시간 관점뿐만 아니라 핵심역량을 위해서도 외부와 연결해야 한다. 다시 말해 외부 네트워크를 활용하여, 되도록이면 우리 가치체인에서 많은 태스크를 외부 네트워크에 넘겨야 더 높은 고객감동을 고객에게 줄 수 있음을 알아야 한다.

외부 네트워크와 연결 시 왜 하는지 목표를 명확히 하고 어떠한 원칙과 전략으로 협동하여 의사결정을 하며 무슨 영역을 잘 협업하여 관리하며, 누가 의사결정권을 갖고 있는가 등 초연결생태계에서의 거버넌스(governance)를 명확히 해야 한다.

생태계를 통한 고객아픔 해소 시에 지도자 역량이 극히 중요한데, 수요 측면에서는 책임, 거버넌스, 영향에 대한 고려와 사람관리 측면에서는 신뢰, 협업, 공급 측면에서는 관리, 조정, 지원의 원활함을 보일 수 있겠는가를 체크해야 한다.

고객아픔에 대해 생태계 구성 전에 디지털 시나리오나 디지털 스토리를 만들어 타당성 검토 후 해당 파트너를 획득하도록 한다. 여기서 디지털 스토리란 비즈니스 프로세스 개선이나 비즈니스 모델 개선을 넘어, 고객과의 접점을 강화하는 비즈니스 모멘트에 역점을 둔 스토리를 일컫는다.

4) 고객아픔 공유(Customer-Pain Sharing) 부문

열두 개의 블록으로 구성된 고객아픔 공유 비즈니스 모델맵(Customer-

Pain Sharing Business Model Map) 중에 고객아픔 공유에서의 맵을 이용한 작성요령은 다음과 같다.

현재 그리고 미래의 잠재적 고객의 아픔을 모두 나열한 후, 이를 해소하기 위한 창의적 아이디어를 창의적 대안 블록에 기재한다. 이 두 과정은 상호 피드백으로 이루어진다.

① 고객아픔 리스트(Customer-Pain List) 블록

- 현재 고객이 여러 채널을 통해 호소하고 있는 불평과 불만을 모두 리스트한다.
- 미래 상황에서 일어남직한 잠재적 고객아픔도 열거한다.
- 고객은 습관적으로 각종 제약이나 규제에 익숙해 있기에, 시공초월 등 새로운 시대의 탈제약 · 탈규제의 상황으로부터 고객의 아픔을 유추해 나열한다.

② 고객아픔의 자체 해소(Customer-Pain released by us) 블록

- 자체적 관점에서 해결할 수 있는 고객아픔에 대해 해결안을 기재한다.
- 고객아픔에 대한 해결안을 근간으로, 자체적 창의 대안 도출을 한 후 '창의적 대안' 을 창의적 대안 블록에 기재한다.

③ 고객아픔의 파트너 해소(Customer-Pain released by Partners) 블록

- 파트너들을 통해 해결할 수 있는 고객아픔에 대해서는 파트너들을 괄호 속에 먼저 기록한 후, 고객아픔에 대해 해결안을 서술한다.
- 고객아픔에 대한 해결안을 근간으로, 자체적 창의적 대안 도출을 한 후 '창의적 대안' 을 창의적 대안 블록에 기재한다.

5) 스마트 대안(Smart Alternatives)

- 고객아픔에 대응하는 고객 문제점 해결의 고부가가치는?

- 새로운 비즈니스 모델의 근본적 방향은 무엇인가?
- 궁극적으로 고객에게 무슨 가치를 전달할 것인가?

조직 자체 내부와 새롭게 형성되는 생태계 관점에서의 고객아픔 해결 대책 모두는 고객가치 창조를 목적으로 한다. 부가가치(value-added) 개념의 '스마트(smart)' 단어가 의미하듯, 고객아픔에 대한 해결보다도 한 걸음 더 나아가 향후에 더 부가가치를 일으킬 수 있는 대안을 제시하게 된다. 모스로(Moslow)의 인간의 욕구는 이미 기본적인 욕구에서 자기실현의 욕구로 바뀌어 갔다고 본다. 자기실현의 요소를 대안에 얼마나 가미했는가가 고객의 가치로 승화되는 때가 되었다. 고객이 느끼는 가치는 다양한 선택권이 주어지며, 더 빠르게 원하는 일을 할 수 있으며, 규모에 관계없이 하고 싶은 일을 할 수 있는 데 있지, 우리가 그동안 중요시해 왔던 주어진 타깃에 대한 일만을 주어진 시간 안에 정해진 예산 내에서 수행하는 데 있지 않다.

스마트 대안 도출의 궁극적인 목적은 가치창출에 있다. 일찍이 LG경제연구원은 가치창출을 두 가지 측면에서 생각했다. 하나는 기업이 제공하는 가치가 기존의 것과 동일한가 아닌가이고, 다른 하나는 고객이 동일한가

그림 6-5 | 스마트 대안의 가치공유

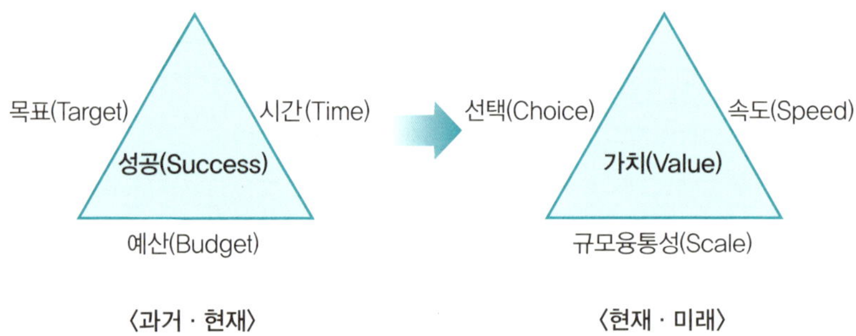

아닌가이다. 이 개념으로 가치창출전략을 다음과 같이 나눌 수 있다.

① 가치심화

가치심화는 기존 제공하던 가치를 더욱 풍요하고 깊이 있게 하는 전략으로, 대부분 기업들이 손쉽게 할 수 있는 전략이다. 기업들은 새로운 가치와의 융합이나 제품 및 서비스 자체 혁신을 통해 고객가치를 심화시킴으로써 기업의 경쟁력을 강화시키게 된다. 예를 들면, 국내 아파트의 브랜드를 통한 가치심화를 들 수 있다. 기존에 아파트가 제공하던 가치들은 교육, 교통, 주거환경 등과 같은 실재적인 것들이었다. 그러나 건설업체들은 자이(Xi), 래미안, e-편안세상 등 아파트에 브랜드를 도입함으로써, 고객들에게 아파트라는 실물과 함께 품질 및 이미지까지 제공하기 시작했다. 결과적으로 브랜드는 아파트의 가격형성에도 영향을 미쳐서 고객이 받아들이는 아파트의 가치를 자연스럽게 높이는 결과를 낳았다.

② 가치창조

기존의 시장에서 새로운 가치를 만들어 내는 것은 매우 어려운 일이다. 특히, 이미 포화되거나 경쟁기업 간의 경쟁 구도가 고착된 시장이라면 더욱 그렇다. 하지만 이럴수록 새로운 가치를 제공하여 만들어지는 새로운 시장을 선점해야 할 필요성이 커진다. 그리고 이런 시도가 성공할 경우 그 효과는 기대 이상이다.

글로벌기업인 시멕스(CIMEX)는 가치창조의 좋은 예이다. 시멕스는 멕시코를 기반으로 하는 세계 3위의 시멘트 제조업체이다. 시멕스는 자사의 핵심 경쟁역량이라 할 수 있는 배송시스템을 발판으로 'Patrimonio Hoy Program'을 도입하였다. 이 프로그램은 구매력이 떨어지는 저소득층이 시멘트 '계' 조직을 조성하여, 구성원이 차례로 시멘트를 구입할 수 있도록 신용구매를 지원해 주는 것이다. 시멕스는 시멘트와 함께 저소득층에게는 거리가 먼 것으로 여겨졌던 '신용'이라는 새로운 가치를 제공함으로써 안정적인 성장을 구가할 수 있었다.

③ 가치확장

많은 차별된 기업들이 고객에게 전달하는 가치는 마치 그 시장에서만 유효할 것처럼 보이는 경우가 많다. 하지만 기존의 시장에서만 적용될 것 같던 가치를 다른 시장으로까지 확장할 수 있다면, 기업은 새로운 시장에서 경쟁력을 확보할 수 있게 된다. 독특한 주문판매형식으로 저가 PC를 공급함으로써 성공한 델(Dell)은 그들이 제공하는 가치를 다른 영역에서도 경험할 수 있게 하였다. 초기 사업영역이었던 데스크톱 PC의 주문생산을 통해 고객들은 자신에게 필요한 사양을 가격에 맞게 구입할 수 있는 가치를 얻었다. 이후 노트북 PC 워크스테이션, 서버 및 저장장치 등에까지 사업영역을 확장하여, 개인만이 아니라 기업, 학교, 정부에까지도 같은 가치를 제공하게 되었다.

④ 가치이동

가치이동은 기업의 전형적인 다각화전략으로도 볼 수 있다. 가치이동은 기업이 기존 사업에서 제공하던 가치와 상관없이 새로운 시장에서 전혀 다른 형태의 가치를 제공하는 것이다.

스타벅스의 회장인 하워드 슐츠는 자신이 커피사업에 종사한다고 생각하지 않고, 커피를 포함한 다양한 소비를 창출하는 사업에 종사한다고 생각한다. 그래서 스타벅스 커피점을 방문한 고객에게 '커피를 통해 경험할 수 있는 로맨스, 연극, 공동체의식'을 느끼게 해준다. 스타벅스는 현재 고객의 라이프스타일을 분석하여 출판업에 진출하고, 최근에는 HP와 합작해 음원사업에까지 발들 들여놓았다.

이러한 새로운 형태의 가치창출을 위해서, 다시 말해 고객아픔에서 출발한 스마트 대안을 더 많이 낳기 위해서는 다음과 같은 것들이 필요하다.

- 지속적으로 의문을 갖는 마인드

• 항상 긍정적인 위기의식
• 변화할 필요가 있을 때 신속하게 변화할 수 있는 환경

더욱이 미래를 위한 경쟁력 있는 가치창출이 필요한 바, 기업은 앞서 기술한 가치심화, 가치창조, 가치확장, 가치이동 중에 어느 한 영역에 머무르지 않고, 지속적으로 갈아타기를 해야 할 것이다. "영원한 승자는 없다"라는 말은 현재에 있어서 변화하는 고객의 아픔을 한 순간 읽고 있지 않으면, 짧은 시간에도 예상치 못한 불행한 결과를 낳게 된다는 말로 이해하여야 한다.

스마트 대안(Smart Alternatives) 블록에 대한 작성요령은 다음과 같다.

고객아픔을 시작으로 창의적 대안을 창출하며, 고객아픔을 어떻게 공유하여 해소할 것인가에 대한 사고를 고객아픔리스트, 자체 및 파트너 해소 블록들과 반복적으로 수행한다.

① 고객아픔 공유 자체 및 파트너 해소 블록들과 번갈아 가며 창의성 있는 대안을 요약하여 기술한다.
② "눈에 보이는 대안만이 대안이 아니다"라는 관점에서 모든 대안을 검토한다.
③ 대안의 가설에 대한 실현가능성을 검토한다.
④ 근시안적 감정에 휩싸이지 않도록 도출된 대안에 대해 높은 관점에서 다시 조명한다. 최악의 경우는 어떻게 되는지도 검토한다.
⑤ 되도록이면 모든 고객의 아픔이 해소될 때까지 고객아픔 해소블록과 번갈아가며 반복한다.

Chapter 07

고객중심 비즈니스 모델

Chapter 07

고객중심 비즈니스 모델

우리는 지금까지 앞서 고객의 아픔에 대해 알아보고 어떻게 그 아픔 속에서 비즈니스 모델을 창출할 수 있을지 살펴보았다. 앞으로 살펴볼 내용은 이전의 연구자들이 제시한 다양한 비즈니스 모델을 고객 관점에서 접근하여 보고자 한다.

7.1 비즈니스 모델 캔버스

Osterwalder와 Pigneur는 비즈니스 모델을 조직의 구조, 프로세스, 시스템을 통해 실현시킬 수 있는 전략적 청사진으로 보고 이를 구성하는 9개의 핵심 블록(blocks)들을 제시하였다.

(1) 고객 세그먼트(Customer Segments)

고객 세그먼트는 기업이 목표하는 고객의 유형을 의미한다. 기업의 비즈니스 모델에 따라 고객 세그먼트는 변하기 때문에, 하나가 될 수도 혹은 다수가 될 수도 있다. 일단 세그먼트를 결정하면, 해당 세그먼트의 특화된 니즈를 제대로 파악할 수 있도록 이를 이용해 비즈니스 모델을 더욱 신중

그림 7-1 | 비즈니스 모델 캔버스

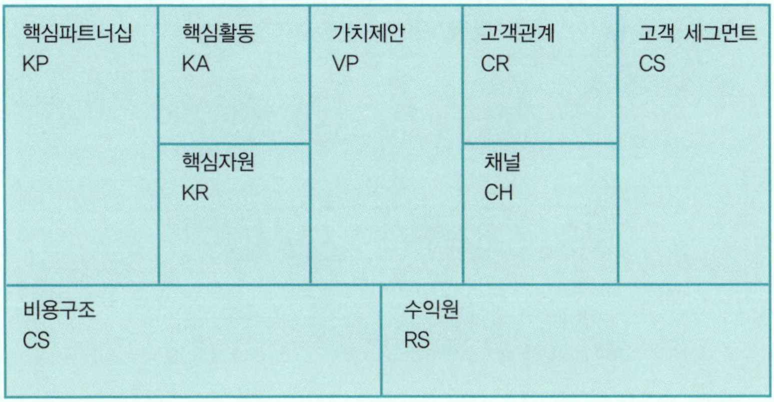

하게 설계할 수 있다. 이 단계에서는 누가 우리의 고객인지를 명확하게 정의하여야 한다.

고객 세그먼트는 일반적으로 먼저 고객을 세분화하는 수준(level)을 결정하는 것부터 시작하여야 한다. 얼마나 많은 고객을 하나의 집단으로 정의할지 결정을 내리고, 세분화 변수를 선정하여 세분화한 다음 각 고객 세그먼트의 특성을 파악하는 단계를 거치게 된다.

고객 세그먼트는 [그림 7-2]와 같은 4단계의 절차로 진행된다.

각각의 소비자들은 모두 제각기 다른 니즈를 가지고 있다. 기업은 이런 각각의 고객에 맞는 가치를 제공해 주는 것이 이상적이지만 현실적으로 모든 고객의 니즈를 만족시키기란 불가능한 일이다. 따라서 기업은 고객을 일정집단으로 분류하여 각 집단에 맞는 가치를 제공하기 위해 노력한다. 이 단계에서는 기업은 고객을 분류할 때 어느 수준에서 고객을 묶을 것인지 결정을 내려야 한다. 고객 세그먼트는 일반적으로 고객의 다양한 특성을 고려하여 이루어지거나, 이렇게 고객의 특성을 고려하여 분류한 후 그 집단의 인구통계적 특징에 따라 이루어진다. 기업이 고객 세그먼트 기준을

그림 7-2 | 고객 세그먼트 단계

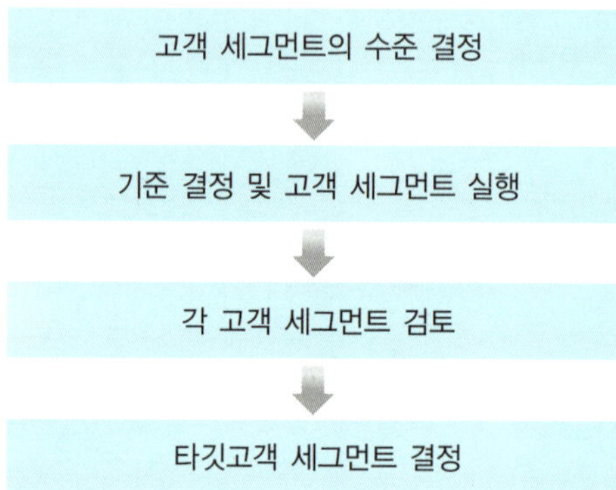

세울 때에는 고객니즈의 차이, 고객 세그먼트의 크기 등 다양한 요소를 고려하여야 한다.

고객 세그먼트에는 매스마켓, 틈새시장, 멀티사이드 시장 등의 유형이 있으며 어떤 고객 세그먼트는 세그먼트가 명확히 이루어져 있고, 반대로 세그먼트가 명확히 이루어지지 않고 복합적으로 혼재되어 있는 시장이 있다. 만약 기업이 매스마켓을 타깃으로 한다면 세그먼트를 따로 설정하지 않는다. 틈새시장은 이와 반대로 특화되고 전문화된 세그먼트를 설정하고 그에 맞는 상품이나 서비스를 제공하게 된다.

(2) 가치제안(Value Propositions)

앞선 단계에서 세그먼트를 결정하였다면, 가치제안 단계에서는 앞에서 정한 세그먼트의 니즈에 부합하는 가치를 제공해야 한다. 즉, 가치제안은 고객니즈를 충족시키는 기업이 제공하는 상품 혹은 서비스를 의미한다. 다음에 나열된 요소들을 사용하여 이 가치제안 단계를 좀 더 명확히 할 수 있을 것이다.

기업이 고객에게 가치를 제안할 때 사용하는 가장 일반적이며 고전적인 방법은 기존에 존재하는 제품이나 서비스의 성능을 향상시키는 것이다. 이 경우 기업은 고객이 기존 상품을 통해 만족하지 못했던 부분에서 접근해보면 쉽게 해답을 찾을 수 있을 것이다. 이러한 요소와 대비되는 것이 바로 고객에게 새로운 가치를 전달하는 일이다. 말 그대로 그전에 존재하지 않던 새로운 니즈를 찾아내는 일이다. 최근 들어서는 이러한 새로운 가치와 더불어 특정 세그먼트나 고객에게 특화된 커스터마이징서비스를 제공하는 것 역시 많이 강조되고 있다. 기업은 이를 통해 고객별 맞춤 상품이나 서비스를 제공할 수 있으며 고객은 특화된 맞춤 상품을 통해 다른 경쟁기업에서는 얻을 수 없는 가치를 갖게 된다. 또한 기업은 가격이나 디자인을 통해서도 고객에게 가치를 제안할 수 있다. 비슷한 가치를 저가로 제공하는 것은 고객니즈를 충족시키는 가장 일반적인 방법이며, 디자인 역시 고객이 제품을 선택하는 데 있어 중요한 요소이다. 때론 기업은 저렴한 가격이 아니라 자사의 상품을 구매하는 고객들이 비용을 절감하도록 돕는 경우도 있다.

가치제안 단계는 고객의 아픔과 가장 밀접하게 연관되어 있는 단계이다. 고객이 기존에 느끼던 불만족, 불평을 통해 기업은 어떤 가치를 고객에게 제공해야 할지 결정내리게 된다.

(3) 채널(Channels)

앞선 단계에서 어떤 가치를 고객에게 제공할지를 결정하였다면, 채널 단계에선 가치를 어떻게 고객에게 제공할지를 고민하게 된다. 채널을 통해 기업은 타깃고객 세그먼트에게 가치를 제안한다. 다양한 채널 유형들은 각각의 특징을 가지고 있으며, 고객경험에 많은 영향을 미치게 된다.

채널 유형은 일반적으로 영업부서, 웹사이트, 직영매장, 파트너매장, 도매상과 같다. 기업은 직접 영업부서를 통해 제품을 팔거나, 인터넷 사이트를 통해 제품을 판매할 수 있다. 이와 같은 경우 직접 채널을 이용하여 기업이 직접 제품을 판매하는 경우이며, 매장이나 도매상을 통해 간접 채널로 제품을 판매하는 경우도 있다. 파트너와 계약을 맺어 제품을 판매하는 경우 수익을 파트너와 분배하여 이익은 줄지만, 해당 파트너의 역량에 따라 고객의 범위를 확장시킬 수 있다는 장점이 있다.

결국 기업은 고객이 제품을 편리하게 접할 수 있고, 기업이 수익을 최대로 끌어낼 수 있는 적절한 채널을 선택하여 전략을 세워야 한다.

(4) 고객관계(Customer Relationships)

이 단계에서는 타깃고객 세그먼트와 어떻게 관계를 맺을 것인지 정해야 한다. 기업이 어떤 비즈니스 모델을 선택하고, 고객관계를 정의하느냐에 따라 전체 고객관리 프로세스가 변화하게 된다. 고객관계는 기업에게 있어 고객확보, 고객유지, 판매촉진의 이유로 중요하게 여겨진다. 신규고객을 확보하고 기존고객을 유지하면서 자사의 제품 및 서비스를 판매하는 것은 기업의 핵심업무 중 하나이다. 그만큼 수익에 많은 영향을 끼치는 것이 고객확보 단계이다. 기업은 어떤 고객관계를 확립할지 고민한 후, 효율적으로 관계를 쌓아가야 할 것이다. 특정한 고객 세그먼트와 고객관계를 형성할 몇 가지 방법이 있다.

고객이 만약 기업이 판매하는 제품에 궁금한 점이 생긴다면 일반적으로 기업의 고객센터로 전화를 하거나 이메일을 보낸다. 이 경우 기업은 개별 어시스트를 통해 고객에게 도움을 줄 수 있다. 이러한 개별 어시스트보다 고객과 더욱 긴밀한 관계를 맺는 것이 바로 헌신적인 개별 어시스트이다. 주로 VIP 고객들과의 관계를 맺을 때 사용하는 방법이며 가장 깊고 친밀한 형태이다. 이와는 반대로 고객과의 직접적인 관계를 맺지 않는 유형이 셀프서비스이다. 기업은 셀프서비스를 통해 비용을 절약할 수 있으며 고객은 그만큼 저렴한 비용으로 서비스를 이용하게 된다. 최근에 온라인 커뮤니티의 발달로 자사의 커뮤니티를 통해 고객과의 관계를 맺기도 한다. 블로그나 카페를 통해 신제품에 대한 정보를 전달하고 생생한 고객의 목소리를 빠르게 접할 수 있기 때문에 고객의 입장을 한층 더 잘 이해할 수 있게 된다.

(5) 수익원(Revenue Streams)

고객 세그먼트로부터 발생하는 현금을 의미한다. 기업이 제안하는 가치에 고객은 돈을 지불할 의사가 있는가? 비즈니스 모델에는 두 가지 수익원이 존재한다. 하나는 고객의 1회 지출로부터 유발되는 수익이고, 다른 하나는 고객에게 가치제안을 전달하거나 구매 후 고객을 지원하는 데 따른 연속적인 지출로부터 유발되는 반복적인 수익이다.

기업이 수익을 올리는 가장 보편적인 수익원은 기업이 보유한 제품이나 서비스를 판매하여 얻는 수익이다. 통신회사의 경우 이러한 판매를 통한 수익 외에도 고객이 처음 가입 시 지불하는 가입비도 존재한다. 이외에도 기업의 자산을 일정시간 빌려주고 받는 대여료나 임대료와 같은 수익원도 존재한다. 최근에 정수기나 공기청정기 같은 가전제품도 구매하지 않고 대여하여 사용하는 고객들이 늘고 있다. 라이센싱 수입은 고객들이 기업의 지적재산권을 사용한 후 사용료를 제공하면서 발생하는 수익이다. 많은 음원 제작자들은 자신의 곡에 대한 저작권을 보유하고 있으며, 그에 맞는 저작권료를 받고 있다. 중개수수료는 흔히 부동산 중개업에서 발생하는 수익이다. 기업이 중간에서 매개역할을 해주는 서비스에서 발생하며 거래가 성사될 때마다 거래액의 일정금액을 수수료로 받는다.

(6) 핵심자원(Key Resources)

핵심자원은 비즈니스를 원활히 진행하는 데 가장 필요한 중요 자산을 의미한다. 핵심자원은 물리적인 것일 수도 있고, 재무적이거나 인적자원의 영역에 속할 수도 있다. 이 자원들을 이용해 고객에게 가치를 제안하고 창조하며, 고객 세그먼트와의 관계를 유지해서 수익을 창출한다. 핵심자원은 물적자원, 지적자산, 인적자원, 재무자원으로 분류된다. 물적자원은 건물, 자동차 같은 물리적 자산이며, 점점 더 중요한 자원으로 여겨지고 있는 지적자산은 브랜드, 특허 및 저작권과 같은 자산을 의미한다.

(7) 핵심활동(Key Activities)

핵심자원과 마찬가지로 핵심활동 역시 밸류 프로포지션을 창조 및 제공하고 시장에 접근하고 고객 세그먼트와의 관계를 유지하며 수익원을 만드는 데 필요한 것들이다. 즉, 기업이 비즈니스를 제대로 영위해 나가기 위해 꼭 해야 하는 중요한 일들을 말한다.

생산활동은 높은 품질의 제품을 제작하는 것과 관련이 있는 활동이다. 일반적으로 제조회사의 비즈니스 모델에서 가장 큰 비중을 차지한다. 또한 고객이 해결할 수 없는 문제에 대해 해결책을 제시하는 문제해결활동도 존재한다. 마지막으로 플랫폼 및 네트워크활동은 관련 비즈니스 모델이 이와 관련된 핵심활동에 의해 지배된다.

(8) 핵심파트너십(Key Partnerships)

'공급자–파트너' 간의 네트워크를 의미한다. 기업들은 비즈니스 모델을 최적화하거나 리스크를 줄이고, 자원을 얻기 위해 서로 연합한다. 파트너십을 구축하는 이유는 규모의 경제, 리스크 감소, 자원 획득으로 요약할 수 있다. 자원은 한정되어 있다. 따라서 기업은 최적화나 규모의 경제를 통해 비용을 절약하고자 한다. 또한 기업은 파트너십을 통해 경쟁환경에서의 리스크를 감소시키고자 한다. 기업은 이러한 파트너십을 통해 자원이나 활동을 획득하여 효율적인 운영을 하게 된다.

(9) 비용구조(Cost Structure)

비용구조 블록은 비즈니스 모델을 운영하는 데서 발생하는 모든 비용을 의미한다. 앞선 블록들을 통해 핵심자원, 핵심활동, 핵심파트너십을 정의하고 나면, 비용구조를 쉽게 파악할 수 있다. 많은 비즈니스 모델의 비용구조는 비용주도적인 비즈니스와 가치주도적인 비즈니스로 나눠진다. 비용주도적인 비즈니스 모델은 비용절감을 위해 많은 노력을 기울인다. 반면 가치주도적 비용구조는 고급스러운 밸류 프로포지션과 고객에게 고도의 맞춤서비스를 제공하고자 노력한다.

비용구조는 고정비, 변동비, 규모의 경제, 범위의 경제 이 네 가지로 구성되어 있다. 일반적으로 제조업체의 경우 고정비가 차지하는 비율이 높다. 고정비는 생산량과 관계없이 소요되는 비용으로 인건비, 임대료, 공장 등이 이에 해당된다. 반대로 변동비는 생산되는 제품이나 서비스의 규모에 비례해 변동하는 비용이다. 규모의 경제는 제품의 산출량이 늘어날수록 개당 비용이 저렴해지는 이점을 갖는다. 따라서 기업은 대량생산이나 파트너십을 통해 규모의 경제를 실현시키고자 한다. 범위의 경제는 운영범위를 넓혀 비용을 절감하는 방법이다. 대기업은 동일한 마케팅활동이나 물류 채널을 이용해 다양한 제품을 취급할 수 있다.

지금까지 비즈니스 모델을 구성하는 9가지 블록에 대해 알아보았다. 비즈니스 모델을 디자인할 때 고객 관점에서 접근하는 것은 가장 기본적인 원칙이다. 고객의 시각에서 비즈니스 모델을 접근할 때, 기존과는 다른 새로운 기회를 발견할 수 있기 때문이다. 따라서 기업은 어떤 비즈니스 모델을 선택할 것인가 결정하기 전에 고객관계를 확실히 이해하여야 한다. 이러한 고객관점에서의 접근이 힘들다면, 엑스플레인(XPLANE)사가 개발한 Visual Thinking 기법을 사용해 공감지도를 그려볼 수 있다. 먼저 타깃고객 세그먼트를 결정한 후, 이름을 붙이고 특징을 부여한다. 공감지도는 아래의 6가지의 질문들로 구성되어 있다. 스스로 이 여섯 가지 질문을 묻고 답하면서 고객의 프로파일을 작성해 볼 수 있다.

가장 처음 질문은 '고객이 보는 것은 무엇인가?' 이다. 즉, 고객의 경험에 대해 묻는 질문이다. 고객이 처한 환경이나 주변의 인물들, 고객을 둘러싼 시장상황에 대해 작성하고 답하면서 우리는 타깃고객의 입장에서 생각해볼 수 있다. 고객을 둘러싼 환경과 고객의 입장을 이해하여야 우리는 진정으로 고객이 원하는 바가 무엇인지 알 수 있을 것이다. 다음으로 우리는 고객이 무엇을 듣는지 살펴보아야 한다. 앞서 나온 고객을 둘러싼 상황들이 고객에게 어떤 영향을 끼치는지 이해해야 한다. 고객은 무엇을 느끼고 생각하는가? 고객의 마음을 움직이는 것 혹은 고객에게 중요한 것이 무엇인지 알 때, 진정으로 고객을 이해한다고 표현할 수 있을 것이다. 앞서 나온 질문들을 통해 우리는 다음의 질문에 도달하게 된다. 고객이 무엇을 말하고 실천하는가? 우리는 앞서 고객의 상황과 그 상황이 고객에게 어떤 영향을 미치며 느끼는 것이 무엇인지 고려해 보았다. 이를 통해 실제로 고객이 어떻게 행동하는지를 통해 우리는 고객의 사고방식에 대해 더욱 확실히 알 수 있을 것이다. 이제 충분히 고객의 상황과 사고방식에 대해 이해하였다면 우리는 고객의 아픔이 무엇인지 파악하여야 한다. 고객의 고통은 무엇인가? 불만사항은 어떤 것이 있는지 혹은 부족하거나 어려운 점은 없었는지 세심히 살펴보고 우리는 그 아픔을 해결해주어야 한다. 마지막으로 고객이 얻는 것은 무엇인가? 즉 앞으로의 비전에 대한 질문이다. 고객이 진정으로 필요로 하고 원하는 것은 무엇인지 이해한다면 기업은 고객과의 관계를 더욱 긴밀히 할 수 있을 것이다.

향후 세 개의 거시적 비즈니스 모델이 설명되는데, 첫째 Afuah & Tucci 비즈니스 모델은 비즈니스 모델 구성요소가 어떻게 기업의 성과에 영향을 미치는가를 보여주며, 둘째, VISOR 비즈니스 모델은 새로운 비즈니스 모델 수행 시 성공 또는 실행가능성을 평가할 때 사용된다. 마지막 Amit &

Zott 비즈니스 모델은 직접적으로 고객에 대한 언급은 하고 있지 않지만, 모든 구성원들의 가치창출을 위한 콘텐츠, 구조, 관리방식에 대해 모델을 제시하고 있다.

7.2 Afuah & Tucci 비즈니스 모델

Afuah & Tocci는 비즈니스 모델의 구성요소가 기업의 성과와 밀접한 관련이 있다고 보고, 총 8개의 구성요소를 제시하였다.

(1) 고객가치(Customer Value)

기업은 고객에게 다른 경쟁자는 제공할 수 없는 가치 있는 서비스와 제품을 제공해야 한다. 이런 고객가치의 대표적인 유형으로 차별화전략과 저가전략이 있다.

1) 차별화(Differentiation)

기업이 차별화전략을 구사할 때, 고객은 해당 제품이 제공하는 가치와 다른 제품이 제공하는 가치가 다르다고 느끼게 된다. 이 차별화의 요소에는 제품특성(Product Features), 시기(Timing), 위치(Location), 서비스(Service), 제품믹스(Product Mix), 연결관계(Relationship) 및 평판(Reputation) 등이 포함된다.

그림 7-3 | 비즈니스 모델의 구성요소

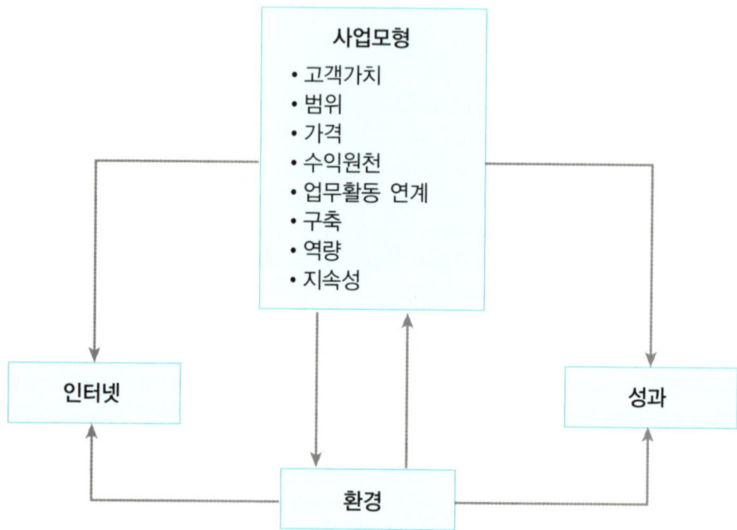

① 제품특성

경쟁사의 제품이 갖고 있지 않은 특성을 고객에게 제공함으로써 제품이나 서비스를 차별화하는 방법이다. 제품특성은 제품 차별화의 가장 일반적인 방법이다. 다른 경쟁사 제품에 비해 새로운 디자인을 사용하거나 기능을 추가하여 차별화할 수 있다. 또한 제품 차별화 외에도 제품과 관련된 기업의 업무활동의 특징을 차별화시킬 수 있다.

② 시기

기업이 시장에 제품을 최초로 도입하여 차별성을 얻는 방법이다. 이런 최초로 도입된 제품은 그 시장에서는 유일한 제품이 된다. 동일한 기능을 가진 제품을 경쟁사에 비해 일찍 생산한다면 그것만으로도 차별화가 되는 것이다. 따라서 기업이 기존에 없던 새로운 제품을 출시하는 경우 시기를 잘 고려해야 한다.

③ 위치

두 개의 동일한 기능을 가진 제품의 경우엔 적절한 위치선정으로 고객이 제품에 쉽게 접근할 수 있게 하여 다른 제품과 차별화시킬 수 있다. 최근 모바일 기기의 발달로 고객이 예전과 달리 굳이 오프라인 서점에 방문하여 책을 구매할 필요가 없게 되었다. 자신의 스마트폰이나 태블릿 PC를 이용하여 마켓에서 e-book을 다운받으면 언제 어디서나 시간과 장소에 구애받지 않고 책을 구매하여 볼 수 있다.

④ 서비스

제품의 신속한 사후 처리서비스도 차별화의 한 요소이다. 제품의 고장 시에 신속하게 수리하거나, 수리요원과의 의사소통의 원활함은 기업의 중요한 차별화이다. 고객이 구입한 제품에 대한 사전 · 사후관리는 고객에게 큰 가치를 제공할 수 있다.

⑤ 제품믹스

다양한 제품을 구매하거나 원스톱(one-stop) 구매를 원하는 고객에게 제품믹스는 하나의 차별화 방법이 될 수 있다. 온라인 쇼핑몰은 이러한 제품믹스를 잘 활용한 예이다. 고객은 온라인 쇼핑몰을 이용해 식음료부터 전자제품, 음반, 도서 등 다양한 종류의 제품들을 한자리에서 구매할 수 있다.

⑥ 연결관계

다른 기업과의 전략적 제휴를 통해 차별화할 수 있다. 브랜드 이미지가 좋은 기업과의 제휴는 기업에게 좋은 차별화의 원천이 된다.

⑦ 평판

기업의 자사 브랜드 명성을 높여, 고객이 다른 기업의 제품과는 다르다고 생각하게 만들어야 한다. 이러한 브랜드 평판을 높이는 일은 초기에 많은 비용과 시간이 투입되나 장기적인 측면에서 좋은 차별화 요소가 된다.

2) 저가(Low price)

비슷한 제품을 경쟁자보다 낮은 가격에 판매하는 것이다. 저가전략은 더 낮은 가격에 제품을 판매하는 것이 고객에게 더 나은 가치를 제공한다는 전제하에 시행된다. 고객은 이를 통해 비용절감효과를 볼 수 있다.

(2) 범위(Scope)

고객에게 가치를 제공하는 제품의 타깃시장 범위를 의미한다. 이 범위는 다음과 같이 다양한 기준에 의해 구분된다. 범위는 가치의 여러 측면을 구체화시킨 제품을 고객에게 판매하고, 이러한 가치를 제공하는 시장에 관한 것이다.

1) 지리적 세분화

타깃시장을 국가, 지역, 시 등 지리적 단위로 구분하여 나누는 것이다. 맥도날드의 경우 국가에 따라 해당 국가의 문화에 맞는 메뉴를 판매하고 있다.

2) 인구통계적 세분화

연령, 성별, 소득, 종교, 인종 등 인구통계적 변수에 의해 시장을 몇 개의 집단으로 분할하는 것이다.

3) 연령과 생활주기 단계

소비자의 욕구와 능력은 연령에 따라 변화하므로, 기업은 타깃연령층에 맞는 서비스나 제품을 제공해야 한다.

4) 성별 세분화

타깃 성별에 따라 제품의 여성적 이미지 혹은 남성적 이미지를 강조할지 결정하게 된다. 의복, 헤어스타일, 화장품, 잡지에서 오랜 기간 사용되어 왔다.

5) 소득 세분화

소득 세분화는 고객의 구매력에 많이 영향을 받는 자동차, 보트, 의류, 여행과 같은 분야에서 많이 적용되어 왔다.

6) 세대 세분화

각 세대별로 나타나는 정치사회적 특징이나 문화가 다르기 때문에 기업은 이러한 세대 세분화를 통해 타깃전략을 세우고자 한다. 예를 들어 베이비붐 세대(1946~1964)와 X세대(1964~1984)는 다른 특징을 보이고 있다.

7) 사회계층

사회계층은 자동차, 여가활동, 가정용 가구 등에 대한 그 사람의 선호성에 강하게 영향을 미친다.

8) 라이프스타일

라이프스타일은 사람들이 살아가는 방식을 의미한다. 고객의 라이프스타일에 따라 기업은 잠재고객을 발굴할 수 있다. Oldsmobile사는 능동적인 라이프스타일을 가진 고소득층에 속한 사람들을 탐색하면서 골퍼들을 조사하였다. 이 사람들은 통상 여러 대의 자동차를 구입하여 소유하고 있으며, 골프를 치는 사람들은 일반적인 사람들보다 새로운 자동차를 구입할 가능성이 43% 높은 것으로 나타났다. 이러한 자료를 기반으로 Oldsmobile사는 잠재고객과 판매자들을 위해 골프경기를 주최하였다.

라이프스타일을 측정할 때에는 활동(Activity), 흥미(Interest), 의견(Opinion) 이 세 가지 항목을 사용한다. 활동(Activity)은 사람들이 어떤 활동에 자신의 시간을 소요하는지를 의미하고, 흥미(Interest)는 고객이 어떤 것들을 중요하게 여기고 관심을 갖는지를 뜻한다. 마지막으로 의견(Opinion)은 고객의 생각을 말한다.

(3) 가격(Price)

가격은 기업이 고객에게 제품이나 서비스를 제공하고 수익을 얻을 때 중요한 요소이다. 가격을 어떻게 책정하느냐에 따라 기업의 수익이 바뀔 수 있기 때문에 신중을 기해야 한다. 잘못된 가격책정전략(pricing strategy)은 기업에 손해를 끼칠 뿐 아니라 제품을 시장에서 사장시켜버릴 수도 있다. 가격책정에는 다음과 같은 5가지 방법이 주로 사용된다.

1) 책정가격(Markup Pricing)

일반적으로 가장 많이 사용되는 방법이다. 단위 원가에서 기업이 예상하는 수익률을 고려해서 일반 소비자에게 판매하는 가격을 설정하는 방법이다.

단위원가 = 변동비 + 고정비/판매량

책정가격 = 단위원가/(1-예상 판매수익률)

2) 인지하는 가격(Perceived-Value Pricing)

제품의 원가가 아니라 소비자들이 인지한 가치에 맞게 가격을 매기는 경우이다. 따라서 기업은 소비자들이 인지하는 가치를 높이기 위해 광고나 판매원 같은 마케팅믹스에서 비가격변수를 많이 이용한다.

3) 가치가격(Value Pricing)

가치가격법은 소비자에게 높은 가치가 있는 제품 및 서비스를 저렴한 가격으로 제공하는 방법이다. 많은 소매업에서는 이 가치가격법을 적용해 매일 저가격화(Everyday Low Price) 방법을 사용하고 있다.

4) 비교가격(Going-Rate Pricing)

이 경우 기업이 가격을 책정할 때 가장 염두에 두는 것은 경쟁사의 가격이다. 경쟁사와 비교하여 동일한 가격을 책정하거나, 더 높게 또는 더 낮게 책정할 수도 있다.

5) 제한가격(Sealed-Bid Pricing)

기업이 공개입찰가격정책을 사용한다면 제품의 원가나 수요를 고려하기보다는 경쟁사들이 어느 정도 가격을 책정할 것인가에 기초하여 가격을 결정한다.

(4) 수익원천(Revenue Source)

비즈니스 모델분석에서 가장 중요한 요소는 기업의 수익의 원천이 무엇인지를 결정하는 것이다. 전통적인 기업에서 수익은 제품과 서비스의 판매로부터 얻을 수 있다. 그러나 인터넷 비즈니스의 경우 추가적인 두 가지 요소가 존재한다. 바로 중개성(Mediating)과 네트워크 외형(Network Externalities)인데, 중개성은 인터넷을 통해 거래할 때 거래와 관련된 수수료 및 광고료를 수익의 원천으로 활용하는 것이다. 네트워크 외형은 네트워크의 트래픽(Traffic)을 의미한다. 인터넷에서 트래픽이 많다는 것은 곧 시장에서 점유율이 높다는 것을 의미하므로, 트래픽 역시 중요한 수익의 원천이다.

(5) 업무활동 연계(Connected Activities)

기업은 고객에게 제공하는 가치, 즉 서비스와 제품을 공급하기 위해서는 일련의 가치창조 업무활동을 수행해야 한다. 예를 들면 R&D, 마케팅, 생산활동 등이다. 고객이 요구하는 가치를 제공하기 위해서는 기업은 어떤 업무활동을 언제 수행해야 하는지에 대한 선택의 문제가 중요하다.

1) 어떤 업무활동을 수행할 것인가?

기업이 가치를 창조하기 위해 어떤 활동을 수행할 것인지 결정을 내려야 한다. 기업은 이러한 결정을 하기 위해 다음과 같은 5가지 기준들을 사용한다.

① 가치생산활동을 일관성 있게 지원해야 한다. 예를 들어 기업이 저가전략이나 차별화전략을 선택하였다면 이에 맞게 업무활동이 지원되어야 한다.

② 각기 서로 다른 업무를 상호지원해야 한다. 온라인 쇼핑몰의 고객 인터페이스에는 다양한 판매촉진을 위한 내용이 담겨 있고, 이를 통해 기업은 자사의 브랜드 이미지를 높일 수 있다.

③ 기업의 가치창조 업무활동은 기업이 성공하기 위한 주요한 요인이다. 예를 들어 온라인 쇼핑몰은 빠른 주문처리와 배송이 성공요인이 된다.

④ 독특한 업무활동을 구축할 수 있는 역량이 기업 성공의 주요한 열쇠이다. 유통기업이 물류활동을 어떻게 하는가 하는 업무활동을 구축하고 운영하는 능력이 성공의 요인이다.

⑤ 산업이 기업에게 보다 더욱 매력적인 것이 되는 방향으로 추진되어야 한다. 기업은 전략적 행위를 통해, 공급자과 고객에 대한 교섭력을 증가시키고 경쟁을 감소시키게 된다. 고객에게 경쟁사보다 더 나은 가치를 제공하는 것은 이익을 얻는 필요조건이다.

2) 언제 업무활동을 수행할 것인가?

산업이나 시장의 환경은 계속 변화하므로, 기업이 언제 어떤 업무를 수행하는가는 중요한 문제이다. 또한 산업도 역시 제품수명주기처럼 산업주기를 갖고 있으므로, 그 산업이 성장기인지 쇠퇴기인지에 따라 기업이 수행해야 되는 업무활동 역시 변화하게 된다. 기업이 어떤 활동을 수행하기로 선택하는 시기는 경쟁사에 의해 영향을 많이 받는다. 또한 업무활동이 수행되는 순서도 역시 중요하다. 만약 어떤 기업이 고객에게 매력적인 신제품을 광고하지만, 그에 응대하는 종업원들의 서비스와 지식이 부족하다면 그 기업의 명성은 손상될 수 있다.

(6) 구축(Implementation)

기업이 어떤 의사결정을 내리느냐에 따른 문제이다. 무엇을, 언제, 어떻게 고객에게 전하는가 하는 문제를 결정하는 것은 매우 중요한 일이다. 산업의 특징은 진화하기 때문에 기업은 때에 따른 알맞은 활동들을 수행해야 한다.

1) 구조(Structure)

구조는 기업 내에서 어떻게 업무보고가 이루어지고, 상호 간에 의사소통을 수행할 것인지와 관련된 사항이다. 올바른 구조는 다음과 같은 두 가지 특징을 지닌다.

① 조정(coordination) : 기업이 어떤 자원(resources)을 필요로 할 때, 시의적절하게 고객에게 가치를 제공하는 것을 의미한다.

② 차별성(differentiation)과 통합성(integration) : 기업의 물류와 마케팅 그룹은 분리되어 유지된다. 각각 활동들은 고유한 과제와 역할이 있다. 동시에, 고객에게 가치를 제공하기 위해서 서로 다른 기능 간의 상호작용이 필요할 때가 있다. 따라서 서로 다른 기능의 차별화된 활

동들은 최적의 가치를 위해 통합되어야 한다.

2) 시스템(System)

앞서 얘기한 구조는 기업이 어떤 업무를 수행할지 결정을 내리게 해준다. 하지만 종업원들이 자신의 업무에 어떻게 동기유발되는지에 대해서는 설명해주지 않는다. 경영자는 이해가능한 방식으로 개인과 조직에 대하여 성과를 측정하고 보상할 수 있어야 한다. 이러한 성과보상시스템뿐만 아니라 정보흐름시스템 역시 매우 중요하다. 조직 말단의 직원으로부터 매력적인 아이디어가 나왔을 경우, 경영자가 정확한 정보를 신속히 얻는 것이 중요하다. 이런 정보흐름시스템을 통해 많은 기업들은 왜곡되지 않은 최신정보를 빠르게 획득할 수 있다.

(7) 역량(Capabilities)

기업이 필요한 자원을 획득하고 사용하는가의 문제이다. 이렇게 획득한 자원을 이용하여 기업은 경쟁자들과의 경쟁우위를 가지게 된다.

1) 자원(Resources)

고객이 원하는 가치를 제공하기 위해서는 자원이 필요하다. 이 자원은 유형(Tangible), 무형(Intangible) 및 사람(Human)으로 분류된다. 유형자원은 장비, 토지, 건물, 현금 등 눈에 보이고 존재하는 자원을 의미한다. 이 자원들은 재무제표상에서 자산에 속하는 것들이다. 무형자원은 특허, 저작권, 브랜드 등과 같이 눈에 보이지 않는 비물리적이고 비재무적인 자산이다. 사람, 즉 인적자원은 직원들이 보유하고 있는 기술과 지식이다. 인적자원을 통해 기업은 이러한 유·무형 자원을 활용하여 고객에게 가치를 제공할 수 있게 한다.

2) 능력(Competencies)

획득한 자원을 고객이 원하는 가치로 만들기 만들기 위해서는 기업의 능력이 필요하다. 경쟁자와 자사의 제품 및 서비스를 차별화할 수 있는 주요 요소이며, 이 능력을 통해 기업이 경쟁우위를 가지게 된다.

(8) 지속성(Sustainability)

기업이 경쟁우위를 가지게 된다면, 이를 이용해 경쟁자를 따라잡거나 추월할 수 있게 된다. 지속성은 이러한 기업이 가진 경쟁우위를 지속적으로 유지하는 것이다. 경쟁우위를 유지하는 것은 기업을 둘러싼 주변 환경이나 기술, 역량과 밀접한 관계를 맺고 있다. 경쟁우위를 지속시키기 위해 기업은 다음 세 가지 전략을 이용하게 된다.

1) 장벽전략(block strategy)

기업은 사업모형 둘레에 장벽을 세워 다른 기업이 자사를 쉽게 모방하지 못하게 한다. 주로 저작권, 특허 등이 이 전략에서 사용된다. 다만 장벽전략은 경쟁사가 장벽을 피할 수 있는 방법을 발견한다면 더 이상 사용할 수 없게 된다는 문제점이 있다.

2) 선발전략(run strategy)

선발전략을 구사하는 기업은 사업군에서 경쟁자들보다 항상 먼저 앞서나가야 한다. 새로운 혁신적인 사업모형을 통해 경쟁자가 따라올 수 없게 따돌리는 것이다.

3) 팀구성전략(team-up strategy)

팀구성전략은 자사의 사업모형을 강화시키기 위해 다른 기업과 전략적 제휴, 인수, 지분소유 등의 방법을 통해 팀을 구성하는 것이다.

| 표 7-1 | 비즈니스 모델의 구성요소

고객가치	기업이 고객에게 제공하는 가치
범위	고객에게 가치를 제공하는 제품의 타깃시장 범위
가격	기업이 고객에게 제공하는 제품 및 서비스 가격설정전략
수익원천	기업의 수익창출방법
업무활동 연계	기업이 고객에게 제품 및 서비스를 공급하기 위한 가치창조활동
구축	비즈니스 모델의 구성요소를 구축
역량	기업이 업무를 수행할 수 있는 능력
지속성	기업이 시장에서 경쟁적 우위를 갖기 위해 해야 하는 활동

지금까지 우리는 8가지의 비즈니스 모델 구성요소를 살펴보았다. Afuah & Tucci는 고객가치요소에서 일반적으로 사용되는 차별화와 저가전략을 언급하였다. 그러나 이 모델을 고객의 관점에서 바라본다면 사실 첫 번째 요소인 '고객가치'가 이 비즈니스 모델의 가장 핵심적인 부분이라고 할 수 있다. 하지만 이 모델에서는 고객에 대해 충분한 고려가 이루어지지 않고 있다. 따라서 다음의 수정된 모델을 사용하여 고객의 아픔에서 출발하는 비즈니스 모델에 대해 이야기해 보고자 한다.

고객가치요소는 기업이 고객에게 자사의 제품이나 서비스를 통해 가치를 전달하는 과정이다. 우리는 이 고객가치를 고객이라는 좀 더 확장된 개념으로 보고 나머지 7가지 요소에 끼치는 영향에 대해 알아보고자 한다. 기업이 고객가치를 창출하고자 한다면 고객의 제품에 대한 만족도를 높여야 한다.

고객만족을 성취하기 위해서는 고객이 진정으로 원하는 것이 무엇인지 그 요구사항을 정확하게 파악하고 있어야 한다. 기업은 고객의 니즈를 파악하고 충족시키기 위해 자사만의 고유한 가치를 제공한다. 기업이 제공하는 제품 및 서비스는 실제 고객의 니즈를 반영한 상품명세서(Specification)를 통해 상품을 설계하여 생산할 수 있는 형태로 만든다. 고객니즈에 대한

그림 7-4 | 고객 관점에서 수정된 비즈니스 모델

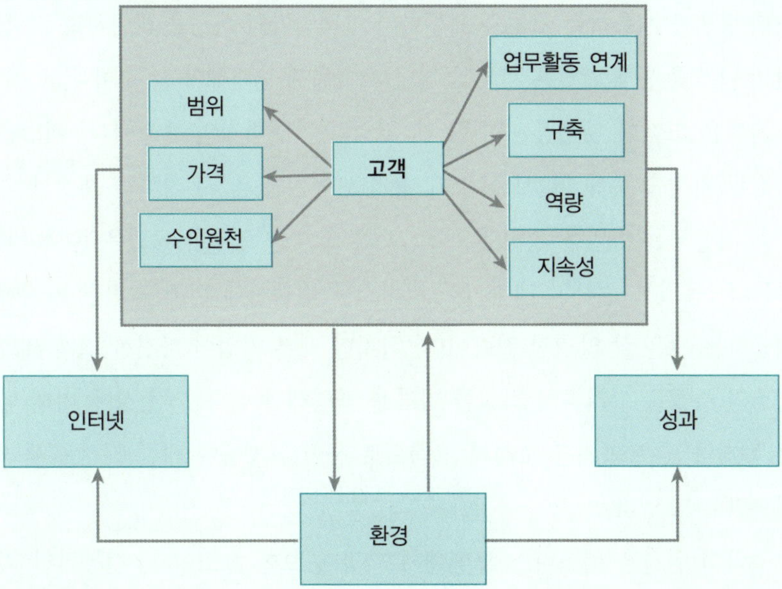

올바른 이해를 통해 기업은 정확한 상품명세서를 만들 수 있으며, 이를 통해 고객의 니즈를 충족시킬 능력을 끌어올릴 수 있다. 일반적으로 고객의 요구사항을 정의하면 [표 7-2]의 5가지와 같다.

| 표 7-2 | 고객의 요구사항

품질	고객의 사용목적에 상품이 적합한 정도
유연성	수량, 납기일, 상품 자체를 변경할 수 있는 여유의 정도
서비스수준	고객이 상품 및 서비스를 요구 시 빠르게 제공하는 능력
가격	고객이 상품을 구매하고 지불하는 비용
리드타임	기업의 업무활동 속도, 혁신이 시장화되는 속도

기업이 타깃시장의 범위를 설정할 때 앞서 설명했듯 다양한 세분화 방법을 사용한다. 이러한 세분화 방법들은 고객을 중심으로 설계되어 있다. 어떤 방법을 사용하든 기업은 세분화된 고객집단의 특징을 파악하고 그 집단의 니즈를 통해 알맞은 가치를 전달하기 위해 노력해야 할 것이다.

가격은 고객이 제품을 구매할 때 고려하는 일반적인 요소이다. 기업은 측정된 가격을 통해 고객으로부터 수익을 얻는다. 앞서 가격을 책정할 때 주로 사용하는 방법을 설명했으나, 그 중 고객을 고려한 방법은 존재하지 않는다. 동일한 성능의 제품이나 서비스를 경쟁사에 비해 저렴한 가격에 제공하는 것은 잘 알려진 전략이다. 하지만 때론 기업이 타깃한 고객 세그먼트의 특성을 고려하여 적절한 가격을 책정해야 한다. 경쟁사에 비해 너무 높거나 낮은 가격은 오히려 고객으로 하여금 제품에 대한 불신을 불러일으킬 수도 있다.

수익의 원천은 비즈니스 모델에서 가장 중요한 요소이다. 전통적인 기업은 앞서 설명한 제품 혹은 서비스를 제공하고 기업이 책정한 가격으로부터 수익을 얻는다. 결국 그 가격에 해당하는 돈을 지불하는 것은 고객이므로, 고객은 기업의 수익원천에 있어 아주 중요한 의미를 갖는다. 다양한 수익의 원천은 그 전에 설명하였던 비즈니스 모델 캔버스에 상세히 서술되어 있다.

업무활동 연계는 기업이 어떤 업무활동을 언제 수행할 것인가의 선택의 문제이다. 기업은 가치를 창조하기 위해 해야 하는 활동들과 그렇게 창조한 가치를 고객에게 전달할 시기를 결정해야 한다. 이 과정에서 고객은 기업이 수행해야 할 활동들을 명확히 만들어 준다. 앞서 정의된 고객 세그먼트를 고려하여 우선순위를 정하면 좀 더 쉽게 이해할 수 있을 것이다. 또한 산업과 시장은 고객의 니즈와 트렌드를 반영하여 변화한다. 따라서 언제 업무활동을 수행하는 것이 좋을지 결정을 내려야 한다면, 고객의 니즈에서 출발하여 고민해 보아야 할 것이다.

구조의 특징을 살펴보면 기업은 조정(coordination)을 통해 고객에게 적절한 시기에 고객이 원하는 가치를 제공할 수 있다. 또한 구조를 잘 이용하여 상호 간의 의사소통을 원활히 해야 한다. 이 의사소통은 비단 기업 내에 한정된 것이 아니라 기업과 고객 간의 의사소통도 포함한다. 제품에 대한 고객의 의견이나 불만사항이 기업에 잘 전달될 수 있는 체계가 잡혀 있어야, 기업은 고객의 의견을 적극 반영할 수 있을 것이다.

기업은 자사의 역량을 높이기 위해 끊임없이 노력해야 한다. 자원(resources)을 잘 획득하고 적재적소에 배치하는 것도 중요하나 획득한 자원을 고객이 원하는 가치로 만드는 능력(competencies) 또한 중요한 문제이다. 능력이 뛰어난 기업은 동일한 자원을 사용하더라도 좀 더 높은 가치를 고객에게 제공할 수 있다. 따라서 기업은 역량을 증진시켜 고객에게 고객이 원하는 좀 더 높은 가치를 제공하기 위해 노력해야 한다.

마지막으로 이렇게 제공된 가치를 통해 기업이 경쟁우위를 갖게 되면 이를 유지하기 위해 많은 노력을 기울이게 된다. 제시된 세 가지 전략을 고객 관점에서 발전시켜 보자. 기업이 경쟁우위를 유지하게 만들어 주는 것도 역시 고객이다. 고객의 지속적인 구매와 충성도로 인해 기업은 경쟁자로부터 자신의 자리를 지킬 수 있게 된다.

7.3 VISOR 모델

이번 소개할 VISOR 모델은 University of Southern California's Marshall School of Business–The Institute for Communication Technology Management(CTM)에서 고안한 비즈니스 모델 프레임워크

그림 7-5 | VISOR 모델

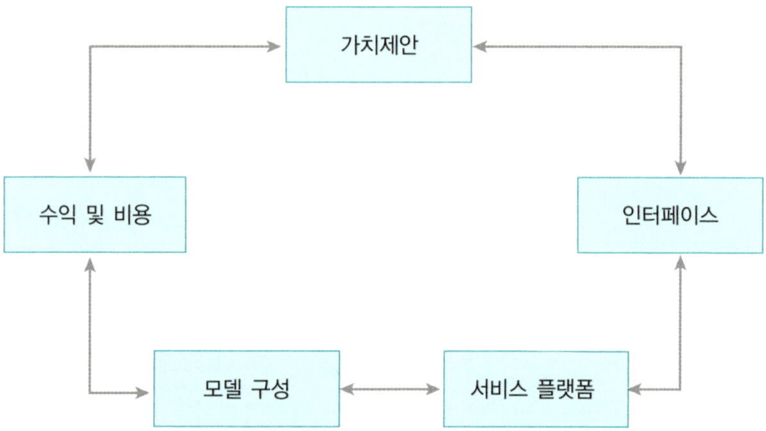

자료 : Fife & Pereira(2008)

로, 새로운 기술의 도입 및 서비스 제공에 있어서, 그 성공 또는 실행가능성을 평가하는 방법론이다. Fife & Pereira는 VISOR 모델을 원격진료서비스(mobile tele-health)사업에 적용하여 설명하고 있다. 이 모델은 비즈니스 모델의 구성요소를 5가지로 구분하여 제시하고 있다.

VISOR 모델은 사용자 경험이나 인터페이스요소를 반영하여, 비즈니스 모델을 전개하는 다양한 방법들을 통합하고자 한다. 이 요소들은 기존의 다양한 비즈니스 모델에서는 명백하게 나타나지 않는다. 게다가 VISOR 모델에 포함된 인터페이스와 서비스 플랫폼요소들은 원격진료(tele-health)와 같은 전자기기나 서비스 분야에서 매우 중요한 역할을 한다. 따라서 좋은 비즈니스 모델은 다음과 같은 질문에 답할 수 있어야 할 것이다. 기업이 제공하는 서비스는 누구를 위한 것인가? 고객의 가치는 무엇인가? 어떻게 우리는 이 사업에서 수익을 올릴 수 있는가? 우리가 고객에게 적당한 비용에 가치를 전달하는 잠재적인 경제논리는 무엇인가?

이러한 접근에서 VISOR 모델은 기업이 어떻게 고객의 잠재적인 요구에 응답하고, 높은 가치를 창출하여 고객에게 전달할지 고려해 본다. 성공적인 비즈니스 모델은 각각의 요소들을 조정할 수 있으며, 타깃고객의 지불의사를 최대한으로 끌어올릴 수 있는 가치를 제안해야 한다.

VISOR 모델의 전체 5가지 요소 중 가치(Value)와 수익 및 비용 모델(Revenue/Cost Model)은 서비스를 통해 제공되는 진정한 가치(Real Value) 영역이라 하며, 인터페이스(Interface), 서비스 플랫폼(Service Platforms), 모델 구성(Organizing Model)은 기업이 고객에게 서비스를 전달하는 데 드는 비용적인 측면을 나타내고 있다. 앞서 언급한 원격진료서비스(mobile tele-health)를 예로 들어 VISOR 모델의 5가지 요소를 설명하고자 한다.

(1) 가치제안(Value Propositions)

특정 고객 세그먼트가 기업의 제품 또는 서비스에 부여하는 가치제안으로, 고객이 제품 및 서비스를 구매하고 그에 해당하는 높은 가격을 지불하는 이유이다. 기업은 '가치창출(value creation)'을 통해 최종소비자들의 욕구를 충족시켜야 하며, 기존의 제품에서 만족하지 못하고 있는 소비자들을 만족시킬 수 있는 '대체가치(value substitution)'를 제공하여야 한다. 가치제안요소는 앞서 다른 비즈니스 모델에서도 설명하였다.

고객은 원격의료서비스를 통해 무선으로 진료가 가능하므로 지리적인 제약조건에 구애받지 않는다. 결과적으로 고객은 기존에 비해 비용을 절약하면서도 좀 더 빠르게 진료와 치료를 받을 수 있다.

(2) 인터페이스(Interface)

제품 혹은 서비스의 성공은 사용자가 사용하는 인터페이스에 많이 달려있다. 인터페이스는 사용하기 쉽고, 간단하며, 간편하거나 아니면 고객에게 놀라운 경험을 제공해야 한다.

원격의료서비스에서는 PDA(개인데이터 어플리케이션) 단말기를 사용하여 의료진이 환자를 진찰하고 처방을 위한 환자의 의료정보에 접근한다. 또한 환자는 PDA를 이용해 자신의 몸상태를 체크하여 인슐린을 투입하거나, 심장박동수를 확인한다. 이러한 간편한 인터페이스를 통해 환자는 매우 간편하게 의료 진료를 받을 수 있게 된다.

(3) 서비스 플랫폼(Service Platforms)

서비스 플랫폼은 제품이나 서비스를 고객에게 전달하는 데 필요한 비즈니스 모델이나 관계를 지원하며 기업의 가치제안(value proposition)을 만족케 한다.

과거에 비해 3G, WiFi, Bluetoothe 등 다양한 무선기술의 발전으로 인해 현대 간편한 원격진료가 가능하게 되었다. 이런 의료 데이터에 대한 강한 보안기술이 필요하므로, 대부분의 무선장치들은 리스크를 피하기 위해 최소한의 환자에 대한 정보만 포함하고 있다. 앞으로 지금보다 더욱 발전된 무선기술들이 등장한다면 고객에게 더 높은 품질의 서비스를 제공할 수 있을 것이다.

(4) 모델 구성(Organizing Models)

기업이 얼마나 효율적으로 업무절차, 가치사슬, 파트너 관계를 구성하고, 제품이나 서비스를 고객에게 효과적으로 전달하고 있는지를 의미한다.

의료 및 보건사회시스템은 매우 조직적이며 복잡하게 구성되어 있다. 원격진료의 경우 연방통신위원회의 규제를 받으며, 미국의학협회나 의학대학 등 다양한 기관들로부터 영향을 받는다. 또한 주마다 라이센스시스템이나 보험정책이 다르기 때문에 원격진료를 수행할 때 어려움을 겪을 수 있다.

(5) 수익 및 비용 모델(Revenue/Cost model)

서비스를 제공하고 얻는 총수익과 서비스를 제공하는 데 드는 총비용이다. 좋은 비즈니스 모델에서는 수익이 비용보다 많고 모든 파트너들에게도 매력적인 모델이어야 한다.

현재 원격진료는 처음 인프라에 많은 비용이 들어간다. 아직까지 적은 수의 의료기관이 원격진료에 동참하고 있으며, 의학협회에서는 언제 구식이 될지 모르는 새로운 기계의 도입을 꺼리고 있는 상황이다.

지금까지 VISOR 모델의 5가지 요소를 살펴보았다. 그 중 고객 관점에서 3가지 요소로 가치제안, 인터페이스, 모델 구성에 대해 좀 더 이야기하여 보고자 한다. 고객중심의 수정된 VISOR 모델은 [그림 7-6]과 같이 나타낼 수 있다.

그림 7-6 | 고객 관점의 수정된 VISOR 모델

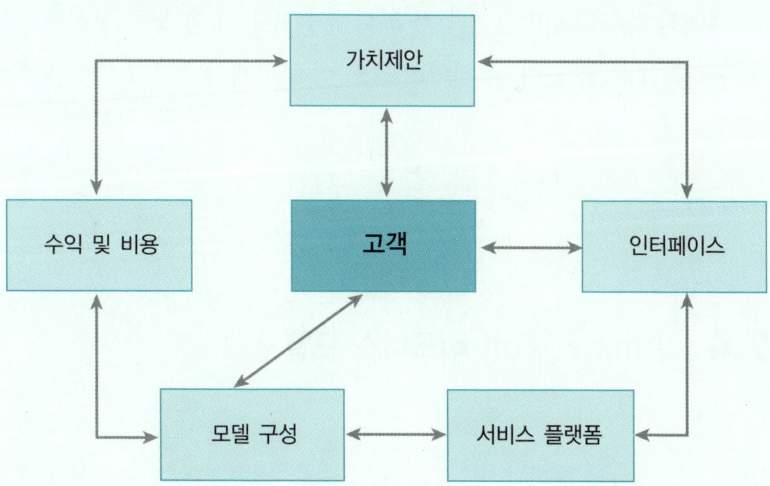

가치제안은 비즈니스 모델의 첫 번째 시작 단계로 그만큼 어렵고 모델

의 핵심이 되는 단계이다. 따라서 가치제안 단계를 고객의 니즈를 출발점으로 생각하고 전개시켜 보면 보다 쉽게 도출할 수 있을 것이다. 고객들은 기업이 어떤 가치를 제공하느냐에 따라 제품을 구매할지 구매하지 않을지 결정을 내린다. 기존 제품에서의 불만사항이나 그로부터 도출된 고객의 아픔을 바탕으로 생각해보자.

간단한 인터페이스는 고객이 제품을 이용하기 쉽게 만들어 준다. 기업은 제품 혹은 서비스 설계 단계에서부터 고객을 고려하여 접근하기 쉽고 편리한 인터페이스를 제공하기 위해 노력하여야 한다. 만약 기업이 인터페이스의 방향을 놀라운 경험 쪽으로 잡았다면, 고객이 제품을 사용하면서 즐거움을 느낄 수 있고, 인터페이스가 제품을 사용하기 위한 수단이나 도구가 아닌 그 자체만으로도 고객에게 높은 가치를 전달할 수 있게 설계되어야 할 것이다.

효과적인 비즈니스 모델 구성을 통해 기업은 고객에게 자사의 제품을 좀 더 효과적으로 전달할 수 있다. 비즈니스 모델을 구성할 때 기업은 어떻게 고객에게 가치를 전달할 것인지 고려해야 한다. 좋은 모델 구성은 전달하고자 하는 가치를 높여 줄 것이며 그로 인해 고객의 만족감 역시 높아질 것이다.

7.4 Amit & Zott 비즈니스 모델

Amit & Zott에 의해 설계된 비즈니스 모델은 사업환경에서 기회를 이용하여 모든 관련된 구성원들이 가치를 창출하게 설계된 콘텐츠, 구조, 관리방식을 뜻한다. 따라서 비즈니스 모델을 설계할 때에는 전체적인 총가치의 양

그림 7-7 | 비즈니스 모델 설계

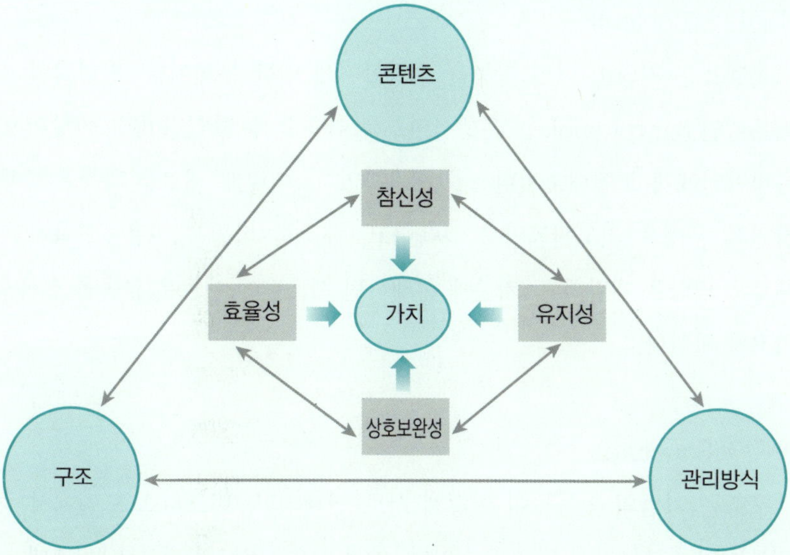

자료 : Amit & Zott(2010)

에 의해 기반을 두거나 기업이 창출할 수 있는 최대한의 가치를 기반으로 하게 된다. 창출되는 전체 가치가 커질수록 기업의 교섭력 또한 높아지며 기업이 자사의 제품이나 서비스에 책정할 수 있는 가치의 양 또한 많아진다.

Amit & Zott는 비즈니스 모델을 활동체계(Activity System) 관점에서 접근하였다. 그들은 비즈니스 모델을 구성하는 요소로 콘텐츠(Content), 구조(Structure), 관리방식(Governance)으로 나누고, 비즈니스 모델의 가치를 창출할 때 사용하는 주요한 4가지 테마(참신성, 효율성, 상호보완성, 유지성)를 [그림 7-7]과 같이 제시하였다.

(1) 비즈니스 모델의 3가지 요소

1) 콘텐츠(Content)

콘텐츠는 기업이 어떤 활동을 수행할지에 대한 문제이다. 전형적인 소매은행인 Bancolombia는 은행서비스를 이용할 수 없었던 60% 이상의 콜롬비아인에게 소액대출서비스를 제공하였다. 이렇게 새로운 활동을 수행하면서 은행은 최고관리자를 교육하고, 새로운 직원을 고용 · 교육하고, 새로운 역량을 개발하고, 기존에 존재하던 시스템에 새로운 활동을 접목시키고자 하였다.

2) 구조(Structure)

구조는 기업의 활동들이 어떻게 서로 연계되고, 비즈니스 모델에서 중요성을 캐치하는지에 대한 요소이다. 예를 들어, IBM의 경우 1990년대 초반 다양한 금융위기를 계기로 회사의 핵심활동과 주변활동을 바꿔나가기 시작했다. 과거에는 하드웨어적 서비스를 고객에게 제공하였다면, 점차 서비스 제공자로서 고객에게 다가가기 시작한 것이다. 이에 맞춰 IBM은 새로운 활동으로 당시 15년 전에는 거의 존재하지 않던 IT 컨설팅서비스를 통해 성공적인 성과를 거두었다.

3) 관리방식(Governance)

관리방식에 대한 문제는 누가 기업의 활동들을 수행하는가의 문제이다. 프랜차이즈는 이 관리방식에 적합한 한 가지 유형으로 보인다. 일본 소매사업가인 토시후미 스즈키는 1970년대 초반 미국에서 개발된 프랜차이즈 시스템이, 정부가 점포의 크기나 오픈시간을 규제하고 있는 일본의 소매아울렛에 도입하기엔 적합하지 않다는 것을 깨달았다. 일본의 프랜차이즈 편의점 세븐일레븐에 스즈키는 새로운 관리방식을 도입하고 전문적인 관리와 지역 특색을 적용하여 가치를 창출할 수 있게 하였다.

(2) 비즈니스 모델의 가치를 창출하는 4가지 테마

1) 참신성(Novelty)

참신성을 중요히 여기는 비즈니스 모델을 설계할 때 핵심은 새로운 콘텐츠(Content)나 기업활동들을 연계하는 새로운 방법(Structure), 아니면 새로운 관리방식(Governance)에 적용해야 한다는 점이다. 유명한 사례인 애플사를 살펴보자. 애플은 PC와 같이 혁신적인 하드웨어 제품을 고객에게 제공하는 것에 초점을 맞춘다. 아이팟(iPod)의 개발이나 음악 다운로드사업인 아이튠즈(iTunes)를 통해 애플은 음악을 판매하는 최초의 전자제품회사가 되었다(콘텐츠 참신성). 아이팟의 하드웨어와 소프트웨어의 연계를 통해(구조 참신성), 많은 소비자들이 간편하게 합법적으로 음악을 다운로드할 수 있도록 만들어 주었다(관리방식 참신성). 즉, 애플은 자사의 혁신의 중심지를 제품에서 비즈니스 모델로 이동하여 성공적으로 적용하였다.

2) 유지성(Lock-in)

유지성은 비용을 변화시키거나, 구조나 콘텐츠, 관리방식에서 도출된 네트워크 외부성(Network Externality)을 통해 나타날 수 있다. 예를 들어 이베이(eBay)의 경우 홈페이지에 판매자로 등록한 고객들이 제품 사진을 찍어 올리거나 자세한 설명을 다는 등 판매에 필요한 활동들을 직접 수행한다. 판매자들이 계속해서 이베이에서 물건을 판매하고 다른 경쟁사로 옮기지 않는 이유는 무엇일까? 그 이유는 이베이에는 강력한 네트워크 외부성이 존재하기 때문이다. 많은 잠재적 소비자들을 기반으로, 판매자들은 이베이에서 거래하는 것이 다른 웹사이트보다 편리하다는 것을 알고 있기 때문이다. 이것이 유지성이다. 기업은 기존고객들이 경쟁사로 옮겨가지 못하게 자사만의 가치를 제공해야 한다. 이와 비슷한 예로 네트워크 외부성을 기반으로 서비스하는 SNS업체인 페이스북이 있다. 페이스북의 사용자들은 자신의 페이스북에 사진을 업로드하거나 메시지를 작성하는 데 많은 시간을 할애한다. 따라서 사용자들은 이미 자신이 많은 시간을 투자한 페이스북 대신에 새로운 SNS를 사용하는 것을 꺼린다.

3) 상호보완성(Complementarities)

상호보완성은 각각의 활동들을 따로 시행하는 것보다 함께 제공할 때 더 많은 가치가 생성되는 것을 의미한다. 예를 들어 상업은행에서는 고객에게 돈을 빌려줄 때 보증을 통해 다양한 리스크를 회피하고자 한다. 다이아회사는 각각의 시장 세그먼트에 다이아몬드를 가공하여 판매하는 것이 가능하다는 장점으로 인해 연마작업과 유통을 동일한 비즈니스 모델에서 진행한다.

4) 효율성(Efficiency)

기업은 거래비용을 줄이면서 어떻게 효과적으로 목표한 활동을 수행할 것인가 고민하여야 한다. 기업은 상호의존적 상황을 유리하게 이용하는 거래파트너로부터 '인질로 잡히는 것' 을 피하기 위해 수직적 통합을 결정할 수도 있다. 아니면 반대의 상황으로, 기업의 매니저는 아웃소싱을 통해 관리시스템상의 인터페이스를 모두 통일화하여 거래비용을 절감할 수 있다. 효율성에 관한 이 예들은 앞서 나온 관리방식을 내재하고 있다. 기업은 또한 그들의 콘텐츠와 구조를 통해 효율을 달성하는 것을 목표로 해야 한다.

| 표 7-3 | 비즈니스 모델 설계요소

비즈니스 모델 설계요소	
콘텐츠(Content)	어떤 활동을 수행할 것인가?
구조(Structure)	어떻게 그 활동들을 연계할 것인가?
관리방식(Governance)	누가 어디서 그 활동을 수행할 것인가?
비즈니스 모델의 가치창출 테마	
참신성(Novelty)	혁신적인 콘텐츠, 구조, 관리방식을 적용하라.
유지성(Lock-In)	비즈니스 모델의 이해당사자들을 유지할 수 있는 요소를 만들어라.
상호보완성(Complementarities)	더 많은 가치를 창출할 수 있는 묶음활동을 만들어라.
효율성(Efficiency)	거래비용을 감소시키기 위해 활동을 재구성하라.

자료 : Amit & Zott(2010)

Amit & Zott의 비즈니스 모델은 직접적으로 고객에 대하여 언급하고 있지 않으나 비즈니스 모델 전반에 녹아들어 있는 것을 확인할 수 있다.

기업은 유지성을 통해 고객이 다른 경쟁자로 이탈하는 것을 방지하고 자사의 가치를 굳건히 할 수 있다. 따라서 기업은 고객뿐만 아니라 비즈니스 모델 안의 이해당사자들을 계속해서 사로잡을 매력적인 요소들을 창출하기 위해 노력하여야 한다. 결과적으로 고객은 이런 기업의 다양한 요소들을 통해 기업의 제품이나 서비스에 만족감을 느끼고 계속해서 기업의 상품을 구매하게 된다. 고객이 만족을 느끼는 기본요건으로는 전략, 리더십, 직원, 고객교육, 하부구조의 5가지가 존재한다.

① 전략

전략은 고객만족의 모든 요소를 구성하는 전체 틀이다. 먼저 기업의 역량을 고객의 니즈와 기대에 맞춘다. 앞서 설명한 경쟁우위 확보를 목표로 하여 고객을 최우선으로 수립한 전략을 전체 조직에 확신시켜야 한다.

② 리더십

리더십은 수립된 전략이 실제로 시행되도록 만들어 준다. 경영자의 고객에 대한 진실된 태도는 전체 조직에 영향을 끼쳐 기업 내의 일상적인 업무활동에도 변화를 줄 수 있다.

③ 직원

직원은 고객이 기업의 상품을 구매하거나 사후 서비스를 제공할 때 만나게 된다. 따라서 고객만족은 직원의 역량과 노력에 많은 부분 영향을 받는다. 기업은 직원을 채용할 때 기업의 가치에 적합한 인물을 선발하여야 하며, 성과보상시스템을 통해 직원을 고취시켜야 한다.

④ 고객교육

일부 제품과 서비스의 경우 고객은 서비스의 공동 생산자이다. 즉, 고객이 자신의 역할을 적절히 수행하는 것이 자신의 만족도에 영향을 끼친다는 의미이다. 기업이 서비스를 제공함에 있어 기업과 고객 모두 충분한 능력을 갖추고 있어야 한다. 고객교육은 기업이 상품을 제공하는 데 효율성을 높여줄 뿐만 아니라 다른 고객의 서비스 인지에도 많은 영향을 준다.

⑤ 하부구조

업무지원시설 및 시스템을 뜻하며, 성과측정이나 평가시스템도 하부구조에 속한다. 기업은 하부구조를 구축하고 활동을 수행하는 데 사용하는 자산으로 적용한다. 상품의 수요가 늘어나면 하부구조는 더욱 확대될 수 있으며, 기업은 비용을 줄이고 효율성을 높이기 위해 애써야 한다.

Chapter 08

비즈니스 모델이 적용된 스토리텔링

Chapter 08 비즈니스 모델이 적용된 스토리텔링

8.1 비즈니스 모델에 스토리텔링 도입환경

과거 농업사회에서 현대의 지식정보화사회로의 변화를 거쳐가면서 무수히 많은 새로운 사업, 새로운 기술, 새로운 환경, 새로운 정보 등이 나타나고 있다. 이러한 새로운 변화에 바로 인간의 보다 풍요로운 삶을 전개하고자 하는 욕구가 들어 있다. 이러한 욕구를 가득 채우기 위하여 사업적인 요인, 즉 새로운 비즈니스 모델을 만드는 일이 매우 중요하다고 할 수 있다.

사실적으로 언급한다면 새로운 창조적인 비즈니스 모델을 찾기는 매우 어려운 실정이다. 이러한 창조적인 비즈니스 모델보다는 기존의 모델에서 새로운 고부가가치적인 요인을 찾아내는 창의적인 비즈니스 모델이 새롭게 각광을 받고 있다. 우선적으로 기존의 모델을 보다 체계적으로 분석한 다음 자신의 생각을 덧붙여 비즈니스 모델을 전개하는 방식이 매우 바람직하게 나타나고 있다. 이러한 상황에서 비즈니스 모델은 보다 이야기적인 전개방식의 스토리텔링방식 커뮤니케이션이 필요하게 된다.

이야기전개방식은 아이디어를 재빨리 논리적인 수준에서 타당성을 전개하는 수단으로 표현되고 있다. 논리적인 수준을 전개할 때 비즈니스 모델이 보다 가치 있는 고객의 아픔을 헤아릴 수 있는 스토리를 만들어 낼 수 있다면, 의사결정자인 경영자뿐만 아니라 조직, 사회에서 효과적인 적용이 이루어질 수 있다. 한편의 영화를 잘 만들기 위하여 연기자들의 표현방식도 중요하지만 작가들이 이끌어내는 흥미와 재미를 덧붙여야만 스토리전개방식의 영화는 성공할 수 있는 것이다. 이처럼 사업가라면 성공 여부보다는 투자자인 예비주주들에게 충분한 이야기가 곁들여진 설명을 하고, "고객의 아픔을 해결할 비즈니스 모델적인 가치는 무엇인가? 고객아픔을 해결하면 수익, 즉 돈을 벌 수 있을까?" 등의 내용이 준비되어야 한다. 이러한 스토리전개방식에서는 내 · 외부 간의 커뮤니케이션의 중요성이 점점 부각되고 있다.

그러나 전달하고자 하는 내용을 상대방에게 쉽게 이해시키면서 정서적 공감까지 유도하며 설득을 이끌어내는 스토리방식의 커뮤니케이션을 전개하는 것은 쉽지 않은 일이다. 이런 문제를 해결하기 위해 '이야기를 풀어가는 형식' 으로 대내외적 커뮤니케이션이 최근에 매우 각광을 받고 있다. 고객의 아픔을 풀어줄 비즈니스 모델과의 커뮤니케이션상황에서 자사 제품의 기능이나 효과를 직접적으로 설명하기보다 제품 개발관련 스토리, 창업자와 관련된 스토리, 고객들의 스토리 등을 통해 제품을 홍보하며 친밀하게 고객의 아픔을 해결하기 위한 사례들이 대표적인 예이다. 이렇게 이야기를 풀어가는 형식으로 커뮤니케이션을 하는 기법이 기업의 내부 커뮤니케이션에서도 활발하게 활용되고 있다.

[8.2] 고객가치의 스토리텔링 정의와 구성요소

(1) 스토리텔링이란?

고객가치를 승화시켜 줄 스토리텔링(storytelling)은 '이야기(story)' 와

'말하기(telling)' 의 합성어이며, 즉 상대방에게 알리고자 하는 바를 재미있고 생생한 이야기로 설득력 있게 전달하는 행위이다. 미국 영어교사 위원회(National Council of Teachers of English)에서는 스토리텔링을 음성(voice)과 행위(gesture)를 통해 청자들에게 이야기를 전달하는 것이라고 정의하는데, 대개 스토리텔러(storyteller)들은 이 단어를 이야기를 하는 사람과 이야기를 듣고 상상력을 발휘하는 청자 간에 상호작용하는 과정이라 말한다. 현재 우리 일상생활에서 스토리텔링은 여러 가지로 유익하고 설득력 있는 수단으로 이용되고 있다.

네이버 지식백과에 따르면 인류가 등장한 이래 스토리텔링은 인간끼리의 의사소통에 있어 늘 중심적인 역할을 해왔으며, 매체의 특성에 따라 다양하게 발현되어 영화 · 비디오 · 애니메이션 · 만화 · 게임 · 광고 등의 원천적인 콘텐츠로 활용되고 있다. 특히 최근 들어 스토리텔링은 현대 조직사회에서 효과적인 커뮤니케이션 방법으로 활용되기도 한다. 현재 미국에서는 스토리텔링이 교육, 비즈니스, 대인관계 등 여러 분야에서 응용되고 있다. 이때 이야기는 특정 부류를 타깃으로 하여야 효과가 크며 내용은 듣는 이의 흥미를 자극하여 새로운 것을 이해할 수 있는 계기를 마련해 주어야 한다.

이러한 커뮤니케이션 기법은 청중들의 생각이나 행동의 변화를 목적으로 이야기를 전달할 때 가장 효과적인 표현방법까지 고려한 전략적 기법이라고 할 수 있다. 예를 들어, 버락 오바마(Barak Obama) 대통령은 선거기간 동안 스토리텔링을 활용해 유권자들을 설득하고 지지를 얻어낸 것으로 유명하다. 그는 인종차별에 맞서 흑인의 권리를 당당하게 주장한 미국 흑인인권운동의 어머니 로저 파크스(Rosa Parks)의 이야기를 활용함으로써 자신도 어머니처럼 미국의 큰 변화를 이끌어낼 수 있는 지도자임을 역설하고 청중들의 마음을 움직였다. 보다 사실적인 이야기로 구성된다면 체계적인 고객의 마음을 이끌어낼 수 있는 스토리텔링은 커뮤니케이션의 목적을 분명히 하고, 효과적인 방법을 선택하여 설득을 이루어내는 것이다.

(2) 스토리텔링의 구성요소와 전개방향

스토리텔링의 구성요소를 살펴보면 다음과 같다. 우선 프로젝트팀이 구성된다면 여러 차례 회의를 거쳐 스토리텔링의 컨셉과 범위를 설정한다. 전체적으로 기업의 비즈니스 모델을 구성하기 위하여 기업환경과 사업환경, 수익모형, 기술적인 문제, 기업의 기본적인 정보들을 꼼꼼히 파악해야만 한다. 그리고 기업 밖의 요소들과 고객이 우리 제품을 사용하는 데 따른 고객아픔을 해결하기 위한 고객들의 마인드가 집중적으로 분석되어야만 한다.

스토리텔링 프로젝트를 위해서는 단순히 정형화된 설문지를 가지고 설문을 하는 것은 의미가 없으므로 실제로 고객들의 아픔이 무엇인지, 요구사항은 무엇인지 등 향후 개선여지를 알아내는 것이 매우 중요하다고 할 수 있다. 특히 고객의 아픔을 알아내기 위해서는 고객들을 대상으로 심층적인 인터뷰를 진행하고, 이 인터뷰를 통해 현재 고객의 아픔을 치료해줄 수 있는 것과 관련하여 어떠한 장벽이 있는지, 어떤 요구가 있는지에 대한 사항을 직 · 간접적으로 물어보아야 한다. 여러 지역에 산재되어 있는 인터뷰 대상자를 섭외하고, 스케줄을 잡고, 만나서 인터뷰를 수행하는 작업은 매우 어려운 일이므로 스토리텔링 프로젝트팀은 고객들의 마음을 사로잡기 위해 매진하여야 한다. 또한 요즈음 인터넷환경에 맞는 첨단기기들을 활용하여 고객들의 동의하에 인터뷰 내용을 카메라에 담아야 한다. 향후 고객의 아픔을 치유하는 것에 그치지 않고 제품 및 서비스관련 캠페인활동을 진행할 때 유용한 참고자료와 스토리텔링의 소재들로 활용하기 위함이다.

전략적 컨셉과 범위가 설정되면 고객아픔을 해결할 대안 제시가 표현되어야 한다. 스토리텔링의 주요 임무는 고객들의 마음에 와닿을 수 있는 정

그림 8-1 | 스토리텔링의 구성요소와 전개방향

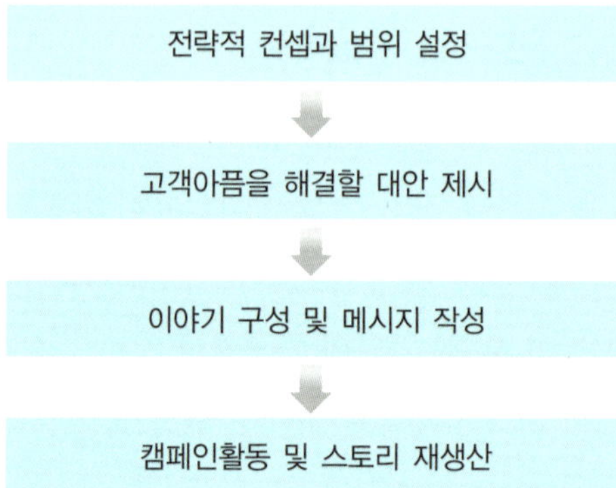

체성을 찾아내는 것이다. 고객의 아픔을 치유할 차별화된 대안 제시를 만들어가야만 한다. 우선 인터뷰 내용들을 토대로 고객과의 커뮤니케이션에 대한 기본틀을 제시하고 분석과 이해와 연구를 통하여 새로운 방향을 제시하여야 한다. 특히 고객의 삶을 토대로 모든 것을 단순화시킬 필요가 있다. 자사제품에 대한 특성과 의미를 제대로 이해하고, 제품에 대한 자부심을 가지고 있는 고객이라면 스스럼없이 고객과 커뮤니케이션할 수 있도록 교육프로그램을 개선할 필요가 있다. 스토리텔링 프로젝트팀은 기초적인 자료를 기반으로 인터뷰 내용과 아이디어를 통한 컨셉과 범위를 설정한 후 정체성이 나타날 수 있는 하나의 강력한 핵심이미지를 선정할 필요가 있다. 제품과 서비스 중에서 고객의 아픔을 치유할 대안을 제시하는 것이다.

고객의 아픔을 치유할 비즈니스 모델의 대안 제시가 끝나면 바로 대안으로 제시되었던 스토리텔링에 대한 구성과 메시지를 작성한다. 이 단계는 핵심이미지를 잘 나타낼 수 있는 스토리 소재를 구성 · 발굴하는 단계이다. 프로젝트팀은 이미 고객과 기업에 대한 사전 조사과정에서 스토리가 될 만한 여러 내용들을 분석하고, 인터뷰와 정보들을 추려내서 스토리가 될 수 있는 내용을 선정하고, 제대로 된 콘텐츠로 가공하는 작업이 필요하다. 여러 가지 스토리 소재들 가운데 '고객의 아픔을 치유할 제품과 서비스'라는 핵심이미지를 잘 담아낼 수 있는 스토리를 가장 먼저 선정·전개한다. 보다 활력 있는 스토리텔링 캠페인활동을 진행하기 위해서 이 스토리를 이어갈 수 있는 생생한 현재의 스토리가 필요하다. 이야기 구성을 전개하기 위하여 스토리텔링의 기본적인 원칙과 테크닉을 통해 정련된 콘텐츠로 만들어 내야만 한다. 스토리를 구성할 때 스토리를 통해 전달해 주고자 하는 핵심이미지는 동일하다고 하지만 요청자의 관점을 고려할 필요가 있다. 반드시 스토리를 요청하는 사람의 관점에 맞는 스토리를 선정하고 스토리의 내용도 적절하게 다듬어야 한다.

스토리 구성의 마지막 단계는 캠페인활동 및 스토리를 재구성하는 피드백활동이다. 일반적으로 미디어를 활용하는 것만으로 스토리텔링 캠페인을 끝내는 것은 제한적이다. 사전적인 조사를 통해 파악한 것과 같이 제품과 서비스관련 고객의 아픔을 치유할 상호 고객과의 커뮤니케이션 문제가 존재할 수 있다. 따라서 제품과 서비스에 관한 혼란스럽고 복잡한 지식전달 방식을 핵심이미지와 스토리를 기반으로 단순하게 바꾸어 놓을 필요가 있다. 예를 들어 제품과 서비스관련된 자료들을 모두 새롭게 디자인하며, 홈페이지, 세일즈관련 메일, 포스터, 소책자, 사용설명서, 가이드라인 책자, 마우스 패드 같은 기념품까지 고객의 삶을 경험을 바탕으로 단순명료하고 이해하기 쉽게 바꾸어 놓을 필요가 있다.

고객의 아픔을 치유한다는 차원에서 기업상황에 존재하는 모든 가능성에 대하여 변화를 시도해야 한다. 특히 세일즈환경에서 스토리텔링이 활용되지 못한다면 브랜드 캠페인의 효과가 반감되어 버릴 수 있다. 제품을 직접 전달하는 사람들의 마인드와 콘텐츠가 바뀌어야 한다. 캠페인활동 및 스토리 재생산이 효율적으로 이루어지기 위하여 다양한 프로그램 구성, 핵심이미지와 전략적인 관점의 발표, 고객과의 인터뷰 내용의 분석, 오피니언 리더들의 의견, 방송보도, 회사 내 직원들의 인터뷰들을 공유함으로써 내부 직원들이 제품과 서비스관련 가치에 대해 공감할 수 있도록 하여야 한다.

그 이후에도 새로운 커뮤니케이션 방식의 효과를 보여주기 위하여 스토리 재생산의 피드백시스템을 가동하여 언제, 어느 때 상관없이 불만의 반응을 치유할 수 있는 스토리의 힘을 실감할 수 있도록 하여야 한다. 특히 커뮤니케이션, 브랜드, 일반관리 등이 다양한 부서를 대상으로 진행되어 기업의 브랜드에 관해 강한 유대감을 갖도록 하여야 한다. 전체적인 관점의 통합적인 스토리텔링 브랜드 캠페인은 기업과 고객과의 관계를 유지함으로써 꾸준히 성장하는 기업으로 인지되도록 도와줄 것이다.

8.3 스토리텔링의 경영기법

최근 스토리텔링은 다양한 분야에서 효과적인 경영기법으로 활용되고 있다. 그렇다면 스토리텔링이 갖는 장점은 무엇일까? 우선, 스토리텔링은 정보를 쉽게 이해할 수 있게 하고 기억에도 오래 남도록 한다는 점에서 그 효과가 크다. 우리는 스토리를 통해서 다른 사람들과 경험을 공유하고 그 경험을 나름대로 이미지로 부각시켜 기억하곤 한다. 예를 들어 역사적인 인물을 기억할 때 단순히 암기하면 쉽게 잊어버리지만 그 인물관련 스토리를 전개하면 사건과 내용을 더욱 쉽게 이해하고 오랫동안 기억할 수 있다.

또한 스토리는 우리가 누구이고 무엇을 위해 살아가고 있는지에 대한 개념을 정립하는 데 도움을 준다. 기업 또한 마찬가지로 기업 내외부에서 떠돌아다니는 무수히 많은 스토리관련 정보들을 가지고 있다. 이러한 기업 환경에 처한 정보들을 분석하고 해석하면 고객의 아픔을 치유할 수 있는

가치 있는 정보들이 나타날 수 있다. 스토리텔링을 통하여 직원들은 자신의 업무와 기업의 가치가 무엇인지 이해하고 향후 가야 할 방향을 제시할 수 있다. 즉 스토리로 무장된 정보라면 보다 단계적인 접근이 가능하고 고객의 만족을 더욱 향상시킬 수 있는 전략이 나올 수 있다. 진정한 고객가치 향상을 유도하기 위하여 기업 내부의 가치를 승화시킬 수 있는 직원들의 동기부여를 이행하고 도와주고, 기업가치가 일상업무 속에 살아 움직일 수 있도록 직원들을 안내한다고 할 수 있다.

스토리텔링은 기업경영을 향상시키는 경영기법이다. 관리자들은 스토리텔링을 이용해 조직 내부에 기업의 가치와 비전, 전략, 문화가 확고히 자리 잡을 수 있도록 만들어 놓아야 한다. 내부조직의 가치향상을 위하여 핵심스토리를 잘 전달해야 하며, 동시에 계속해서 스토리가 스며들도록 전달하는 스토리를 찾아야 한다. 또한 기업가치를 높이기 위하여는 스토리 프로세스를 도입할 필요가 있다.

스토리 프로세스는 스토리를 찾아내고 그 스토리를 발전시키고 발전된 스토리를 잘 전달하는 과정이 피드백사이클로 진행되어야 한다. 스토리 프로세스가 기업경영도구로 활용되는 주요목적은 우선 기업 차원의 전략을 강화시켜 기업가치를 승화시키는 데 매우 중요하기 때문이다. 그리고 기업가치를 승화시키는 내부직원들의 행동지침을 제공함으로써 일하는 방식의 변화를 제공한다. 이러한 목적을 달성하기 위해서는 기업이 스토리 프로세스를 보다 체계적인 전략 차원에서 적극 도입할 필요가 있다.

8.4 고객가치를 승화시켜 줄 스토리텔링

고객의 마음을 움직여 입소문이 나게 만들고 고객들이 우리 회사의, 우리 제품의 충성도가 높게 되도록 만드는 데는 스토리텔링의 역할이 매우 중요하다. 인터넷이 등장하기 이전에는 입소문이 형성되려면 한 달 또는 그 이상의 시간이 필요했지만 이제는 하루 아니 몇 시간이면 온 국민이 입소문을 접하는 시대가 왔다. 특히 스마트폰으로 무장된 소셜미디어라는 매체를 통해서 입소문이 기하급수적으로 퍼진다.

또한 스토리텔링은 인간의 감성에 호소하여 몰입과 공감을 보다 쉽게 이끌어낼 수 있다. 예를 들어, 조선시대의 명성황후 시해 사건에 대해 사람들은 책에 서술된 역사적 내용을 통하여는 감정몰입을 하기 어려울 수 있지만, '명성황후' 라는 뮤지컬이나 명성황후를 소재로 한 영화 등을 보면 감정적으로 더 몰입하고 공감할 수 있게 된다. 이는 사람들이 스토리와 메시지로 제시된 정보를 접하면 그 내용을 좀 더 친밀하게 받아들일 수 있고, 그 안에 등장하는 사람들과 정서적 유대감을 형성하면서 공감할 수 있게 되기 때문이다. 이렇게 사람들에게 공감을 이끌어내면, 그들의 능동적인 변화를 쉽게 유도할 수 있게 된다. 뿐만 아니라 공감으로 인해 상대방을 설득하는 효과도 큰 것으로 나타나고 있다.

스토리텔링에서 고객가치를 승화시켜 줄 몇 가지 활용사항을 살펴보면 다음과 같다.

(1) 스토리는 진실해야 한다

조직 내에서 고객가치를 승화시켜 줄 스토리텔링을 활용할 때 구성원들의 공감을 얻기 위해서는 꾸미거나 만들어낸 스토리보다 고객의 내면을 파악한 진실성을 갖춘 실제 스토리를 활용하는 것이 더욱 효과적이다. 이것은 광고에서 실제 스토리가 각광을 받고 있는 것과 같은 이유이다. 이야기 전개의 구성이 안 맞으면 고객들은 광고를 보면서 식상함을 넘어 반감을 느낄 수 있다. 실제 소재를 갖고 다큐멘터리식으로 재현하는 광고는 사람들에게 공감과 함께 감동을 불러일으킨다.

고객가치를 승화시켜 주기 위하여 기업 내부 커뮤니케이션을 위한 스토리텔링에서도 마찬가지이다. 재미있는 이야기만을 전달하고자 하는 욕심에 과거의 성공 스토리를 지나치게 과장포장하거나, 이상적인 미래에 관한 멋지고 환상적인 이야기로 전개된다면 고객이 이탈할 수 있다. 이와 같은 현실과 단절된 스토리들로 구성된다면 신뢰를 얻지 못하고 곧 시장에서 무시될 수 있다. 스토리텔링은 기업의 일상적 활동 속에서 진실성을 가진 소재를 찾아야 한다. 구성원들이 실제로 경험하고 느끼는 현실에 기반한 스토리만이 고객뿐만 아니라 내부 구성원들을 끌어들이고 그들의 공감을 얻을 수 있다.

(2) 스토리는 교육 및 지침이 아니다

고객의 가치를 승화시키기 위하여 스토리를 통해 무언가를 가르치고 교육시키려 하거나 강요하지 말아야 한다. 부모가 아이에게 어떤 훈계를 하고 싶을 때에도 이를 일방적으로 가르치기보다는 교훈을 담고 있는 이야기 하나를 들려주고 아이들이 스스로 생각할 수 있도록 해주는 것이 훨씬 효과적인 것과 같은 이치이다. 물론 기업조직 내에서 스토리텔링은 구성원들 마음속에 어떤 가치와 지식, 업무적 교훈을 남겨주기 위한 것이지만, 스토리 속에서 직접적으로 교훈을 정리해서 가르쳐 주어서는 안 된다. 스토리를 전달하는 것 자체로 마무리함으로써 고객들이 능동적으로 참여할 수 있도록 지원해 주어야 한다. 어떻게 생각하고 무엇을 얻을지에 관해서는 스토리를 듣는 고객의 몫으로 남겨두어야만 자연스럽고 강력한 공감이 형성될 수 있다.

(3) 스토리의 전개는 지속되어야 한다

고객의 가치를 승화시켜 줄 스토리텔링은 잘 만들어진 스토리를 멋지게 전달하고 끝내는 일회성 이벤트활동으로 전개하는 경우가 종종 발생할 수 있다. 하지만 기업조직 내에서 스토리텔링이 효과를 발휘하기 위해서는 끊임없는 사이클시스템을 구축해 스토리가 계속 지속되도록 만들어 내야만 한다. 스토리를 만들고 공유함으로써 끝나는 것이 아니라 계속해서 스토리를 만들어내고, 그 스토리들이 다시 수정된 피드백이 될 수 있는 시스템을 만들어 주어야 고객의 가치를 점점 승화시킬 수 있다. 이렇게 하기 위해서는 기업조직 내의 구성원들이 스토리를 공유하고 전달할 수 있는 시간과 공간, 공유가치, 시스템 등을 마련해 주는 것도 중요하다. 예를 들어, 스토리보드 같은 도구를 기업 내부에 설치해서 구성원들이 업무 수행 중 인상깊었던 사건을 묘사하고, 관련 의견을 자유롭게 나눌 수 있는 지식 및 정보공간을 마련해 주는 것 등의 다양한 방법을 활용하여 고객의 가치를 승화시킬 수 있다.

8.5 고객가치 향상을 위한 스토리텔링 역할과 전개방향

고객가치 향상을 위한 고객과의 커뮤니케이션이 매우 중요하다. 즉 스토리텔링이 사람들을 이해 · 몰입 · 공감시키고, 잘 설득할 수 있다는 특성들 때문에 기업들은 스토리텔링을 다양한 비즈니스 영역에서 활용해야 한다. 특히 고객의 충성도 및 고객의 제품에 대한 이해도를 높이고 구매욕구를 얻어내야 하는 광고나 마케팅 등의 분야에서는 스토리텔링이 활발히 사용되는 모습을 볼 수 있다. 기업 내부 구성원 간 소통의 중요성이 커짐에 따라, 기존의 일방적이고 정보전달 위주인 딱딱한 커뮤니케이션의 보완책으로 고객가치 향상을 위한 스토리텔링의 역할과 전개방향을 6가지 원칙, 즉 MRISES를 가지고 전개하고자 한다.

그림 8-2 | 고객가치 향상을 위한 스토리텔링의 역할과 전개방향

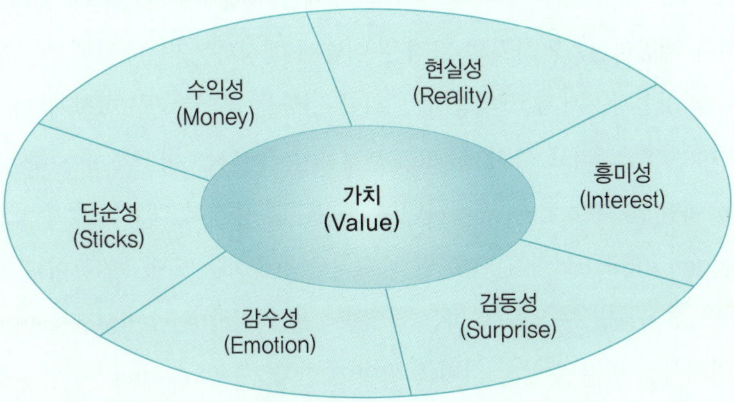

(1) 수익성(Money)

비즈니스 모델의 중요 성공요인의 핵심은 돈(수익)을 벌 수 있는 스토리 전개가 이루어져야만 한다는 것이다. 돈이 많은 기업가의 경우 사회에 환원하는 비즈니스 모델을 원하는 사람도 있겠지만 거의 대부분의 기업가는 비즈니스 모델을 통해서 수익을 창출할 수 있는 모형을 가지고 사업을 시작한다. 돈을 벌기 위하여 지금도 기업에서는 기술의 특화전략, 영업전략, 비즈니스 모형전략, 해외마케팅전략 등 다양한 전략들이 수행되고 있으며 수익을 창출할 수만 있다면 조직구성원의 전체가 힘을 합쳐서 그에 매진한다. 비즈니스요소에서 특화된 영역을 발굴하고 현실에서 사업적으로 성공

하고 향후 미래의 발전가능성이 내포된 모형이야말로 최고의 가치를 가진 비즈니스 모델인 것이다. 그러나 현재 이러한 비즈니스 모형은 매우 희박하다. 창조적인 가치를 가진 비즈니스 모델은 현실적으로 거의 불가능하다. 완전 새로운 비즈니스 모델이라기보다는 기존의 고객아픔을 치유하고 고객가치를 승화시켜 줄 내용의 비즈니스 모델을 개선 · 혁신할 수 있는 요인을 찾아내어 수익창출에 연결시켜 줄 스토리가 추가되어 전개된다면 오히려 수익창출에 기여할 것이다.

비즈니스 모델은 고객에게 어떠한 가치를 제공하는가? 어떤 고객에게 가치를 제공하는가? 가치의 가격은 어떻게 책정하는가? 누구에게 비용을 청구할 것인가? 가치를 제공하기 위한 전략은 무엇인가? 어떻게 가치를 제공하는가? 그리고 가치제공으로부터 얻는 이익을 어떻게 유지하는가? 이에 대한 명확한 답을 제시하여야 한다. 그 중에서 대표적인 수익모델(revenue model)이란 간단히 말해 수익을 창출하는 모델, 즉 돈이나 기타 재산을 벌어들일 수 있도록 하는 경영방식을 의미한다. 수익모델을 이해하기 위해서는 먼저 수익의 의미를 알아야 한다. 수익(revenue)이란 일정기간 동안 사업을 하고 벌어들인 돈(재산)을 말한다. 다시 말해서 상품이나 서비스를 판매(제공)하고 그 대가로 받은 현금이나 기타 자산을 의미한다. 이러한 수익모델을 중심으로 스토리 전개가 이루어져야만 좋은 비즈니스 모델이 될 수 있다.

(2) 현실성(Reality)

비즈니스 모델은 현실에 맞는 스토리가 존재하여야 한다. 비즈니스 모델이 스토리텔링을 유도하기 위한 전략을 세울 때 우선시되어야 하는 것은 진짜 현실성의 요인이 있어야 한다는 것이다. 너무 과거이거나 너무 미래지향적인 요인이라면 현실적으로 접근하기가 매우 어려우며 사업적인 비즈니스 모형을 세우기가 매우 어렵다. 복잡하거나 스토리가 늘어져서도 안 된다. 사람들이 한 번 듣고 금세 빠져들고 기억할 수 있는 간결하면서도 현실성이 있는 이야기여야 한다. 특히 소비자들은 간결하고 단순한 것을 원하면서 현실위주 감성을 가지고 있다. 바쁜 일상을 보내는 소비자들은 복잡한 이야기에 할애할 시간적 여유가 없기 때문이다. 따라서 소비자들에게 스토리텔링을 이해시키기 위해서는 강조하고자 하는 핵심내용을 짧고 강력한 이야기로 명확하게 전달하는 것이 중요하다. 이를 위해 내용 면에서 현실에 녹아들 수 있도록 체계적인 전략수립이 필요하다.

(3) 흥미성(Interest)

비즈니스 모델은 흥미가 있어야 한다. 이야기가 너무 지겹거나 현실과 동떨어진 내용이나 유머를 남발하는 스토리는 힘을 발휘할 수 없다. 고객의 아픔을 치유하기 전에 무조건적인 웃음을 제공하여 고객을 빠져들게 하겠다는 생각은 버려야 한다. 비즈니스 모델에 접목된 이야기란 듣는 사람들이 흥미를 갖지 않으면 성공보다는 실패할 가능성이 매우 크다. 흥미는 소비자들을 사로잡을 필요충분조건이기 때문에 우선 소비자들이 무엇에 흥미를 느끼고 무엇에 관심을 갖는지부터 사전적인 조사를 통하여 소비자들이 매혹될 수 있는 동기부여를 만들어 내야 한다. 비즈니스 모델에 흥미성은 내가 아닌 최종소비자가 되어야 한다는 것을 절대로 잊어서는 안 된다.

(4) 감동성(Surprise)

비즈니스 모델은 감동을 줄 수 있는 요소가 포함되어야 한다. 비즈니스 모델은 사업적인 요인이 크므로 고객에게는 기쁨과 감동을 제공해 주어야 한다. 물론 고객감동을 제공하기 위하여 기업 내부 조직 간에 커뮤니케이션을 통한 스토리를 전개한다면 분명 성공요인으로 각광받을 것이다. 외부로 나타나는 고객의 감동성은 내부자원의 큰 힘이 발휘되면 향후 비즈니스를 추구하는 데 역동적으로 수행할 수 있다. 고객에게 감동을 주는 이야기 전개는 믿음을 심어줄 수 있다. 세상에서 기적이 쉽게 일어나지 않는 것처럼 스토리텔링 역시 고객이 비즈니스 모형에 빠져들고 만족할 수 있어야 오랫동안 지속적으로 사랑받을 수 있다. 이처럼 소비자에게 관심을 받기 위해서는 스토리에 진실이 포함된 감동이 포함되어야 한다. 소비자에게 좋은 스토리는 기업의 성공을 이끌 고객감동으로 승화시켜 줄 것이다.

(5) 감수성(Emotion)

비즈니스 모델은 고객의 마음을 움직여야 한다. 만약 스토리텔링이 비즈니스 모델을 설명하는 데 굉장히 대단한 일이라고 전략적으로 수립된다면 어느 누구든 시작조차 하기 어렵다. 스토리텔링은 단순함을 넣어서 고객의 아픔을 치유할 감수성이 삽입되어야 한다. 그리고 이러한 감수성을 넣다 보면 아무리 좋은 스토리텔링이라도 꾸밈이 없고 투박하기까지 할 수 있다. 스토리텔링을 듣는 고객들은 자신과 동떨어진 대단한 이야기에 관심을 갖기보다는 자신의 행동과 생활에 밀접한 이야기를 들을 때 더욱 감수성, 즉 감정이입을 느끼게 된다.

스토리텔링을 통해 감정이입을 이끌어내려면 우리 주변의 일상과 관련된 미디어적인 소재를 이용하는 편이 더욱 효과적이다. 억지로 포장하고 꾸며서 대단하다는 것을 강조하는 스토리는 도리어 강한 거부감을 일으켜 비즈니스 모델을 수행하는 데 방해가 될 수 있다. 최근에는 스마트폰의 SNS 등을 통하여 자신이 직접 소소한 일상을 공개함으로써 생각보다 많은 소통이 이루어지고 있다. 즉 연예인, 스포츠 스타 등도 하나의 사람으로 인지하고 친근감을 느낌으로써 보다 다양한 계층이 형성되기 시작하였다. 이처럼 친근감으로 부가된 감정을 이입함으로써 전혀 다른 마케팅이 나타나 오히려 직접적인 마케팅보다 간접적인 홍보채널이 가동된다면 기존의 홍보보다 좋은 효과를 발휘한다.

(6) 단순성(Stick)

비즈니스 모델은 오래 기억하고 단순하게 만들어야 한다. 비즈니스 모델을 구성하는 데 있어 스토리 및 메시지를 전달하기 위하여는 단순하고, 동시에 심오하게 만들어야 한다. 한 문장에 심오한 개념을 내포해 우리의 마음에 영원히 전달될 수 있는 요인을 만들어내는 것이 매우 중요하다. 스토리 전개를 하다 보면 이야기 전개 중 중심을 잊어버릴 수 있다. 단순하게 구성하라는 것은 핵심요인을 파악하여 이야기를 전개하라는 것이다.

핵심요인을 발견하는 것은 주변에 존재하는 불필요한 요인을 제거하고 단순하게 이야기를 전개하면서 중요요소를 파악하는 것이다. 단순하게 스토리를 만드는 것은 간단히 이야기를 전개하면서 중요 핵심요인을 심어넣어 보다 짧은 문장과 쉬운 단어를 통하여 고객의 가치를 승화시킬 정보 및 지식을 전달하는 것이다. 즉, 우리가 현재 사용하는 스마트폰의 메시지 형태가 그 예이다.

과거 저자는 코엑스에서 국내 전자회사의 프로젝트를 청중들 앞에서 시연하는 스토리를 전개한 적이 있다. 처음에는 시연할 내용을 시나리오로 작성하고 종이 한 장에 빽빽하게 내용을 요약해 놓았다. 그러나 이를 본 담당 팀장이 3줄로 내용을 재작성하라고 했다. 결국에는 3줄보다도 더 짧고 단순하게 이야기를 전개하면서 1분 내에 고객, 즉 청중들에게 설명하라는 것이었다. 20초밖에 안 되는 시간에서 결론을 내다 보니 역시 많은 내용을 담기보다는 단순하면서 핵심이 삽입된 내용이야말로 비즈니스 모델을 설명하기에 매우 수월하다는 것을 깨달았다.

Chapter 09

비즈니스 플랜 개요 및 작성방법

Chapter 09 비즈니스 플랜 개요 및 작성방법

지금까지 앞장에서, 고객의 아픔에서 시작하는 비즈니스 모델을 어떻게 만들 수 있는가를 알아보았고, 더더욱 이러한 비즈니스 모델은 스토리텔링기법을 접목하여 어떻게 잘 설명될 수 있는가를 살펴보았다. 이 장에서는 이렇게 형성된 비즈니스 모델을 성공적 비즈니스로 승화시키기 위한 사업계획서인 비즈니스 플랜에 대해 알아보자.

9.1 비즈니스 개요

비즈니스 사업계획서의 맨 앞부분인 비즈니스 개요 부분에서는 비즈니스의 전반적인 상황에 대하여 기술한다. 이 비즈니스 개요 부분은 사실상 모든 비즈니스 플랜을 작성한 뒤 마지막으로 작성하는 것이 좋다. 2페이지 이내로 간략하게 작성하는 것이 바람직하다. 5분 정도의 인터뷰를 준비한다는 생각으로 이후에 나올 전반적인 내용에 대해 서술한다.

제품이 어떻게 탄생될 것인가, 누가 고객이 될 것인가, 누가 경영을 하게 될 것인가, 향후 본 기업과 산업군의 전망에 대해서 어떻게 생각하는가 등과 같은 비즈니스의 주요 요소에 대하여 설명한다. 열정적이고, 프로페

셔널하며, 완벽하게 작성하되 간결해야 한다.

만약 투자를 목적으로 하는 비즈니스 플랜의 경우에는 얼마가 필요한지, 어떻게 자금을 사용하게 될 것인지, 투자되는 자금으로 인하여 기업의 이윤이 어떻게 증가하게 될 것이고 어떻게 상환될 예정인지에 대하여 정확하게 명시한다.

9.2 기업 개요

기업 개요 부분에서는 어떠한 비즈니스가 탄생될 것이고, 그를 위해 팀원들은 어떠한 역할을 수행할 것인가에 대하여 기술한다.

(1) 비전

기업이 무엇을 위해서 존재하고, 기업 운영의 원칙과 철학이 무엇인지, 즉 기업의 비전에 대하여 2~3문장으로 언급한다. 비전에 따른 구체적인 기업의 개요에 대하여 아래와 같이 서술한다.

(2) 목표와 목적

목표는 기업과 기업의 비즈니스가 나아가고자 하는 최종종착지를 의미한다. 목적은 목표를 달성해 나가기 위한 구체적인 이정표를 의미한다. 예를 들어 최고의 고객서비스를 제공하고, 충성도 높은 많은 고객을 보유한 건강하고 성공적인 회사가 되는 것은 목표이다. 목적은 이를 위한 연간 판매량 또는 고객만족지표 등의 측정방법을 의미한다.

(3) 철학

비즈니스에서의 철학은 무엇이 비즈니스를 위해 가장 중요한가를 의미한다.

(4) 타깃

누구를 위한 제품이 될 것인지에 대하여 간단하게 서술한다(구체적인 설명은 마케팅 플랜 부분에서 기술한다).

(5) 산업군

기업과 비즈니스가 속해 있는 산업군에 대하여 서술한다. 이 산업군이 성장하고 있는지, 장 · 단기적으로 산업군에 어떤 변화가 생길 것으로 예상하는지, 그러한 상황에서 본 기업이 어떻게 유리한 고지를 점령할 수 있는지에 대하여 서술한다.

(6) 핵심역량

기업의 가장 중요한 강점과 핵심적 역량에 대하여 작성한다. 어떠한 요소가 기업을 성공으로 이끌게 될지, 팀원들의 가장 중요한 경쟁력은 무엇인지, 어떠한 경험과 배경 및 기술을 갖고 있는 팀원이 합류하게 될지에 대하여 서술한다.

(7) 기업형태

개인사업자, 합자회사, 주식회사, 유한회사 등 기업의 (법적)형태에 대하여 기술한다. 또한 왜 그러한 형태를 선택하게 되었는지에 대하여 간략히 작성한다.

9.3 제품과 서비스

제품과 서비스 부분에서는 본 기업의 제품 또는 서비스에 대하여 자세히 기술한다. 예를 들면 기술적인 특성, 도면, 사진, 판촉물 등을 이용해 설명하고 보다 자세한 내용들은 별첨한다.

제품 또는 서비스의 특징 및 장점(차별점)에 대하여 서술한다. 또한 단점(보완할 점)에 대해 서술한다. 이전까지의 제품 또는 서비스와는 다르게 본 제품 또는 서비스가 갖고 있는 최초의 특성 또는 고유의 특성, 질적 특성에 대하여 기술한다.

제품의 가격 또는 서비스의 수수료(수익구조)에 대하여 작성한다.

9.4 마케팅계획

기업의 제품 또는 서비스가 얼마나 훌륭한지와는 별개로, 효과적인 마케팅계획 없이는 성공하기가 힘들다. 또한 마케팅계획은 체계적인 조사를 통해 이루어져야 한다. 이미 시장에 대해서 잘 알고 있다고 방심하는 것은 매우 위험하다. 반드시 시장의 동향에 대해 조사하는 과정을 거치는 것이 바람직하다. 비즈니스 플랜 작성과정을 마케팅을 위한 노력이자 새로운 정보를 파악하는 기회로 삼는 것이 적절하다.

시장조사방법은 크게 외부조사와 내부조사 두 가지로 구분할 수 있다. 외부조사는 산업군에 대한 잡지, 신문, 저널, 조사보고서, 통계자료 등 공개된 정보를 이용하는 조사방법을 의미한다. 인터넷, 도서관, 관련 협회, 상공회의소, 기존의 기업, 정부기관 등을 통해 이러한 형태의 자료를 얻을 수 있다. 내부조사는 기업 내부에서 스스로의 자료를 모으는 과정을 의미한다. 예를 들어 특정 위치를 지나는 유동인구를 직접 측정하는 활동, 전화번호부를 통해 잠재적 경쟁자를 찾는 활동, 특정 그룹을 대상으로 하는 설문조사를 통해 고객의 성향에 대해 파악하는 활동 등이 있을 수 있다. 전문적인 시장조사는 비용이 매우 많이 소용되지만, 소규모 기업의 경영자를 위한 효과적인 조사방법론에 대한 책과 자료들이 많이 소개되어 있다.

마케팅계획은 가능한 정확하고 구체적이어야 하고, 통계 또는 수치와 그 자료의 출처를 제시할 수 있어야 한다. 비즈니스 플랜의 마케팅계획은 이후의 실제 판매활동의 토대가 될 중요한 부분이다.

(1) 경제적 분석

경제적 분석은 다음과 같은 항목들에 대한 고려를 의미한다. 다음의 질문에 대한 고민이 비즈니스 플랜에 서술되어야 한다.

① 진입하고자 하는 시장의 전체 크기는 얼마인가?

② 본 기업이 향후 얼마의 시장점유율을 갖게 될 것인가?

③ 현재 타깃마켓의 수요는 얼마인가?

④ 타깃마켓의 동향(성장률, 고객의 기호 변화, 관련 기술 및 제품의 개발 진행 정도 등)은 어떠한가?

⑤ 본 기업이 시장에 진입하고자 할 때의 장벽은 무엇인가(큰 자본비용, 큰 생산비용, 큰 마케팅비용이 들지는 않는가, 브랜드 인지도와 고객의 선택가능성이 낮지 않은가, 기술이 부족하지는 않은가, 특허 또는 고유기술을 갖고 있는가, 유통 및 배송비용이 크지는 않은가, 관세장벽이 있지는 않은가 등)?

⑥ 위와 같은 시장진입장벽이 있을 경우 어떻게 그것을 극복해 나갈 것

인가?

⑦ 외부환경의 변화(기술적 환경의 변화, 정부의 규제 변화, 경제적 상황의 변화, 산업군의 변화 등)가 기업에 어떻게 영향을 미칠 것인가? 또한 그러한 변화에 어떻게 대처해 나갈 것인가?

(2) 제품 또는 서비스

제품 또는 서비스 항목은 경영자의 관점보다는 제품 또는 서비스를 실제로 이용하게 될 고객 관점에서 묘사하는 것이 적절하다.

주요 제품 또는 서비스의 모든 특징과 장점에 대해서 자세히 기술한다. 가장 중요한 특징은 무엇인가, 무엇이 제품 또는 서비스를 특별하게 하는가, 제품 또는 서비스를 사용했을 때의 효용이 무엇인가, 제품 또는 서비스는 고객을 위하여 무엇을 해줄 수 있는가에 대하여 나열한다.

특징과 효용의 차이점을 알고 구분하여 명시한다. 예를 들어 집이라는 제품의 특징은 고객에게 안식처를 제공하고, 특정 물질과 특정 인테리어로 이루어져 있다는 점이다. 반면 집이라는 제품의 효용은 소유의 자부심, 재무적 가치의 저장, 이웃과의 관계, 가정의 안정 등이다. 효용은 기업이 고객에게 제품을 판매했을 때 고객이 얻게 될 것을 의미하고, 이 제품에 담겨 전달되는 것이 특징이다.

제품 또는 서비스 항목 자체에 대한 설명과 더불어, 어떠한 A/S를 고객에게 제공할 것인지, 어떻게 배송되고, 교환/반품기간은 언제까지이고, 어떻게 보장되며, 추후 서비스를 위한 연락처 등은 무엇인지에 대해서도 함께 기술한다.

(3) 고객

제품 또는 서비스를 이용하게 될 주요 고객층에 대해서 정의하고, 그들의 특성과 지리적 위치, 인구통계학적 특징을 서술한다.

고객 항목은 기업이 판매하게 될 제품 또는 서비스의 특성에 따라 달라진다. 가령 B2B 기업인지 B2C 기업인지에 따라 전혀 다른 비즈니스 플랜을 세우게 된다.

또한 직접적으로 일반 소비자용 제품 또는 서비스를 판매할 것인지, 다른 유통채널을 통해 판매하게 될 것인지, 도 · 소매상을 거칠 것인지, 온라인을 통한 유통 또는 온라인서비스인지에 따라서 최종소비자는 같지만 유통 중간단계의 기업이 달라지므로 이에 따른 계획을 작성해야 한다.

한편 주요 고객층이 여러 그룹에 나뉘어 존재할 수 있다. 이러한 경우에는 가장 중요한 고객그룹에 대하여 정의한다. 그 뒤에 각각의 그룹에 대하여 인구통계학적 특징을 기술한다. 고객의 주요 인구통계학적 특성에는 다음과 같은 항목 등을 포함한다.

① 나이

② 성별

③ 위치

④ 소득수준

⑤ 사회적 지위/직업

⑥ 교육수준

⑦ 기타 정보(비즈니스 또는 산업군의 특성에 따라 고려해야 할 항목)

타 기업을 대상으로 하는 비즈니스(B2B)의 경우에는 다음과 같은 항목 등이 인구통계학적 특징으로 대체될 수 있다.

① 산업군

② 시장점유율

③ 위치

④ 기업의 크기

⑤ 품질, 기술, 가격 선호 성향

⑥ 기타 정보(비즈니스 또는 산업군의 특성에 따라 고려해야 할 항목)

(4) 경쟁자

어떠한 제품 또는 기업이 잠재적으로 경쟁자가 될 것으로 예상되는지에 대해 기술한다. 잠재적 경쟁제품 또는 기업의 이름들을 나열한다.

비즈니스 전체적으로 경쟁이 일어나는지, 특정 제품에 대해서만 경쟁이 일어나는지, 특정 고객층에 대한 경쟁이 일어나는지, 또는 특정 지역에서의 경쟁이 일어나는지 등 정확한 경쟁상황에 대해 기술한다.

잠재적인 간접 경쟁자에 대해서도 고려해야 한다. 예를 들어, 비디오 대여숍은 극장과는 다른 형태의 비즈니스를 하고 있지만 간접 경쟁자가 될 수 있다.

경쟁기업 또는 경쟁제품과 비교할 경우 본 기업 또는 제품은 어떠한지에 대해 분석한다.

[표 9-1]의 경쟁분석표를 이용하여 본 기업과 주요 경쟁자 두 곳을 비교해 본다. 첫 번째 열은 주요 경쟁요소를 의미한다. 산업군에 따라 달라질 수 있으므로 적절히 변형하여 사용한다. 두 번째 열의 Me는 고객의 관점에서 냉철하게 본 기업을 돌아보았을 때의 상황을 토대로 작성해야 한다. 그 뒤에 이러한 요소가 기업에게 강점(strength)이 될지 약점(weakness)이 될지에 대하여 기술한다. 스스로 본 기업의 약점에 대해서 분석하는 것은 매우 어렵지만 최대한 정직하고 진솔하게 작성하도록 한다. 비즈니스 플랜 작성과정을 통하여 스스로를 평가하는 기회를 얻을 수 있다. 모든 강점을 두루 갖춘 회사는 없다는 것을 명심한다. 비즈니스의 실패는 오히려 모든 강점을 두루 갖춘 희귀한 회사가 되고자 하는 노력에서 발생한다. 스스로의 강점과 약점에 대해 정확히 파악하는 것은 아주 중요한 과정이다. 첫 번째 경쟁자, 두 번재 경쟁자에 대해서도 동일하게 기술한다. 마지막 열에서는 사용자 관점에서 보았을 때, 각각의 요소의 중요도에 대해서 5점

| 표 9-1 | 경쟁분석표

경쟁요소	Me	강점	약점	경쟁자 A	경쟁자 B	중요도
제품						
가격						
품질						
이미지						
광고						
기업평판						
위치						
안정성						
신뢰성						
…						
…						

척도로 기입한다. 마지막으로 위의 내용을 요약하여 본 기업의 경쟁우위에 대하여 한 문단 정도로 서술한다.

(5) 틈새시장

위의 분석 등을 통해 산업군, 본 기업의 제품, 타깃고객층, 경쟁자가 분석되었다. 이를 통해 어느 지점이 본 기업이 뛰어들 시작점이 될지에 대해 명확한 계획이 제시되어야 한다. 한 문단 정도로 공략하고자 하는 틈새와 그 지점에서의 본 기업의 역량에 대해서 서술한다.

(6) 마케팅전략

마케팅전략은 위에서 분석된 틈새에서 출발하는 것이 바람직하다. 상기의 다양한 분석에 이어 일관된 전략이 기술될 수 있도록 주의한다.

(7) 프로모션

제품 또는 서비스에 대하여 고객에게 어떤 단어로 설명할 것인가에 대해 서술한다. 광고를 통한 프로모션이라면 어떤 매체를 선택했는지 그 이유와 빈도에 대해서 기술한다. 왜 다른 마케팅믹스가 아닌 광고이어야 하는가에 대해서 고려한다. 프로모션을 위한 예산 내에서 투자 대비 효과를 극대화할 방법인가를 고려한다. 트레이드쇼, 카탈로그, 딜러 인센티브, 구전광고, 기존 인맥 등 광고를 대신할 만한 다른 프로모션 방법들을 사용할 것인지에 대해서 기술한다. 어떠한 이미지를 전달하고 싶으며, 고객이 어떻게 봐주기를 원하는지에 대해 서술한다.

로고 디자인, 브로슈어, 카드, 시그니처, 인테리어 디자인(오프라인 매장의 경우) 등을 통하여 전달하고자 하는 이미지가 있다면 이를 어떻게 구현할 것인지에 대해서 명시한다. 프로모션 이후에 고객과의 접점을 유지할 수 있는 대응체계가 준비되어 있는지 고려한다.

(8) 예산

위에서 제시된 프로모션 방법론들을 위하여 얼마의 예산을 책정할 것인지 서술한다. 제품 또는 서비스의 시작을 위해 필요한 예산이 얼마이고, 이후의 운영기간 동안의 예산이 얼마인지를 구분한다.

(9) 가격

가격을 책정하기 위해 사용한 방법에 대해서 설명한다. 최저의 가격을 설정하는 것은 대부분의 소규모 기업에게 적절하지 않다. 이는 적정한 이윤을 가져올 수 없다. 사용자는 본 기업이 가격을 책정하기 위해 어떠한 것들을 고려했는지에 대해 생각하지 않으며, 큰 규모의 경쟁자들은 보다 낮은 가격을 제시하는 것이 가능하다. 평균 정도의 가격을 책정하되 품질과 서비스 등을 통해 경쟁하는 방법이 초기에 적합하다.

경쟁자 분석의 결과를 토대로 책정된 가격이 적합한지 다시 한 번 검토할 필요가 있다. 경쟁기업과 비교했을 때 본 기업에서 책정한 가격이 높은지, 낮은지, 왜 그러한지에 대해서 기술한다. 경쟁자분석에서의 중요도(5점 척도)가 다양한 경쟁요소 중 높은지, 낮은지를 고려한다. 소비자가 구매를 결정할 때 진정 고려되는 요소가 가격인지에 대해서 생각해 본다. 책정된 가격을 통해 어느 정도의 고객서비스가 가능하고, 카드 및 할부거래 등의 구매옵션이 얼마나 적용 가능한지에 대해서 기술한다.

(10) 위치

아마도 비즈니스 플랜을 작성하는 시점에서는 위치에 대해 명확한 결정이 없을 수도 있다. 어느 장소가 필요한지에 대해 생각해 보아야 할 시점이다. 대부분의 스타트업기업들은 초기에 집에서 비즈니스를 시작하기도 한다.

물리적인 공간의 필요성에 대해서는 운영계획 부분에서 구체적으로 작성하게 될 것이다. 위치 부분에서는 위치가 고객에게 미칠 영향에 대해서 분석해본다. 분석 시에는 다음과 같은 질문들에 대해 고려한다.

① 위치가 고객에게 중요한 요소인가? 만약 그렇다면 그 이유는 무엇인가?

② 만약 고객이 오프라인 매장 또는 사무실을 방문하게 될 예정이라면, 주차가 가능한가? 찾아오기 수월한가? 인테리어가 필요한가?

③ 본 기업의 제품 또는 서비스가 추구하는 이미지와 오프라인 매장의 이미지는 일관되는가?

④ 경쟁자의 위치는 어디인가? 경쟁자와 가까운 것이 유리한가? 멀리 떨어져 있는 것이 유리한가?

(11) 유통채널

기업의 제품 또는 서비스를 어떻게 판매할 것인가에 대해 생각해본다. 고려 가능한 방법은 다음과 같다.

① 소매점

② 직접판매, 메일, 웹, 앱, 카탈로그

③ 도매상

④ 직영매장

⑤ 영업사원

⑥ 독립판매법인

⑦ 입찰 또는 조달

(12) 판매예측

이제는 제품, 서비스, 고객, 시장, 마케팅계획을 보다 구체화하여 비즈니스 플랜에 수치를 입력해야 한다. 스프레드시트 등을 이용하여 월단위로 예측하여 기술한다. 가능한 앞서 서술한 마케팅 조사, 산업군 동향 부분을 토대로 하여 일관된 비즈니스 플랜을 수립하도록 한다. 예측 전망은 크게 최선(best) 시나리오와 최악(worst) 시나리오로 구분하여 작성한다. 만약 투자유치 또는 대출을 위한 비즈니스 플랜을 작성 중이라면, 가장 민감하고 중요한 부분이 될 수 있다.

9.5 운영계획

(1) 생산

제품 또는 서비스가 어디서 어떻게 생산되는지에 대하여 기술한다. 구체적인 항목은 다음과 같다.

① 생산기술과 생산비용

② 품질관리방법

③ 고객서비스

④ 재고관리방법

⑤ 제품 또는 서비스의 개선

(2) 위치

비즈니스가 이루어질 장소가 어느 정도의 수준을 만족해야 할지에 대해 기술한다. 주로 앞으로 사용하게 될 물리적인 공간에 대해 고려하는 부분이다.

물리적 요구사항은 다음과 같은 항목이 고려사항이다.

① 공간의 크기

② 건물의 형태

③ 공간 배치

④ 전력 또는 기타 물리적 서비스

오프라인 매장의 경우 접근성에 대한 고려가 반드시 필요하다. 고객의 관점에서 교통이 어느 정도 편리한 곳에 위치하고 있는지를 고려한다. 대중교통으로부터 걸어서 접근 가능한지, 주차가 편리한지 등에 대해 생각해

본다.

제품의 수송을 필요로 하는 경우에는 공항, 항만, 철도, 고속도로, 물류센터까지의 접근성을 고려해야 한다. 만약 오프라인 매장의 내외부 시설이 중요한 비즈니스라면, 도면 또는 설계도를 첨부한다. 대부분의 초기기업의 경우 건축이 필요하지 않겠지만, 건축을 반드시 필요로 하는 경우에는 비용과 기간, 설계 등이 비즈니스 플랜에서 아주 중요한 부분이 될 수 있다.

또한 임대료, 보증금, 인테리어비용, 유지보수비용, 관리비, 보험료, 세금, 중개 수수료를 종합적으로 고려하여 공간이 비즈니스에 적합한지 판단한다. 이러한 수치는 재무계획에 반영되어야 한다.

마지막으로 비즈니스가 이루어지는 시간대, 요일 등의 특성이 중요한 경우 이를 반영한다.

(3) 규제

업종이나 비즈니스의 특성에 따라 필요한 경우 다음과 같은 규제에 대해 고려하여 기술한다.

① 허가 및 등록제도

② 건강, 환경적 규제

③ 산업군 내의 특수한 규제사항

④ 건축, 건물 등기 등의 요구사항

⑤ 보험의 적용범위

⑥ 특허, 상표권, 지적재산권관련 준비사항

(4) 인력

몇 명의 인력을 고용할 것인지 서술한다. 고용할 인력의 숙련도 또는 경력에 대해 고려한다. 어떤 방법을 통해 인력을 고용할 것인지 설명한다. 기존의 팀원이 있을 경우 각 인원별 숙련도, 보유기술, 학위 등을 기술한다.

고용 인력의 임금체계에 대해 서술한다. 인력별 업무분장과 훈련 및 교육방법, 고용 이전에 준비되어야 할 인수인계사항 등에 대해 서술한다. 인력들 간의 사내 커뮤니케이션비용을 최소화하기 위하여 대략의 업무에 대해 사전에 기술해 둘 필요가 있다. 계약직, 비정규직 또는 파트타임 아르바이트, 아웃소싱으로 처리할 업무에 대해 기술한다.

(5) 재고

원자재, 부품, 완제품 등 재고가 필요한 것들에 대해 서술한다. 그리고 평균적인 재고물량과 그 가치를 계산하여 재고비용을 산출한다. 재고 회전율을 기입하고 동종업계의 평균과 비교해본다. 계절적인 변수에 대해서 고려해야 한다. 새로운 주문이 들어올 경우 재고로부터 고객에게 제품이 전달되는 데 걸리는 시간을 기술한다.

(6) 경영관리 및 조직

기업의 일상적 경영활동을 누가 수행할 것인지에 대해 설명한다. 또한 경영자의 어떤 경험과 능력이 기업에 도움이 될 수 있는지를 생각해본다. 타 경영자에 비해 두드러지는 특별한 재능이 있는지, 지속적으로 기업을 이끌어나갈 계획을 갖고 있는지를 서술한다.

만약 10명 이상의 인력으로 이루어진 회사의 경우에는 조직도를 제시하여 관리 및 의사결정체계, 업무의 책임, 역할을 나타내는 것이 효과적이다.

주요 인력의 경우에는 담당하게 될 역할을 구체적으로 작성한다. 만약 대출 또는 투자유치를 위하여 비즈니스 플랜을 작성하고 있는 경우라면 경영자와 주요 인력의 자기소개서, 이력서를 첨부한다. 이사회 및 자문단을 갖고 있는 경우에는 나열한다.

9.6 예산안 확정과 자본조달

실제로 비즈니스의 운영이 시작되기 이전에도 여러 가지 초기비용이 지출된다. 이러한 초기비용을 되도록 정확히 예측하고 이 비용을 어떻게 조달할지에 대한 계획이 필요하다.

초기의 연구조사를 진행하면서, 이후에 생길 수 있는 중요 지출 실수를 방지하고 계획을 구체화하는 과정은 반드시 필요하다. 그러나 대부분의 경우 예측보다 실제 비즈니스의 시작에 더 많은 비용이 지출되기 마련이다.

시행착오 등으로 인해 예상치 못한 비용이 생기는 것에 대비하는 두 가지 방법이 있다. 첫 번째 방법은 비즈니스 플랜상의 모든 예산항목에 여유분을 추가해 놓는 것이다. 그러나 이 방법의 경우에는 플랜의 정확도를 떨어뜨리는 문제를 발생시킨다.

두 번째 방법은 전체 예산은 예측치대로 작성하되, 추가의 여유분 예산항목을 통해 시행착오에 대비하는 것이다. 비즈니스의 특성에 따라 다를 수 있지만, 일반적으로 두 번째 방법을 추천한다.

여유예산을 어느 정도 확보해야 할지에 대해서는 유사한 비즈니스를 경험해 본 경영자와의 대화가 가장 좋다. 그러나 대화가 가능하지 않은 경우, 일반적으로 최소한 전체 예산의 20%가량을 여유분으로 추가해 두는 것이 바람직하다.

지금까지의 조사, 준비, 예측과정을 토대로 산정한 예산안을 서술한다. 또 예산안만큼의 자본을 조달하기 위하여 사전에 준비된 금액, 기존 대출 등을 설명한다. 마지막으로 대출 또는 투자유치를 희망하는 금액을 기술하고, 이 과정이 진행될 경우에 변화될 지분구조를 명시한다.

9.7 재무계획

재무계획은 12개월 손익예상, 3개년 손익예상, 예상현금흐름, 예상재무제표, 손익분기점분석 등으로 구성된다. 기업의 재무적 미래상황을 정확히 가늠하기 위해 모든 예상지표 간의 일관성을 유지한다.

(1) 12개월 손익예상

경영자 관점에서 봤을 경우 12개월 손익예상은 비즈니스 플랜의 핵심이다. 서술이 아닌 수치로 기입하여 작성해야 하며, 이익을 만들어내기 위한 모든 아이디어를 반영해야 한다. 앞서 작성했던 판매예측을 통하여 매출액, 영업이익, 비용, 순이익을 월 단위로 1년까지 작성한다. 손익예상을 위해 필요한 주요 가설, 가정이 있을 경우 이를 함께 서술해야 한다.

(2) 3개년 손익예상

12개월 손익예상이 재무계획의 핵심이라면 3개년 손익예상은 보조적이고 부가적인 성격을 띤다. 비즈니스의 특성에 따라 12개월 이상의 장기간 예측이 필요하거나, 12개월 전후의 기간에 급격히 수치가 변화될 것으로 예상될 때 작성한다. 12개월 손익예상과 마찬가지로 수치로 기입하되 주요 가정에 대한 서술을 추가한다.

(3) 예상현금흐름

비즈니스의 실패는 기업이 지불해야 할 금액을 지불하지 못할 때 발생한다. 비즈니스 플랜의 모든 항목이 중요하지만, 현금이 바닥난다면 아무 소용이 없게 된다.

예상현금흐름 작성의 핵심은 얼마나 많은 현금이 생산과 운영 등을 위해 지출되고, 얼마나 많은 현금이 유입될 것인지에 대한 계획을 완성하는 것에 있다. 비즈니스 플랜의 최초 작성 이후, 실제로 경영활동을 수행하는 동안에도 지속적으로 수치를 업데이트해 나가야 한다. 이는 비용을 절감하거나, 대출을 알아보거나, 예기치 못한 지출을 방지하는 데 도움을 준다.

예상현금흐름을 작성하는 좋은 방법론이나 정답은 없다. 예상현금흐름은 말 그대로 앞으로의 기업 계좌를 미리 확인해 보는 과정이다. 각각의 항목에 대하여 회계 또는 장부상의 손익이 아닌, 실제의 현금지출과 실제의 현금유입시점을 예측하여 기입한다. 현금흐름과 직접적인 영향이 없는 일반적인 운영 데이터 중에서도 간접적으로 현금흐름 예측에 도움을 줄 수 있는 데이터는 함께 서술한다.

실제로 비즈니스가 시작되기 이전의 준비과정에서 이미 지출된 현금흐름도 기록해 둔다. 현금흐름에 대해서 예상함으로써 기업의 적절한 유동자금을 설정할 수 있다. 만약 예상현금잔고가 항상 충분하더라도, 실제 경영수행 중에는 추가 현금이 필요할 수 있다. 즉 예상현금흐름을 계획해 보는 것은 언제, 얼마의 자금을 대출하여 상환할 것인지에 대한 의사결정에 도움을 준다.

손익예상과 현금흐름예상이 서로 다르게 될 경우가 발생하는데, 이때에는 그 이유 또는 가정을 함께 기술해야 한다. 예를 들어 판매한 대금을 언제 실제로 받게 되는지, 구매를 위한 금액을 실제로 언제 지불하게 되는지의 시차에 따라 현금흐름에 영향을 미칠 수 있으므로 이를 명확히 한다. 세금, 수리비용, 유지보수비용, 계절적 영향에 따른 재고비용 등 비정기적으로 지출되는 금액이 있을 수 있다.

대출의 원리금 상환, 장비의 구입, 대표이사의 가수금 등 손익계산서에는 나타나지 않지만 현금흐름에는 영향을 줄 수 있는 변수들을 반드시 포함한다. 반대로 감가상각은 재무제표에 영향을 주지만 예상현금흐름에는 기입할 필요가 없다. 실제로 현금이 지출되는 것은 아니기 때문이다.

(4) 예상재무제표

재무제표는 재무관리와 재무보고를 위한 가장 기본적이고 핵심적인 문서이다. 재무제표는 기업이 갖고 있는 것들의 가치(자산)과 기업의 자본, 부채를 보여준다. 예산안과 자본조달계획을 토대로 기업의 운영 첫날 재무제표를 예상하여 작성한다. 추가적으로, 경우에 따라 12개월 손익예상과 현금흐름예상 등을 토대로 12개월이 지난 시점에서의 예상재무제표를 작성해도 좋다. 특히 12개월 예상재무제표는 투자유치 시에 효과적이다.

(5) 손익분기점분석

손익분기점은 주어진 가격에서 비용을 모두 만회하기 위한 판매량을 의미한다. 즉 손실상황과 이익상황을 구분짓는 점이다. 가능한 모든 가정과 예측치를 대입하여 손익분기점을 예상하여 기술한다.

■ 찾아보기 ■

ㅅ

ㅇ

| 저자약력 |

■ 김성희

서울대학교 공과대학 졸업
미국 Stanford대학원 경영정보학 박사
미국 Michigan경영대학원 경영정보시스템학과 객원교수 역임
한국과학기술원 테크노경영대학원 원장 역임
현) 한국과학기술원(KAIST) 테크노경영대학원 교수
한국과학기술원(KAIST) 공공혁신전자정부연구센터 센터장
한국과학기술원(KAIST) Silicon Valley Innovation Platform 연구센터 센터장
국제지식서비스학회 회장
디지털비즈니스모델연구원 원장

〈주요저서〉

인터넷과 전자상거래(공저, 무역경영사, 2000)
e-비즈니스 원론(공저, 무역경영사, 2001)
전자상거래.com(공저, 도서출판 청람, 2004)
e-비즈니스.com(공저, 도서출판 청람, 2008)
전자상거래.com(2판, 공저, 도서출판 청람, 2010)
e-비즈니스.com(3판, 공저, 도서출판 청람, 2013)
다이나믹 리엔지니어링, 정보기술과 의사결정 등 10여편 외 논문 다수

전화 : (02)958-3611
e-mail : seekim@business.kaist.ac.kr

■ 장기진

동국대학교 공과대학 산업공학과 졸업
한국과학기술원(KAIST) 경영정보 공학 박사
한국IT비즈니스진흥협회 책임연구원 역임
한국산업경제연구원 선임연구원 역임
국제 e비즈니스학회 회장 및 사무국장 역임
연세대학교, 단국대학교, 항공대학교, 한성대학교 강사 역임
현) 극동대학교 정보경영학과 교수
(주)한경아이넷 사외이사, (주)그립 사외이사, (주)플러스시스템 감사 및 기술자문위원
(사단법인)국제 e비즈니스학회 명예회장
(사단법인)한국통상정보학회 부회장
(사단법인)국제지식서비스학회 편집위원장
기업체 등의 e-비즈니스 분야 전문강사활동

〈주요저서 및 상벌〉

인터넷과 전자상거래(공저, 무역경영사, 2000)
e-비즈니스원론(공저, 무역경영사, 2001)
전자상거래관리사원론(공저, 무역경영사, 2002)

전자상거래.com(공저, 도서출판 청람, 2004)
e-비즈니스.com(공저, 도서출판 청람, 2008)
정보기술경영론(공저, 도서출판 청람, 2008)
전자상거래.com(2판, 공저, 도서출판 청람, 2010)
스마트정보기술론(공저, 도서출판 청람, 2011)
e-비즈니스.com(3판, 공저, 도서출판 청람, 2013) 등 논문다수
2009년 "대한민국 IT Innovation 대상" 지식경제부 장관상 수여
2010년 현대 한국인물사 등재(한국민족정신진흥회)
2012년, Marquis Who's Who in the world, ABI, IBC 세계 3대 인물사에 등재
2014년 인물시사주간지 "이주의 교육전문인" 등재(주간인물)

전화 : (043)879-3603
e-mail : kjjang@kdu.ac.kr

■ 한창희
한양대학교 공과대학 학사
한국과학기술원(KAIST) 산업공학 석사
한국과학기술원(KAIST) 경영공학 박사
미국 Georgia Institute of Technology 연구원 역임
오픈타이드코리아 컨설턴트 역임
한양대학교 ERICA 캠퍼스 창업보육센터장 역임.
KT 신사업부문 자문교수
한국정보기술응용학회 편집위원장
현) 한양대학교 ERICA 캠퍼스 경영학부 교수
한양대학교 지식서비스연구소 소장
한국전자거래학회 수석부회장
인터넷백서 편집위원
〈주요저서〉
e-비즈니스 경영(공저, 이프레스, 2005)
경영정보시스템원론(공역, 사이텍미디어, 2006)
경영학원론(공저, 명경사, 2012)

전화 : (031)400-5634
e-mail : chan@hanyang.ac.kr

고객중시의 비즈니스모델링

2014년 8월 10일 1판 1쇄 인쇄
2014년 8월 15일 1판 1쇄 발행

저 자 / 디지털비즈니스모델연구원
김성희 · 장기진 · 한창희
발행인 / 이수영
발행처 / 도서출판 청람
서울시 마포구 독막로 288(대흥동, 세양상가 109호)
전 화 / 02)3272-2601~2
팩 스 / 02)3272-2603
이메일 / crbooks@hanmail.net
홈페이지 / www.crbooks.co.kr
등 록 / 2000년 8월 26일 제6-0509호

ISBN 978-89-5972-409-3 93320 [정가 20,000원]